Bernd Siggelkow · Martin P. Danz
Ausgeträumt: Die Lüge vom sozialen Staat

BERND SIGGELKOW
MARTIN P. DANZ

AUS-GETRÄUMT:
DIE LÜGE VOM SOZIALEN STAAT

adeo

INHALT

Kapitel 1
Deutschlands vergessene Kinder 9
Armes Deutschland:
Warum deine Kinder ausgeträumt haben

Kapitel 2
Verwahrlosung, Misshandlungen, Tod 19
Unternimmt unser Sozialstaat wirklich alles,
um Kinder zu retten?

Kapitel 3
Warum es Aufgabe eines Sozialstaats ist,
zum Leben zu befähigen 33
Warum wir Wachstum, Wohlstand
und Vermögen neu definieren müssen

Kapitel 4
Das Problem einer additiven Sozialpolitik 47
Was läuft und nicht läuft in unserem Staat

Kapitel 5
Was unseren Kindern zum Glücklichsein fehlt 67
Warum die persönliche Lebenssituation
von Kindern und Familien zu stärken ist

Kapitel 6
Eine bessere Welt für Kinder schaffen 85
Warum der Weg zu einem neuen Sozialstaat
trotz unterschiedlicher Regierungen eine Stolperfalle ist

Kapitel 7
Ein neuer Garten im globalen Umfeld 99
Kinder zwischen komplexen Strukturen
und den „Interessen" einer angeblichen „Sozial-Industrie"

Kapitel 8
Kinder sind die Brücke zur Zukunft! 109
Das Potenzial der Kinder entdecken und sie befähigen,
ihr Leben zu führen – die Rahmenbedingungen des Gartens

Kapitel 9
Willkommen im Garten 135
Was der Staat von gesunden Unternehmen lernen kann,
um die gesellschaftliche Verantwortung
zum Wohle der Kinder zu stärken

Kapitel 10
Die Kreisläufe Wirtschaft und Soziales verbinden 153
Verlässliche Vorbilder gesucht! Es gilt, den Kreislauf
Wirtschaft und Soziales zum Ziele der Lebensbefähigung
von Kindern miteinander zu verbinden

Kapitel 11
Der schwere Weg zur Leichtigkeit 181
Der Schulterschluss aller Beteiligten *oder*
Warum wir eine Lobby für die Kinder brauchen

Kapitel 12
Investition und Nachhaltigkeit 195
Das LieBI-Prinzip: „Wir lieben sie einfach" – wie sich Bildung
und Lebensbefähigung in Kinder investieren lassen
und warum Nachhaltigkeit kein Modewort sein darf

Kapitel 13
Angefacht statt ausgeträumt 211
Welche konkreten Maßnahmen unserer Empörung
endlich folgen müssen

Epilog 227
Papa Bernd hat einen Traum…

KAPITEL 1

DEUTSCHLANDS VERGESSENE KINDER
ARMES DEUTSCHLAND: WARUM DEINE KINDER AUSGETRÄUMT HABEN

Im Jahr 2007 haben wir als christliches Kinder- und Jugendwerk Arche mit dem Buch „Deutschlands vergessene Kinder" Deutschland aufgerüttelt: Chancengleichheit, wie sie jedem Kind gewährt werden sollte, gibt es nicht. Immer mehr Kinder können sich nicht nach den gleichen Möglichkeiten entwickeln wie andere.

Seitdem hat sich die Zahl der Archen auf 15 vervielfacht, vier davon allein in der Hauptstadt Berlin und je zwei in Hamburg und Frankfurt. Ihr Name ist Programm und mittlerweile ein Aushängeschild, denn für Kinder sind die Archen sichere Inseln im oft chaotisch aufgewühlten Meer ihres sozialen Umfelds. Täglich bieten sie ihnen kostenlos eine warme Mahlzeit und schenken mit vielen Programmen ein wenig Farbe in ihren oft durch Sorgen belasteten Alltag. Es sind Orte, an denen die Kinder erfahren, dass ihnen zugehört wird. Sie dürfen unbefangen Spaß haben, machen und erleben. Und sie spüren, wenn nicht gar wissen, es gibt dort Menschen, die an sie glauben und sich engagiert kümmern, ihnen eine Perspektive fürs Leben zu eröffnen.

Dass die zunehmende Zahl der Archen als Erfolg für unsere spendenbasierte Arbeit sowie als wertvolle Anlaufstelle für Kinder anzusehen ist, lenkt gleichzeitig unverhohlen den Blick auf den dahinterliegenden Trend – den stetig steigenden Bedarf: Immer mehr Kinder in Deutschland haben es nötig, unterstützt, betreut und gefördert zu werden. Über 2,5 Millionen Kinder leben in Deutschland zurzeit in Einkommensarmut. Die Plätze und Angebote sozialdiakonischer Einrichtungen reichen bei Weitem nicht aus. Deutschland bräuchte noch mehr Archen, mehr betreute Angebote, mehr Pädagogen, mehr Räumlichkeiten, mehr ... und mehr ...

Selbstkritisch, aber ohne unsere vielen Unterstützer vor den Kopf stoßen zu wollen, fragen wir daher: Drückt der Erfolg der Archen nicht gleichzeitig den Misserfolg des Sozialstaates aus? Denn hätten Kinder alles, was sie brauchen, würde es dann noch Archen bzw. andere tätige Vereine oder Organisationen für Kinder geben? Sind Deutschlands Kinder, sieben Jahre nach dem Aufschrei, also immer noch vergessen?

BERUFSWUNSCH HARTZ IV

Eine unserer wichtigsten Aufgaben als Gesellschaft ist es, Kindern Geltung und Wert fürs Leben mitzugeben. Es gilt sie wertzuschätzen und zu fördern. Individuell, persönlich und ganzheitlich. Nicht nur, weil sie unser gesellschaftliches und wirtschaftliches Potenzial von morgen sind, als Mitarbeiter und Kunde. Als deutscher Staat haben wir uns sogar dazu verpflichtet, ihre Würde zu achten und zu schützen. Und damit einher geht unsere Verantwortung, sie auf dem Weg ins Leben, hinein in unsere Gesellschaft zu begleiten. Gerne klammern wir uns da einvernehmlich an den gesellschaftlichen Konsens und skandieren in der Politik einmütig: „Kinder sind unsere Zukunft." Doch ist uns tatsächlich die Gegenwart dieses Denkspruchs bewusst? Dass sie es heute schon *sind* und es nicht einfach eines Tages sein werden. Wie also wollen wir für Werte und soziale Gerechtigkeit Sorge tragen, wenn der Staat diesem Gestaltungsauftrag, mitunter sogar seiner Pflicht hier und heute nicht nachkommt?

Zu uns in die Arche kommen viele Kinder, die dem Staat nicht mehr trauen. Sie haben die bittere Erfahrung gemacht, nicht mehr als Potenziale wahrgenommen zu werden. In ihrem direkten Umfeld hören sie nur allzu oft, dass sie „nichts" sind, „nichts" können oder zu „nichts" zu gebrauchen sind. Manche greifen zu Alkohol und Drogen, um ihrem Selbstwert-Vakuum wenigstens eine begrenzte Zeit zu entfliehen. Ihre Spirale führt abwärts. Was aber, wenn sie sich selbst einen Ruck geben, sich selbst beim Schopfe packen, um ihrem Schlamassel und ihrer Bedeutungslosigkeit zu entkommen und eine Wendung zu geben? Treffen diese Kinder und Jugendlichen dann noch auf einen Staat und eine Gesellschaft, die es verstehen, in sie zu investieren? Fakt ist: Niemand scheint sich mehr Mühe geben zu wollen, wenn erst einmal der Stempel „Hartz IV" oder „Förderschüler" über einem Kind prangt. Manche Schulen haben sogar bereits das „Fördern" an den Nagel gehängt und sind dazu übergegangen, die Kinder gezielt auf Hartz IV, auf ein Leben ohne Ausbildung und Arbeit, vorzubereiten, so wie ihre Eltern es führen. Gesellschaftlich scheint sich ein Investment wohl nicht mehr zu lohnen, da man sich heute nicht mehr viel von diesen Kindern verspricht. Statt als Innovationsbringer schreibt man sie lieber als Ausgabe ab, als Belastung für das Sozialsystem von morgen. Schöne Zukunft!

OHNE PERSPEKTIVE WIRD ES INSTABIL

Wir machen uns etwas vor, wenn wir so tun, als wüssten diese Kinder nicht, dass ihre materielle Armut auch ihre emotionale und intellektuelle bedingt. Sie selbst sind täglich konfrontiert mit ihrem Defizit an Zukunft und Perspektive, das noch viel schlimmer ist als die täglichen Sorgen, die sie zu Hause haben.

Wenn also Kinder und Jugendliche in der Arche als Berufswunsch Hartz IV nennen, dann darf uns das nicht ins Nachdenken bringen; es muss uns empören! Und wenn Lehrer Hartz IV als Bildungsauftrag verstehen, müssen wir Verantwortung übernehmen und als Gesellschaft handeln.

In der Arche erleben wir allerdings im Großen wie im Kleinen, dass „erwachsene" Lösungen oft nicht Kindern entsprechen. Manche sind auch gar nicht zukunftstauglich. Einfach Regelsätze aufzustocken oder Bildungsgutscheine auszugeben reicht nicht, um Kindern aus armen Verhältnissen wirklich Perspektive zu schenken. Eine Bescheinigung oder ein paar Euro mehr in der Tasche der Eltern helfen Kindern auch nicht dabei, aktiv neue Vorstellungskräfte zu entwickeln. Es braucht mehr, um ein Kind von seiner

Vorstellung zu lösen, dass Gangster-Rapper, Castingshow-Popstar oder Hartz-IV-Empfänger erstrebenswerte Traumberufe sind. Zudem begreifen einige gar nicht die Realität hinter ihrem TV-gespeisten Mikrokosmos – dass das Leben vor allem für sie, wenn nicht gar für alle Kinder in Deutschland, noch herausfordernder wird, angesichts zukünftiger Entwicklungen. Vom bildungspolitischen Standpunkt betrachtet werden sich Kinder aufgrund kürzerer Schul- und Ausbildungszeiten stärker und schneller behaupten und gegen ihresgleichen durchsetzen müssen. Aber auch sozialökonomisch und -ökologisch, angesichts schwindender Rohstoffressourcen, werden unsere nachfolgenden Generationen konfrontiert mit Problemen, wie sie sich heute zwar schon anbahnen, aber wie wir sie in ihrer Intensität noch gar nicht kennen. Wir brauchen daher schnelle und nachhaltige Lösungen, die den zukünftigen Entwicklungen globaler Einflüsse standhalten. Wo diese nicht gegeben sind, werden Lücken entstehen und Defizite den Lauf der Dinge bestimmen. Lokal wie global. So ist denn auch die zunehmende Perspektivlosigkeit junger Menschen eins der dringlichsten Themen. Nicht nur in der Arche, sondern für Deutschland und ganz Europa. Auf dem diesjährigen Weltwirtschaftsforum in Davos stellte man fest, dass von seiner Tragweite her die Perspektivlosigkeit junger Menschen sogar die Angst vor dem Auseinanderbrechen der Währungsunion abgelöst habe. In Spanien, Griechenland und Frankreich sei die Arbeitslosenquote der unter 24-Jährigen auf extrem hohem Niveau. Topmanager befürchten soziale Unruhen durch Aufstände der Jungen. Und auch Bundeskanzlerin Angela Merkel warnte nachdrücklich vor einer möglichen instabilen Lage, sollte sich daran nichts ändern.

DES DEUTSCHEN LIEBSTES KIND

Wie können also junge Menschen wieder lernen, von einem erfüllten Leben zu träumen? Wie können sie wieder Perspektive gewinnen? Gerade Kinder und Jugendliche, die von Aussichten und

Träumen leben. Noch verhalten sie sich hierzulande ruhig. Noch gehen sie nicht auf die Straße, um zu demonstrieren. Aber wie lange noch? In anderen europäischen Ländern ist das bereits passiert. Unsere Kinder sind vermutlich noch nicht vollständig desillusioniert, eher apathisch und nüchtern. Für die Vergangenheit machen sie uns keinen Vorwurf, da sie wissen, was von den Großeltern und Eltern errungen wurde. Aber sie sehen nichtsdestotrotz, dass das „System", also der Staat – das Zusammenspiel von Wirtschaft, Politik und Wissenschaft – nicht zu den Lösungen kommt, die sie eigentlich erwarten dürfen. Denn Kinder erleben oft nur ein „Gehacke" um Interessen, um Positionen, um Stimmen, Geld und Ressourcen – aber Lösungen, die Perspektiven schüren, bislang oft nicht.

Des Deutschen liebstes Kind ist bekanntlich das Auto. Unser blechernes Gefährt hegen, pflegen und bewegen wir regelmäßig. Täglich sind wir darin unterwegs. Es bereitet uns viel Freude. Wir lieben es, mobil zu sein. Und am Wochenende widmen wir ihm Zeit, um es zu waschen und fein herzurichten. Es gibt ausreichend Parallelen zwischen dem Umgang mit dem liebsten Kind auf vier Rädern und dem auf zwei Beinen. Aber:

- Würden wir es in der Waschstraße akzeptieren, wenn nach dem Waschgang für 14,99 Euro noch die Felgen dreckig sind?
- Würden wir es hinnehmen, wenn bei einer Reparatur No-Name-Produkte statt Originalteile montiert werden?
- Oder würden wir uns damit abfinden, wenn unser Auto wegen „Konzentrationsstörungen" oder mangelnder Motivation auf der Autobahn anhält und nur jeden dritten Tag wieder anspringt?

Ein solches Auto wäre ratzfatz vom Markt verschwunden. Aber im Umgang mit unseren Kindern scheinen wir all das widerspruchslos zu akzeptieren. Noch etwas: Unserem Auto gönnen wir für seine Unterbringung ca. 18 Quadratmeter Garagenraum und wir „fördern" es mit einem monatlichen Unterhalt von etwa 593 Euro. Unser Nachwuchs hingegen hat durchschnittlich einen „Bewegungsspielraum" von fünf bis acht Quadratmetern und Sieben- bis Zwölfjährige „kosten" uns im Schnitt 568 Euro pro Monat.

Das macht nachdenklich, oder? Haben wir uns an solche Relationen etwa schon gewöhnt – im Privaten wie im Vater Staat? Sollten wir nicht eher Garagen kindgerecht umbauen und dem Nachwuchs vernünftige Schuhe kaufen, als in Alufelgen und Breitreifen zu investieren? Zur Erinnerung: Wir sind Deutschland. Die Gleichen, von denen man sagt, sie bauen die besten Autos der Welt.

Geben wir Deutsche, die wir sonst so auf Qualität bedacht sind, uns also in Sachen Kinder nur noch mit einem passablen Status quo zufrieden? Denn allem Anschein nach akzeptieren wir es ja, wenn unser Bildungssystem jugendliche „Verlierer" produziert.

Wir haben uns auch anscheinend mittlerweile daran gewöhnt, dass Kinder freie und spendenfinanzierte Einrichtungen wie die Arche aufsuchen müssen. Dass 48 Prozent der Menschen ohne Beschäftigung Langzeitarbeitslose und zunehmend junge Menschen sind, registrieren wir auch noch irgendwie.

Für die Kinder in der Arche sind Perspektivlosigkeit und das Fristen als Sozialfall brutale Realität. Die Kinder sehen, dass sich unsere Welt schneller verändert, als wir Menschen uns verändern. Sie stellen fest, dass der Staat nicht genug handelt, und für sie grundsätzlich auch nicht zum Besseren. Schon gar nicht für ihre Zukunft. Mit Statistiken sich etwas schönzureden, können sie letztlich nicht – dazu fehlt ihnen das Know-how. Daher sind sie täglich konfrontiert mit der Lüge des sozialen Staates!

STÜTZE ODER LEBENSBEFÄHIGUNG?

Altbundespräsident Roman Herzog hatte vor mehr als zehn Jahren den grundlegenden Umbau unseres Sozialstaates gefordert. Der Sozialstaat sei unsozial geworden, sagte er. Angeblich helfe er den Menschen, aber in Wirklichkeit mache er sie abhängig von der Versorgung und ersticke ihre Antriebskräfte. Herzog schlug vor, dass sich der Staat zunehmend beschränken müsse und Bürger wie Unternehmen mehr Freiräume bekommen müssten. Ein neues Selbstbewusstsein der Bürger müsse her. Zwar stellt das Thema soziale Gerechtigkeit unbestritten einen leitenden Grundsatz aller deutschen staatlichen Maßnahmen dar, aber selbst das Bundesverfassungsgericht kam zu dem Schluss: „Das Sozialstaatprinzip enthält lediglich einen Gestaltungsauftrag an den Gesetzgeber." Es gebe also nach dem Grundgesetz keine konkreten Ansprüche der Deutschen auf staatliche Unterstützung. Auch konkrete Ansprüche des Bürgers auf staatliche Unterstützung können aus der Verfassung nicht abgeleitet werden.

Wir brauchen daher neue Lösungen – in unseren Köpfen wie im Staat –, die schnell wirken und nachhaltig sind. Diese können wir nur gemeinsam finden. Unsere Kinder sind da nicht abgeneigt, sich zu beteiligen. Nur sie haben ein anderes Verständnis von Beteiligung und den Lösungen. Aus den oben genannten Gründen, wie auch bedingt durch das Zeitalter der Transparenz und sozialer Netzwerke, gehen sie die Dinge anders an. Sie wollen lokal Lösungen erleben, vor der eigenen Haustür. Und sie wollen eingreifen können, sich engagieren. Sie wollen ernst genommen werden und sind bereit, dafür auch etwas zu tun.

Sie ahnen, dass alles Globale in Form von erhöhter Ausbildung, Konkurrenz, Unsicherheit ihr Lokales bedingt. Sie passen sich eher an, als dass es ihnen gelänge, sich aus sich selbst heraus zu entwickeln. An diesem Punkt unterscheiden sich die Kinder in der Arche nicht von anderen. Aber genau dieser Punkt, die Lebensbefähigung der Kinder, ist der Schlüssel zur Veränderung. Diesen Punkt, diese Qualität müssen wir mit unseren Maßnahmen erreichen. Lebensbefähigung ist das Ziel, das Resultat, an dem wir unsere Lösungen künftig messen sollten.

...

Wie Lebensbefähigung gelingen kann, zeigt ein Beispiel aus unserer Arche-Arbeit: Vor drei Jahren wagte die Arche Frankfurt ein Experiment. Ihr Leiter, Daniel Schröder, organisierte für Zehn- bis Zwölfjährige einen einwöchigen Urlaub. Diese Kinder konnten zum allerersten Mal erleben, was es heißt, in Ferien zu fahren. Raus aus dem Großstadtalltag, hinein in die grüne Berglandschaft der schweizerischen Voralpen. Vor Beginn der Reise waren wir alle skeptisch: Was nehmen die Kinder von einer solchen Zeit wirklich mit? Vom Leben auf dem Bauernhof, inmitten intakter Familien? Und der ganz anderen und naturnahen Lebensweise?

Die Aufregung der Kinder war groß. Vor Ort waren alle Eindrücke neu für sie – Berge, Wasserfälle, Schnecken, Morgentau. Ein Mädchen machte überhaupt zum ersten Mal einen Spaziergang in der Natur.

Später erzählte uns Arche-Leiter Daniel Schröder von den Erfahrungen der Kinder. Viele von ihnen sind in der Zeit aufgeblüht und haben das Naturerlebnis sehr genossen. Einige sagten, sie wüssten nun auch, was Familie bedeuten kann. Andere wiederum waren neu motiviert worden, zur Schule zu gehen, weil sie verstanden hatten, dass Schule, Arbeit und sich solche Ferien leisten zu können, irgendwie miteinander verbunden sind. An den Erfahrungen und Antworten der Kinder wurde deutlich: Sie wurden ermutigt, ihr Leben neu anzugehen. Sie sind ausgebrochen aus ihrer Perspektivlosigkeit und haben anhand von ganz simplen Mitteln sehr fundamental Erwartungen ans Leben entwickelt.

ERMUTIGER GESUCHT!

Wir schreiben dieses Buch als Anwälte der Kinder. Wir wollen die Situation der Kinder ungeschönt vor Augen führen. Aber wir möchten nicht bei der Klage verharren, sondern ermutigen, und zwar im Sinne von Bundeskanzler Konrad Adenauer (1876–1967): *„Kritiker haben wir genug. Was unsere Zeit braucht, sind Menschen, die ermutigen."* Daher soll das Buch, neben einer detaillierten Beschreibung des Status quo unseres Sozialstaates, vor allem inspirieren und die Diskussion anstoßen für innovative Lösungen.

Unsere Absicht ist es nicht, den Staat oder die Politik anzurufen und auf im Grundgesetz Geschriebenes zu pochen, nur um eine Diskussion über Wochen in den Medien halten zu können. Dass wir uns nur darüber beschweren, dass Staat, Wirtschaft und Politik nicht Dinge tun, die sie eigentlich tun sollten, entfesselt keine Kraft, die wirklich etwas bewegt. Was letzten Endes Nachhaltigkeit schafft, sind Lösungen, die dem Staat helfen, sich zu bewegen.

Sollten wir aber nicht reagieren, nichts tun, keine neuen Lösungen schaffen, würden wir den bisherigen Zustand einfach akzeptieren. Jeder Nachfolger dieser Apathie würde somit Teil des Problems. Das kann und darf nicht sein! Wenn wir im Alltag für unsere hochgelobten deutschen Autos stets bestrebt sind, qualitativ wertige und kompatible Lösungen zu schaffen, dann haben es die Kinder in Deutschland weitaus mehr verdient, dass sie ermutigt und gefördert werden. Ganzheitliche Lösungen sind also gefragt, die sich zum Ziel die Lebensbefähigung des Kindes setzen; sie zu wertvollen Mitgliedern der Gesellschaft zu machen.

Den größeren Teil des Buches haben wir deshalb Beispielen gewidmet, wie durch erfolgreiches Zusammenwirken von Innovation und Energie und oft mit wenigen finanziellen Aufwendungen eine große Wirkung erzielt werden kann. Und wir ermitteln – aus neuen Ansätzen der Ökonomie und natürlich anhand unserer Erfahrungen aus der Arche –, welche Alternativen es gibt, Wirtschaft und Soziales neu zu einem Kreislauf zu verbinden. Dahinter verbirgt sich nicht einfach die reflexhafte Forderung „mehr Geld für den sozialen Bereich", welche verständlich, aber nicht zielführend wäre. Voraussetzungen und Rahmenbedingungen sind genauso wichtig, damit die bereitgestellten finanziellen Mittel die Wirkung letzten Endes erzielen, die sie haben sollten. Vor Ort beim Kind ist beides notwendig und es braucht einen Staat, der dies ermöglicht und fördert, um eine Nachhaltigkeit zu erreichen.

Letztlich sind wir so weit gegangen, verschiedene Denkanstöße und drei Sofortmaßnahmen zu präsentieren, um bestehende Probleme ursächlich und nachhaltig zu lösen. Unsere Beispiele haben wir unterlegt mit Untersuchungsergebnissen sowie Erfahrungen aus den Archen und als Praxisbeispiele veranschaulicht. Wir wollen damit eine Diskussion anstoßen – bei Ihnen zu Hause oder in Ihrem Unternehmen. Oder sogar zu Aktivitäten, zum Einbringen Ihrer Fähigkeiten motivieren.

Lassen Sie sich darauf ein, die Themen anders zu betrachten und neu zu denken! Entwickeln Sie mit Ideen, wie Sie sich einbringen können! Wachen Sie auf, damit Deutschlands Kinder nicht ausgeträumt haben!

KAPITEL 2

VERWAHRLOSUNG, MISSHANDLUNGEN, TOD UNTERNIMMT UNSER SOZIALSTAAT WIRKLICH ALLES, UM KINDER ZU RETTEN?

Fast täglich berichten Medien über Schicksale von Kindern, die Hunger, Verwahrlosung und Schläge erleben. Sie schockieren uns. Leider wiederkehrend. Kopfschüttelnd fragen wir uns, wie Eltern zu solchen Taten fähig sein können. Wie kann es sein, dass Kinder ihren Eltern über Tage, Wochen oder Monate bis in den Tod ausgeliefert sind, ohne dass jemand anderes davon erfährt? Wurden Schreie hinter der Nachbartür nicht gehört? Hämatome als bloße Spielplatzbeulen angesehen? Oder einfach sich nicht getraut, mit offenen Augen hinzusehen und couragiert das Herz in die Hand zu nehmen?

Im Jahre 2011 wurde 12.700-mal hingeschaut und gehandelt. So oft haben Familiengerichte Eltern das Sorgerecht ganz oder teilweise aberkannt, weil Jugendämter, Nachbarn, Erzieher den Mund aufgemacht haben. Zwar wird heute das Sorgerecht öfter als früher entzogen, dennoch ist die dahinterstehende Entwicklung besorgniserregend. Noch nie zuvor waren so viele Kinder von einer Inobhutnahme betroffen. Waren es vor fünf Jahren gerade mal fünf Kinder und Jugendliche von 10.000, ist die Zahl der heute Betroffenen doppelt so hoch, wie das Statistische Bundesamt herausgefunden hat. Eine rasante tendenzielle Entwicklung.

In der Arche sind wir täglich damit konfrontiert mitzuerleben, dass unsere staatlichen Sicherungen nicht ausreichend sind, um das Wohl eines Kindes ausreichend zu schützen. Wie ich (Bernd Siggelkow) im Falle von Chantal sehr direkt miterleben musste:

CHANTAL – DIE GESCHICHTE EINES VIEL ZU KURZEN LEBENS

Heiß stand die Sonne über unserem Sommercamp. Überall auf dem Gelände wuselten die Kinder aus Hamburg. Sie waren in ihren Ferien zu uns gekommen, um Spaß, Erholung und Action zu erleben. Einige spielten Fußball oder spritzten sich mit Wasser ab, andere saßen unter einem großen Pavillon und spielten „Uno", „Elfer raus" oder „Skippo". Wieder andere hatten auf Stühlen vor den Zelten Platz genommen. Sie lachten, naschten Süßes und unterhielten sich. Die Atmosphäre war vertraut und zwanglos. Die Kinder genossen jede Minute dieser wunderbaren Woche. Viele waren noch nie zuvor im Urlaub gewesen und einige hatten ihr Viertel in Hamburg überhaupt zum ersten Mal verlassen. Dass während der Busfahrt manche Kinder bereits nach einer halben Stunde gefragt hatten, wann wir endlich da wären, war also wenig verwunderlich.

Auf dem Zeltplatz war nichts zu spüren von all dem Druck, dem viele dieser Kinder täglich ausgesetzt sind. Weder sorgten sie sich wie sonst ums Geld und Essen noch mussten sie um Geborgenheit und Liebe betteln. Nicht eine Sekunde mangelte ihnen etwas von dem, wofür sie sonst so hart kämpfen mussten. Unsere Mitarbeiter schenkten ihnen Aufmerksamkeit und spielten mit ihnen. Keins der Kinder vermisste elektronisches Plastikspielzeug oder den Fernseher und nur sehr selten gab es Streit untereinander. Die Kinder konnten endlich mal sie selbst sein.

Der Tag endete für sie damit, dass unsere Betreuer sie zu Bett brachten, ihnen noch eine Geschichte erzählten und gespannt den Erlebnissen des Tages lauschten. Mit den Worten „Ich hab dich lieb" im Ohr schliefen die Kinder glücklich ein, um am nächsten Tag fit zu sein für ein neues Abenteuer.

Eines Nachmittags kamen zu mir ein paar Kids, die sich für mein Quad interessierten. Sie setzten sich zu mir auf das Fahrzeug. Neugierig fragten sie nach den verschiedenen Funktionen und brummten lauthals los, als ob sie die Maschine gerade gestartet hätten. *Sarah saß in der Mitte, neben ihr Precious und hinter dem Fahrzeug stand Chantal, ein sehr aufgewecktes, fröhliches und vor allem interessiertes elfjähriges Mädchen. Sie kam nicht aus unserer Hamburger Arche, sie war mit drei anderen Kindern aus der „Insel Arche" Hamburg-Wilhelmsburg mitgekommen. Die Insel Arche ist ein Projekt ähnlich unserer Arbeit, das sich um sozial benachteiligte Kinder kümmert. Da diese Einrichtung keine Feriencamps anbot, fragten uns die Verantwortlichen, ob einige ihrer Kinder, Chantal und ihre Freunde, bei uns mitfahren dürften.*

Die drei Kids wollten nicht nur das Quad anschauen. Im Stillen hofften sie darauf, mit mir eine Runde ums Gelände zu fahren, was ich ja auch zweimal am Tag tat. Natürlich konnte ich ihren bittenden Blicken nicht widerstehen und so warf ich das vierrädrige Motorrad an. Blitzschnell bildete sich eine Schlange, denn nun wollten noch mehr Kinder mitfahren. Als Chantal dran war, freute sie sich besonders. Sie hatte richtig Spaß an der Fahrt. Obwohl sie vorher niemanden kannte, hatte das dunkelblonde Mädchen mit ihren hübschen Augen und ihrer liebevollen Art schnell Anschluss im Feriencamp gefunden. Sie war sehr interessiert, das Gelände zu erkunden, am liebsten jedoch blieb sie bei den Pferden, denn Tiere mochte sie ganz besonders. So stellte sie sich beim Reiten auch immer geduldig in die Schlange. Nur nach ihrem Ritt wollte sie eigentlich gar nicht mehr absteigen. Auch im Schwimmbad war die kleine Elfjährige begeistert dabei. Sie rutschte durch die Tunnelrutsche und konnte kaum glauben, dass diese Schwimmhalle die einzige Bergauf-Rutsche Deutschlands besaß. Unser Team war sich sicher, dass diese Ferien für Chantal wie für alle anderen Kinder ein ganz besonderes Erlebnis waren.

...

Ein paar Monate später, die sommerlichen Temperaturen waren schon längst vergessen und der Winter war in Deutschland eingezogen, hatte ich einen Termin in Bayern. Ich fuhr mit dem Auto dorthin und stimmte mich gedanklich bereits auf den Vortrag ein, den ich am Abend halten sollte. Nebenbei hörte ich Musik. Meine Gedanken wurden durch das Klingeln meines Mobiltelefons unterbrochen. Die Freisprecheinrichtung stellte das Radio stumm und ich drückte den Knopf „Annehmen".

„Hallo Bernd, hier ist Tobias aus der Arche Hamburg." Dass es Tobias war, hatte ich allerdings schon auf meinem Display gesehen. Er klang nicht so fröhlich wie sonst, wenn wir telefonierten.

„Hast du heute schon Nachrichten gehört?", war seine Frage, die ich mit Ja beantworten konnte. Er fragte mich, ob ich von dem toten Kind in Hamburg gehört hätte. Ich wusste davon und bereits vor Tobias' Anruf hatte mich diese schreckliche Meldung beschäftigt. Schon wieder ein totes Kind in Deutschland. Waren es nicht schon genug von überforderten Müttern ausgesetzte Babys? Oder Kinder, die an den Folgen von Verwahrlosung gestorben sind? Und schon wieder in Hamburg. Es war doch erst wenige Jahre her, dass die siebenjährige Jessica in Hamburg-Jenfeld verhungerte.

„Bernd, was ich dir jetzt sage, wird dich schockieren, versuch den Wagen irgendwo abzustellen." In diesem Moment hatte Tobias Lucht meine gesamte Aufmerksamkeit. Ich wechselte auf die rechte Spur und versuchte mich auf die Fahrbahn wie auch die nächste Information zu konzentrieren und die Ausfahrt zum nächsten Parkplatz zu erwischen, denn wenn es um Kinder geht, bin ich sehr achtsam und sensibel.

„Du kennst dieses Kind", sagte Tobias. Blut schoss mir in den Kopf, mein Herz fing an zu rasen und meine Finger zitterten. Mit so einer schrecklichen Nachricht hatte ich nicht gerechnet.

„Sie war mit uns im Sommercamp. Chantal aus der Insel Arche aus Wilhelmsburg. Kennst du sie noch?" Ich kämpfte mit den Tränen und bejahte Tobias' Frage.

„Wir haben auch geweint, als wir es gehört haben", sagte er. Mir war schlecht und zittrig zugleich. Am liebsten wäre ich ausgestiegen und hätte mit voller Wucht irgendwo gegen geschlagen. Dieses liebevolle Mädchen, dieser wundervolle Mensch, der noch nie jemandem etwas getan hatte. All ihre Wünsche und Träume, all ihre Hoffnungen und Zukunft waren zerplatzt wie eine kleine Seifenblase. Ich sagte leise vor mich hin: „Bei Gott ist alles gut, Chantal." Mich aber konnte das in diesem Moment nicht trösten.

...

Nach meiner Reise verfolgte ich intensiv die Berichterstattung über Chantal, da ich zu diesem Thema auch in einigen Talkshows auftreten sollte. Den Nachrichten konnte man entnehmen, dass Chantal bei einer Pflegefamilie gelebt hatte. Die Elfjährige wollte selbst dorthin, weil ihre Freundin dort auch lebte. Bei ihrem leiblichen Vater durfte Chantal nicht bleiben; er war drogenabhängig. Dennoch verstand sie sich gut mit ihm und seiner Lebensgefährtin. Oft war sie zu Besuch, denn ihr Vater lebte in unmittelbarer Nähe zur Pflegefamilie. Im großen Bericht, den das Hamburger Abendblatt über das kurze Leben von Chantal geschrieben hatte, las ich von etwas, das ich nur allzu gut nachvollziehen konnte: Chantal wollte mal Tierärztin werden.

> Wer sich um Kinder kümmert, sollte freiwillig transparent sein, weil er immer das Wohl des Kindes vor Augen hat.

Ein freier Träger, der vom Jugendamt eingesetzt war, hatte regelmäßig Chantal und die Familie besucht, um zu sehen, ob es ihr gut ging. Solche Besuche werden immer angemeldet, insofern ist die Situation seitens der Pflegefamilien meist gut vorbereitet. Das soll nicht heißen, dass Pflegefamilien ihrer Aufgabe nicht richtig nachgehen, nur wer sich um Kinder kümmert, sollte freiwillig transparent sein, weil er immer das Wohl des Kindes vor Augen hat.

Es stellte sich heraus, dass weder das Jugendamt noch der eingesetzte Träger in Kenntnis waren, dass Chantals Pflegeeltern an einem Methadonprogramm teilnahmen, da sie drogenabhängig waren. Zudem gingen, obwohl von außen gesehen nichts auffällig war, fünf Hinweise an das zuständige Jugendamt. Ein Nachbar, der anonym eine Anzeige machen wollte, wurde vom Sachbearbeiter telefonisch abgewiesen mit den Worten: „Anonym geht mal gar nicht!"

Chantal starb an den Folgen einer Methadonvergiftung. Wie das elfjährige Mädchen an das Methadon gekommen ist, bleibt für viele schleierhaft. Aber sicher ist, dass das Kind nicht in einem Umfeld eingebettet war, wie es ein Kind braucht und auch verdient.

Weiteren Nachrichten entnahm ich, dass Chantal nur wenige Tage vor ihrem Tod eine Nachricht an ihren Vater geschickt hatte mit den Worten: „Bitte hole mich aus dieser schrecklichen Familie." Und obwohl scheinbar ein guter Kontakt zu dieser Familie bestand und das Jugendamt von diesem Brief wusste, passierte nichts.

Chantal starb am 16. Januar 2012. Später gab die verbeamtete Jugendamtsleiterin ihren Posten ab und der Stadtrat trat zurück. So antwortet die Gesellschaft üblicherweise; es ist ein Schuldiger auszumachen. Lehren aus dem Geschehen werden jedoch nicht gezogen. In zwei Sendungen von Markus Lanz stellte ich daher die Frage, welche Schlüsse man aus den vielen verwahrlosten und gestorbenen Kindern ziehen würde. Vonseiten der Behörden gab es bis heute keine Reaktion.

WAS LEHRT UNS DAS SCHICKSAL VON CHANTAL?

Nichts macht Chantal wieder lebendig. Mit dieser Trauer müssen wir, allen voran die Angehörigen, leben, wie auch mit dem Versagen der Behörden. Gleichsam stehen wir in der Pflicht, Fragen zu stellen, wie man Chantals Tod hätte verhindern können. Nicht um konjunktivisch in der Vergangenheit zu verharren und neue Vorwürfe zu schmieden, was im Falle Chantal alles versäumt wurde, sondern um gezielt das Lebensumfeld bedrohter Kinder zu ändern und aktiver zu kontrollieren. Denn Chantals viel zu kurze Lebensgeschichte und das sich stetig wiederholende Schicksal missbrauchter, verwahrloster und getöteter Kinder führen vor Augen, dass unser gut organisierter Sozialstaat, der in Europa mit seinen aufgebauten Strukturen und Systemen seinesgleichen sucht, eklatante Lücken aufweist und einen falschen Fokus hat. In unserem Sozialstaat bleiben trotz aller sozialen Sicherungsmaßnahmen, Zuständigkeiten und Fördergelder für Menschen, die sich selbst nicht wehren können, auf der Strecke. Aus der Wahrnehmung von mir (Bernd Siggelkow) sterben pro Woche drei Kinder an den Folgen von Gewalt oder Verwahrlosung.[1] So etwas darf in einem Staat, der sich Sozialstaat nennt, einfach nicht passieren. Genauso wenig wie, dass nach unsrer Wahrnehmung in Ballungsgebieten auf einen Sachbearbeiter im Jugendamt bis zu 120 Kinder kommen[2]. Beides ist leider bittere Realität und verlangt nach Ursachensuche und Sofortmaßnahmen.

BEI HUNDEN REAGIERT DEUTSCHLAND SCHNELLER

Nachdem im Sommer 2000 in einem Schulhof in Hamburg-Wilhelmsburg der sechsjährige Volkan infolge eines Angriffs durch einen Staffordshire und Pitbull verblutete, war die Nation schockiert. Im Eiltempo erließen Politiker in den folgenden Wochen und Monaten in den einzelnen Bundesländern Kampfhundverordnungen.

---

1 Vgl.: Augsburger Allgemeine: „Drei Kinder pro Woche sterben durch Gewalt", www.augsburger-allgemeine.de/panorama/Drei-Kinder-pro-Woche-sterben-durch-Gewalt-id20358651.html | Süddeutsche Zeitung: „Drei Kinder pro Woche getötet", www.sueddeutsche.de/panorama/kriminalstatistik-drei-kinder-pro-woche-getoetet-1.1368864 | Deutsche Kinderhilfe: „Vorstellung der Zahlen kindlicher Gewaltopfer – Auswertung der Polizeilichen Kriminalstatistik 2011", www.kinderhilfe.de/ueber-uns/fachtagungen/
2 Interview mit Bernd Siggelkow in „Stadt Gottes" – Magazin der Steyler Missionare: „In unserer Stadt schaut keiner auf den anderen" – www.stadtgottes.de/stago/aktuelle_Beitraege/themen/09-2013/Bernd-Siggelkow.php

Eine Kommission aus Tierärzten, Tierpsychologen und anderen Fachleuten wurde eingesetzt, um die schrecklichen Hundebisse miteinander zu vergleichen und um zu prüfen, wie künftig ein besserer Schutz aussehen könnte. Leinenzwang, Maulkorbpflicht, Meldepflicht für bestimmte Rassen wurden erlassen und von den Hundehaltern galt es bestimmte Voraussetzungen für den Besitz eines Tieres zu erfüllen. Die Verordnungen zeigten damals tatsächlich Erfolg. Die Zahl der gemeldeten Hundebisse in Berlin sank binnen eines Jahres von 1816 (im Jahr 1999) auf 1140 (im Jahr 2000).

Was aber passiert, wenn Kinder von ihren eigenen Eltern oder Pflegeeltern missbraucht oder vernachlässigt werden? Sind wir nicht imstande, dann auch binnen weniger Wochen und Monate strikte Verordnungen zu erlassen, die künftig weitere Tragödien verhindern? Welche Schlüsse hinsichtlich besserer Schutz- und Kontrollorganismen ziehen wir durch ihre Namen und Geschichten:

...
Jessica, 7 Jahre alt, qualvoll verhungert in Hamburg-Jenfeld (2005).
Kevin, 2 Jahre alt, verwahrlost und zu Tode misshandelt in Bremen (2010).
Chantal, 11 Jahre alt, vergiftet durch Methadon in Hamburg-Wilhelmsburg (2012).
Kieron, 2 Jahre alt, verdurstet neben seiner an Drogenkonsum verstorbenen Mutter in Leipzig (2012).
Lea-Sophie, 2 Jahre alt, vom Lebensgefährten der Mutter zu Tode geprügelt in Köln (2013).
...?

Dass ein konsequent beherztes Durchgreifen und Handeln zum Schutz und Wohl des Kindes von Erfolg gekrönt sein kann, verdeutlicht die Geschichte von Sharlyn, die ich (Bernd Siggelkow) in Berlin, unweit unserer Arche in Berlin-Hellersdorf, dieses Jahr Pfingsten miterlebt habe:

SHARLYN – ENTFÜHRT, ABER NICHT AUFGEGEBEN

Der Himmel über Berlin war blau dieses Jahr Pfingstmontag. Auf den Straßen ging es ruhig zu, nur wenige Menschen ließen sich blicken. Vermutlich nutzten viele das verlängerte Wochenende für einen Ausflug. Gegen Mittag unterbrach ein Hubschrauber die Stille im Berliner Stadtteil Hellersdorf. Unentwegt kreiste er über den Kiez und er machte keine Anstalten zu landen. Hier war kein Rettungshubschrauber im Anflug zu einem Unfallort, sondern die Polizei schien irgendetwas oder irgendjemanden zu suchen. Nur kurze Zeit später fuhren Polizeibusse durch die Straßen. Und die Polizei gab bekannt, dass ein achtjähriges Mädchen gesucht werde. Ihr Name: Sharlyn.

Noch am Vormittag hatte sie mit ihrer ein Jahr jüngeren Schwester auf dem Spielplatz gespielt. Letztere war gegen 11 Uhr kurz hoch in die Wohnung der Großmutter gegangen. Als sie zurückkam, lag nur noch Sharlyns Spielzeug im Sand. Von dem Mädchen fehlte jede Spur. Da es sich bei Sharlyn um ein gewissenhaftes Mädchen handelte, die nicht einfach irgendwohin rannte, wurde um 12:30 Uhr die Polizei informiert.

Die Beamten befürchteten das Schlimmste und leiteten sofort eine Großfahndung ein. Spürhunde und ein Hubschrauber mit Wärmebildkameras unterstützten die Polizisten am Boden, die auch mit Lautsprecherdurchsagen nach dem Mädchen suchten. Sogar Nachbarn und Bekannte beteiligten sich an der stundenlangen Suche nach dem kleinen Mädchen.

Nicht nur den Hellersdorfern stockte einen ganzen Tag lang der Atem. Als ich am Abend die Suche nach dem Mädchen in Facebook postete, las ich auf verschiedenen Seiten von der Ohnmacht der Menschen, die von Sharlyns Verschwinden bereits im Newsticker gelesen hatten. Gemeinsam mit der Arche forderte ich unsere Freunde auf, die Suche nach Sharlyn an ihre Freunde weiterzugeben. Jegliche Kanäle sollten genutzt werden, um die Kleine zu finden – die Solidarität war gewaltig. Allen war bewusst, dass hier ein Kind entführt worden war, und zwar am helllichten Tag um 11 Uhr von einem öffentlichen Spielplatz. Wie konnte das passieren? Hatte keiner hingeguckt? Wollte das keiner sehen?

„Bitte nicht schon wieder", schrie es aus dem Innern aller Beteiligten, denen sofort die Bilder und Schlagzeilen von all den entführten, missbrauchten und getöteten Kindern in den Kopf schossen. Sie alle, die Helfer vor Ort wie die Menschen vor dem PC oder Fernseher, hofften und beteten, dass Sharlyn wohlbehalten gefunden würde.

...

Um 22 Uhr berichtete der Rundfunk Berlin-Brandenburg: „Vermisste Achtjährige in Berlin wieder aufgetaucht." Diese Botschaft verbreitete sich wie ein Lauffeuer. Sharlyn klingelte um 21:30 Uhr bei ihrer Oma mit den Worten: „Oma, ich bin wieder da." Die Erleichterung war überwältigend.

Wo aber war Sharlyn die letzten elf Stunden gewesen? Uns in der Arche beschäftigte diese Frage. Natürlich waren wir alle froh, dass die große Suchaktion erfolgreich verlaufen war. Nur vielleicht hatte sie einem Kind sogar das Leben gerettet.

Am nächsten Tag konnte man in den Zeitungen mehr über Sharlyns Verschwinden erfahren. Tatsächlich wurde das Mädchen von einem 25-jährigen Mann entführt, der zurückgezogen in der Nachbarschaft wohnte. Allerdings war Sharlyn von ihm nicht sexuell missbraucht worden. Gott sei Dank!

Da die Polizei Sharlyn nicht mehr am selben Abend zum Geschehen befragen wollte, warteten die Beamten bis zum nächsten Tag. Sie fanden heraus, dass Sharlyn nur eingeschüchtert, jedoch nicht bedrängt wurde. Die groß angelegte Suchaktion, die vielen Lautsprecherdurchsagen und die Fahndung hatten wahrscheinlich auf den Mann so viel Druck ausgeübt, dass es nicht zu einer schlimmeren Tat kam. Er schenkte Sharlyn noch Spielzeug, vielleicht als Schweigegeld, vermutete die Presse.

Die Achtjährige führte die Polizisten zu der Wohnung, in der sie tags zuvor gegen ihren Willen festgehalten wurde. Da niemand öffnete, brach die Polizei diese in Zusammenarbeit mit der Feuerwehr auf. Im Badezimmer fand sie einen blutüberströmten Mann, der scheinbar einen Selbstmordversuch vollzogen hatte, indem er sich die Pulsadern aufgeschnitten hatte. Ein Notarzt vor Ort stabilisierte den Mann, ehe man ihn ins Krankenhaus transportierte. Beim späteren Verhör schwieg der Täter zu den Vorwürfen; er wurde in die Psychiatrie eingewiesen.

Sharlyns Geschichte bringt unseren Atem ins Stocken. Vor allem, wenn wir daran denken, was alles hätte passieren können. Gleichzeitig macht der glückliche Ausgang, der dem Einsatz vieler Menschen zu verdanken ist, deutlich, wie gut es ist, in einem Land zu leben, in dem grundsätzlich Sorge getragen wird um das Leben eines Kindes. Polizisten, Helfer, Bürger sind bereit, ihr Äußerstes zu geben, wenn ein Kind entführt, missbraucht oder geschlagen wird. Unser Staat lässt es sich etwas kosten, ein Kind wiederzufinden, wenn es entführt wurde. Manchmal ermitteln Kriminalbeamte jahrelang und nicht selten mit hohem persönlichem Einsatz bis ein Kind gefunden wird – lebendig oder tot. Und wir beteiligen uns in solchen Notfällen in der Funktion als Steuerzahler aus selbstverständlichem Ethos und moralischer gesellschaftlicher Verpflichtung „gerne" an den Kosten für den Einsatz von Polizeihundertschaften, Suchhunden, Hubschraubern und modernem technischen Equipment. In manch anderen Ländern dieser Welt kommt dieser Aufwand Kindern erst gar nicht zugute. Dort wird der Wert ihres Lebens nicht so ernst genommen wie bei uns.

Dennoch möchten wir uns die Frage erlauben: Ist es für uns leichter, Mittel aufzubringen, ein vermisstes Kind zu suchen, als das tägliche Wohl eines Kindes zu schützen? Sicher ist eine Entführung eine dramatische und schlimme Ausnahmesituation und daher wohl nur sehr schwierig mit einer sozialpolitischen Mangelsituation in Vergleich zu setzen. Das müssen wir zugeben. Nur sieht man am Beispiel von Volkans Geschichte und den sofort in Kraft getretenen Kampfhundverordnungen, dass konkrete Maßnahmen auf politischem Parkett ähnlich schnell getroffen werden können, wie sie im Entführungsfall für das Wohlergehen eines Kindes lebensrettend sind.

HINSCHAUEN UND SICH EINMISCHEN

Im Juli dieses Jahres berichtete die Bild-Zeitung noch einmal über den Fall Kieron. Der zweijährige Sohn einer Drogensüchtigen aus Leipzig war im April 2012 qualvoll verdurstet. Erst zwei Monate (!) nach dem letzten Kontakt zum zuständigen Betreuer vom Jugendamt fand die Polizei die Leichen der kleinen Familie. Kieron verdurstete über Tage neben seiner an einer Überdosis gestorbenen Mutter. „Niemand hörte seine Schreie, tagelang. Niemand hatte die beiden vermisst. Und niemand half", schrieb die Bild. Und dennoch: Immer wieder hatte es Warnungen seitens Nachbarn, Vermieter, Tagesmutter, Polizei, Jobcenter und Suchthilfe gegeben. Interessiert hatte das offenbar nicht.

Leider ähneln sich die Zeitungsberichte über verwahrloste, misshandelte und getötete Kinder immer wieder. Im entscheidenden Augenblick waren sie alle allein, in ihrer Situation, mit ihrem Peiniger, dem Tod. Außer Gott war keiner da. Oder waren doch eigentlich Menschen zugegen? Chantal hatte Nachbarn und Mitmenschen um sich herum, die Anzeige erstatten wollten. Auch Kieron. Sie waren vorher da, schlugen Alarm, ehe die Situation sich bis ins Äußerste dramatisierte. Diesen Schritt wagt nicht jeder, schließlich mischt man sich nicht gerne in die Angelegenheit anderer Familien ein. In die großen Angelegenheiten genauso ungern wie in die kleinen. Beispielsweise im Supermarkt oder an der Bushaltestelle, wenn sich ein Kind nicht so benimmt, wie es Vater oder Mutter gerne hätten. Nicht selten wird das Kind angeschrien, weggeschubst, abgewiesen, vielleicht sogar geschlagen. Wer hat in dieser Situation schon die Courage einzugreifen und dem Vater oder

der Mutter zu sagen, dass das nicht in Ordnung ist? Eine solche Situation ist noch recht harmlos. Eine Anzeige gegen Eltern zu erstatten, ist dann doch ernster. Im Fall Chantal ist diesen Schritt sogar jemand gegangen und auch bei Kieron kam es zu Mitteilungen an die Behörde. Trotzdem wurden keine beherzten Schritte unternommen.

Wir fragen daher:

- Müssen nicht künftig Pflegefamilien unangemeldet besucht werden können, damit sich die Lebensverhältnisse von Kindern wirklich ändern?
- Braucht nicht auch das Jugendamt eine Kontrollinstanz, die prüft, ob im Sinne und zum Wohle der Kinder entschieden wird?
- Inwieweit können Jugendämter, angesichts eines gravierenden Personal- und Zeitmangels, noch zum Wohle der Kinder entscheiden, wenn sie das Lebensumfeld der Kinder gar nicht richtig kennenlernen können?

Ein trauriges Fazit aus dem Tod von Chantal wie dem etlicher anderer Kinder zeichnet sich ab: In Deutschland fehlt es an der Zeit, um Kinder zu schützen. Und es fehlt an Personal, Familien eingehend zu überprüfen. Zudem braucht es eine stärkere Kontrolle der Arbeit der Jugendämter. Wir müssen im täglichen Leben mehr darauf achten, dass es unseren Kindern gut geht, und nicht erst, wenn es zu spät ist!

> Wir müssen im täglichen Leben mehr darauf achten, dass es unseren Kindern gut geht, und nicht erst, wenn es zu spät ist!

Als Staat und Gesellschaft stehen wir in der Pflicht, ihnen die Wertschätzung zuteilwerden zu lassen, die ihnen gebührt. Auch wenn wir als Bürger, Nachbarn und Bekannte im Allgemeinen diesen Schritt im Kleinen nicht gerne gehen, sich in „Privatangelegenheiten" einzumischen, muss es dennoch beherzter geschehen. Und es ist lebenswichtig, dass neu Sorge dafür getragen wird, dass kleinen Hinweisen nachgegangen werden muss. Selbst wenn sich ein Hinweis als falsch erweisen sollte, ist dies besser, als im Ernstfall nicht gehandelt zu haben. Wenigstens hat man gezeigt, jemand kümmert sich und ist da. Und womöglich ist das ein zweiter Schluss, den wir aus Chantals Tod ziehen können: Wir müssen als Gesellschaft, die Teil eines sozialen Staates ist, das Zusammenleben wiederentdecken. Wir müssen füreinander da sein!

Wir wissen nicht, ob Chantal noch leben würde, wenn dies alles umgesetzt worden wäre, aber eins ist sicher: In einem Staat, der sich Sozialstaat nennt, muss *vorbeugend* alles unternommen werden, um das Leben eines Kindes zu bewahren und zu retten. Und da ist jeder gefragt.

KAPITEL 3

WARUM ES AUFGABE EINES SOZIALSTAATS IST, ZUM LEBEN ZU BEFÄHIGEN
WARUM WIR WACHSTUM, WOHLSTAND UND VERMÖGEN NEU DEFINIEREN MÜSSEN

Deutschland ist ein demokratischer und sozialer Bundesstaat. Das besagt das Grundgesetz in Artikel 20. Aber was genau ist ein sozialer Staat? Und wie ist Sozialpolitik zu verstehen?

Der Sozial- und Politikwissenschaftler Christoph Butterwegge definiert Sozialpolitik als Mittel, um soziale Benachteiligungen und Gegensätze innerhalb einer Gesellschaft durch politisches Handeln auszugleichen bzw. auszuschließen. Der soziale Staat ist also das gesellschaftspolitische Ziel.[3] Demnach würde es durch die sozialpolitischen Maßnahmen in einem idealen sozialen Staat keine sozialen Benachteiligungen und Gegensätze mehr geben. Die Politikwissenschaftler Manfred G. Schmidt und Tobias Ostheim konkretisieren dieses Angleichen. Sie sehen in der Sozialpolitik diejenige Staatstätigkeit, die darauf gerichtet ist, vor den Wechselfällen des Lebens und vor Verelendung zu schützen und die Gleichheit von Lebensführungschancen zu befördern.[4]

Die Wechselfälle des Lebens sind insbesondere Krankheit, Arbeitslosigkeit und Mutterschaft. In diesen Fällen werden die Menschen vom sozialen Staat unterstützt. Auch werden sie geschützt vor totaler Armut. Gleichsam hegt die Sozialpolitik den Anspruch, gleiche Chancen für alle Menschen zu schaffen.

---

[3] Christoph Butterwegge: *Krise und Zukunft des Sozialstaates*, Wiesbaden, 2005.
[4] Manfred Schmidt: *Der Wohlfahrtsstaat – eine Einführung in den historischen und internationalen Vergleich*, Wiesbaden, 2007.

ALLE STAATSTÄTIGKEITEN SIND SOZIAL

Der genaue Inhalt von Sozialpolitik, ihre Tätigkeit, kann eng oder weit gefasst werden. Wir legen unserem Buch eine besonders weite Definition von Sozialpolitik zugrunde, weil wir glauben, dass eine ganze Kette von Maßnahmen die Lebenslagen sozial schwacher Gruppen beeinflusst und nicht nur der Eingriff in die Einkommensverteilung. Bereiche wie Bildungs-, Familien-, Arbeits-, Gesundheits- oder Steuerpolitik beeinflussen Benachteiligungen und Gegensätze innerhalb der Gesellschaft, insbesondere hinsichtlich der Chancen, das Leben zu gestalten. Wir sehen das auch stärker als „Funktion" Soziales statt als Politik. So nehmen Umfeld und Infrastruktur Einfluss auf das Leben eines Menschen, insbesondere eines Kindes. Durch Bildung und Gesundheit, die Arbeit der Eltern sowie familien- und steuerpolitische Leistungen der Eltern erhält das Kind „Lebensführungschancen". Alle staatlichen Tätigkeiten, die diese Lebensführungschancen betreffen, fallen daher aus unserer Sicht unter die Funktion „Soziales".

> Alle staatlichen Tätigkeiten, die Lebensführungschancen betreffen, fallen unter „Soziales".

Drei Kennzeichen der Sozialpolitik, die Schmidt und Ostheim nennen – nämlich Schutz vor den Wechselfällen des Lebens, Schutz vor Verelendung und Angleichung der Lebensführungschancen –, gilt es, gerade in unserer sich im stetigen Wandel befindenden Gesellschaft immer wieder zu hinterfragen. Noch funktionieren die deutschen Sicherungssysteme, die uns vor den Wechselfällen des Lebens schützen sollen, recht gut. Wir dürfen uns daher glücklich schätzen, in einem Land mit einem solchen Sozialsystem zu leben. Allerdings rollt auf uns ein Thema zu, das in besonderer Weise unsere Gesellschaft verändern wird und für das es kein Vorbild gibt: die demografische Entwicklung.

Wir werden immer älter und bekommen immer weniger Kinder. Wer wird eines Tages die alten Menschen pflegen? Und wer bezahlt ihren Pflegebedarf? Unser Rentensystem ist nicht darauf ausgelegt, dass ein Minimum an Nachwuchs ein Maximum an betagten Anspruchsnehmern versorgt, ebenso das Pflegesystem. Insofern wird die Volkswirtschaft es irgendwann nicht mehr leisten können, die Sozialsysteme wie gewohnt zu finanzieren.

Gleichsam stehen immer mehr familienpolitische Herausforderungen vor der Tür: Wie löst man die Not mangelnder Betreuungsplätze angesichts einer stetig größer werdenden Zahl berufstätiger Frauen? Wer kümmert sich um Kinder, wenn Eltern arbeiten müssen, es aber keinen bezahlbaren Kitaplatz in der näheren Umgebung gibt? Auf diese Fragen haben die Macher bzw. Verwalter unserer Systeme noch keine Antwort gefunden. Doch schon seit geraumer Zeit bahnen sich diese unbequemen Wahrheiten an und mehren sich – und unsere Sicherungssysteme sind noch lange nicht darauf vorbereitet.

> Unser Rentensystem ist nicht darauf ausgelegt, dass ein Minimum an Nachwuchs ein Maximum an betagten Anspruchsnehmern versorgt.

LEBENSBEFÄHIGUNG ALS AUFGABE DES STAATES

Im Hinblick auf unsere Kinder haben wir auch das zweite und dritte Kennzeichen von Sozialpolitik kritisch zu hinterfragen: Halten wir in Deutschland genügend Schutzmechanismen aufrecht, um Verelendung und Armut zu vermeiden? Und werden wirklich allen Kindern dieselben Lebensführungschancen zuteil? Haben also alle Kinder dieselben Chancen, eigenständig ein gutes Leben zu führen? Falls nicht, was unternimmt der soziale Staat dagegen?

Für die Zukunft unserer Kinder sind diese Fragen entscheidend. Nicht nur, um hier und heute etwas zu verändern, sondern auch um Sorge zu tragen für Menschen, die gegenwärtig in Armut leben, aber bislang nicht durch unsere Sozialsysteme erreicht werden. Denn in den meisten Fällen reißen sie auch ihre nächste Generation mit in die Armut. Ihre Kinder werden nicht dieselben

Lebensführungschancen haben wie andere Kinder. Ihnen wird es an grundlegenden Fähigkeiten mangeln, die sich im Leben bietenden Chancen angemessen nutzen zu können. Eine gewisse Versiertheit im Umgang mit Informationen, Kommunikation und Sozialkompetenz sind meist das A und O, um sich Chancen in unserer Gesellschaft zu erschließen. Erlernen Kinder diese „Skills" nicht von ihren Eltern oder ihrer unmittelbaren Umgebung, ist es Aufgabe eines sozialen Staates, das Erlangen dieses Ziels zu fördern. Das soll nicht heißen, der soziale Staat habe sich nur darauf zu konzentrieren, Kinder aus armem Milieu zu fördern. Ein sozialer Staat hat die Aufgabe, alle Kinder, ganz gleich welcher sozialen Schicht sie angehören, zur selbstständigen Lebensführung zu befähigen.

Lebensbefähigung ist das Ziel und steht somit an vorderster Stelle. Sie ist der Weg hin zum Resultat, soziale Gerechtigkeit für Kinder zu schaffen. Leider aber steht die Lebensbefähigung überhaupt nicht im Fokus von Politik und Gesellschaft. Selbst in der Schule, wo sie von staatlicher Seite in der Regel in Form von Lehrplänen geschieht, spielt sie praktisch gesehen eine viel zu geringe Rolle. Wissensvermittlung steht noch immer im Zentrum. Natürlich gehört der Wissenserwerb dazu, wenn es darum geht, ein Kind fit fürs Leben zu machen. Allerdings ist dies nur ein Teil des ganzen Spektrums von Lebensbefähigung.

Als in den 1960er-Jahren Schweden etliche seiner Schulformen abschaffte und die neunjährige Grundschulzeit einführte, sagte der damalige schwedische Bildungsminister Edenman, dass es Aufgabe der neuen Schule sei, Kinder zu so glücklichen Menschen wie möglich zu machen, sie zu kleinen demokratischen Mitbürgern zu erziehen und erst an dritter Stelle direktes Wissen zu vermitteln.[5] Das hört sich im ersten Moment nach Sozialromantik an, es ist aber eine ökonomische Wahrheit – ähnlich wie in Unternehmen Spaß an der Arbeit als Ziel zu definieren, der in der heutigen Zeit viel zu sehr vernachlässigt wird.

---

5 Hernik Berggren: *Underbara dagar framför oss*, Stockholm, 2010.

Unter welchen Umständen sind Kinder glücklich und wie können diese Umstände möglichst dauerhaft erreicht werden? Und welche Fähigkeiten braucht ein Kind für ein möglichst glückliches Leben?

DER GARTEN DER KINDER

Vielleicht sollte sich eine „neue", stärker kindbezogene Sozialpolitik diese Fragen einmal stellen. Denn für eine „neue" zukunftsweisende Sozialfunktion in der Gesellschaft müssen die Kleinsten die Wichtigsten sein.

In diesem Buch gebrauchen wir daher ein besonderes Bild für eine solche neue Sozialpolitik bzw. für eine solche Umwelt: den Garten der Kinder. Eine Welt, die sich auf Kinder und ihre Perspektiven fokussiert. In der eine gesunde Ökonomie, Chancengleichheit, Fairness, ein Fördern und Fordern sowie Spaß den Nährboden bilden. Und in der Rahmenbedingungen existieren, die Kinder zum Leben befähigen. Alt und Jung spalten sich nicht voneinander ab, sondern tummeln sich mit ihrer Erfahrung und ihrem Potenzial unter einem Baum. Dieser Baum steht für eine neue Kultur des Investments, des Sicheinbringens. Er fördert das unbeschwerte Spiel und hilft, die zutage gekommenen Potenziale zu entwickeln. Umgeben ist der Garten von einer Hecke, einer Politik, die Kinderschutz und Kindern ihre Rechte garantiert. Und zum Garten führt eine Straße mit dem Schild „NAWISO Germany", also eine Gesellschaft, die NAtur, WIrtschaft und SOziales verbindet.

Das Schöne an dem Garten ist: Das Gartentor steht immer offen, für alle Kinder. Es gibt nur ein Problem: Niemand will für den Garten verantwortlich sein. Und damit offenbart sich einmal mehr das Grundproblem unserer Gesellschaft. Lösen lässt sich dieses Dilemma letztlich nur durch neue und ganzheitliche Ansätze. Auf sie wollen wir später im Buch zurückkommen.

WACHSTUM, WOHLSTAND, VERMÖGEN

Wenn wir über den sozialen Staat und den Weg bzw. die Straße zu einer „neuen" Sozialpolitik sprechen, gehört unweigerlich dazu, über Wohlstand zu sprechen. Nach ihm bzw. dem mit ihm einhergehenden Wohlbefinden streben wir. Eine Grundlage dafür bietet uns der soziale Staat. Und er schenkt uns Sicherheit, falls wir den angestrebten Wohlstand nicht erreichen. Sozusagen ist eine der Funktionen des sozialen Staates, ein Auffangnetz bereitzustellen für unser Streben nach Wohlstand.

Wohlstand macht es allerdings unumgänglich auch über Wachstum zu sprechen. Zumal wir inmitten einer Wachstumsgesellschaft leben, wenn nicht gar in einer Welt des permanenten Wachstums. Wachsen wir, geht es uns gut. Und das ist nicht nur rein wirtschaftlich so zu verstehen. Unser ganzes Leben ist auf Wachstum angelegt: Wir werden erwachsen, unser Wissen nimmt zu durch Bildung, wir entwickeln uns weiter im Job und auch in Beziehungen wachsen wir.

Wirtschaftlich gesehen definiert sich unser Wohlstand über das Bruttoinlandsprodukt. Gäbe es dort kein Wachstum, würden wir uns nicht weiterentwickeln und bloß auf der Stelle treten. Mit dem Ergebnis, nur noch kleine Brötchen zu backen in puncto Wohlstand und Wohlbefinden. „Wir müssen wachsen!", lautet daher die Devise, die wir seit Jahren, wenn nicht gar Jahrzehnten hören. Wirtschaftswachstum bleibt anscheinend eine der notwendigen Voraussetzungen für gesellschaftlichen Fortschritt – damit es uns gut geht. Und Deutschlands Wirtschaft wächst. Nicht mehr so stark wie vor Jahren, aber der Pfeil zeigt nach oben.

WAS WACHSTUM WIRKLICH KOSTET

Doch ist stetiges Wachstum angesichts der sich anbahnenden Probleme für den sozialen Staat überhaupt noch das richtige Mittel, damit es uns gut geht? Ist Wirtschaftswachstum wirklich entscheidend für unser Wohlbefinden? Und geht es uns damit letztlich gut?

Natürlich hat das Wirtschaftswachstum uns einiges gebracht und ermöglicht. Durch solide Arbeit, stetig neue Produktionen und hervorragende Dienstleistungen haben wir ein hohes Lebensniveau erreicht. Aber kann ein Mehr an Wachstum uns noch darüber hinausführen? Sorgt mehr Wachstum wirklich immer noch für mehr Lebensqualität oder ist nicht ein Wendepunkt erreicht, an dem „mehr" nicht gleich „besser" ist?

Es dürfte bekannt sein, dass der Weg zu mehr Wachstum Begleiterscheinungen hat, wie das Ausnutzen von Niedriglohn- oder Grenzgänger-Arbeitskräften, um mehr durch möglichst wenige Ausgaben zu erreichen. Und auch in der Finanzindustrie treten die Begleiterscheinungen des Immer-mehr-wachsen-Wollens zutage, da sie nicht mehr nur dem nachgeht, was ursprünglich ihre Aufgabe war.

In allen Branchen lässt sich eine Art „Abzockermentalität" erkennen, dem Ziel „Wachsen!" immer näherzukommen.

Wachstum jedoch auf einer Basis des Ausnutzens und Abzockens führt weder zu Wohlstand, geschweige denn zu Wohlbefinden, noch ist sie gut für das gesamte System. Zwar bedeutet Wachstum immer noch Segen, aber es zeigt sich immer deutlicher die Kehrseite der Medaille. Was aber, wenn im Wachstum selbst der Schlüssel verborgen liegt, unsere Probleme zu lösen? Nämlich genau dann, wenn wir Wachstum neu denken und diskutieren.

NEUE SICHTWEISEN VON WACHSTUM ENTWICKELN

Wir dürfen nicht mehr nur um des Wachstums willen wachsen! Es ist an der Zeit, neu zu definieren, in welche Richtung und in welchen Bereichen wir wachsen können und wollen. Nur dadurch können wir sicherstellen, dass wir gesund und nachhaltig wachsen.

Wie schwammig sich dies gegenwärtig verhält, verdeutlicht die Berechnung des Bruttoinlandsproduktes, einer der Indikatoren für Wachstum in Deutschland. Ein Beispiel: Angenommen, ein Autofahrer baut während einer Fahrt einen Unfall und trägt neben dem Blechschaden auch körperliche Blessuren davon, dann hat er vom Moment des Unfalls an maßgeblich zum Bruttoinlandsprodukt beigetragen. Schließlich werden seine Verletzungen im Krankenhaus behandelt und das Auto wird in einer Werkstatt repariert. Wenn allerdings jemand zwanzig oder noch mehr Jahre lang seine Kinder großzieht und sie zum Leben befähigt – sie somit zu Arbeitern und Steuerzahlern macht –, wird diese Leistung nicht positiv im Bruttoinlandsprodukt verbucht.

Bei der Diskussion um Wachstum müssen wir uns auch bewusst werden, dass Wachstum begrenzt sein wird, da wir in Sachen Ressourcen keine Flatrate haben. Weder was Arbeitskräfte angeht noch Rohstoffe. Und selbst durch maximale Effizienzsteigerung und neue Technologien werden wir es nicht verhindern können, dass die natürlichen Ressourcen dieser Erde irgendwann aufgebraucht sein werden. Vielleicht nicht binnen der nächsten 50 Jahre, aber spätere Generationen werden sich dem zu stellen haben. Dass heute manche trotzdem weitermachen mit dem Denken „nach mir die Sintflut", dürfen wir nicht akzeptieren. So einfach dürfen wir es uns nicht machen! Ein Mehr an Wachstum bedeutet ein Mehr an Verbrauch und Zerstörung. Auf lange Sicht müssen wir daher umdenken. Ein erster Schritt wäre es, wenn wir global grün wachsen könnten, denn auch Wachstum, das sich an ökologischen Gesichtspunkten orientiert, bedeutet Wachstum. Langfristige Ziele würden dann mit im Vordergrund stehen und nicht nur der Gewinn. Die Verantwortung dafür liegt bei jedem individuell, Bürgern, Politikern, Unternehmern – den Wohlstand jedoch haben wir dann alle gemeinsam.

WAS BEDINGT UNSER GEFÜHL VON WOHLSTAND?

Interessanterweise messen jedoch die Deutschen ihren Wohlstand nicht am Bruttoinlandsprodukt. Trotz zunehmend positiver Entwicklung sehen sie ihre eigene Situation immer finsterer, darauf lassen zumindest die Ergebnisse einer Umfrage des

Marktforschungsinstitutes Ipsos schließen.[6] Zwar spielten materielle Überlegungen weiterhin eine fundamentale Rolle, allerdings bedeute für die 2.000 Befragten ein höherer Lebensstandard längst nicht mehr automatisch ein großes Maß an Zufriedenheit. Das Bild vom neuen Wohlstand zeichnet sich differenzierter. Danach fußt Wohlstand auf vier starken Säulen:

- Die erste umfasst den wirtschaftlichen Wohlstand, nämlich sicher und ohne Geldsorgen leben zu können.
- Die zweite Säule trägt den ökologischen Wunsch, naturnah und vor allem nachhaltig zu leben.
- Die dritte bezieht sich auf den gesellschaftlichen Wohlstand, frei und in Frieden leben zu können.
- Und die vierte Säule zeigt die tiefe Sehnsucht nach individuellem Wohlstand, gesund und ohne Zukunftsängste leben zu können.

Dass Menschen, die wirtschaftlich am Rand der Gesellschaft leben, sehr weit entfernt sind von dieser Wohlstandsdefinition, macht die Repräsentativumfrage deutlich. Denn für drei Viertel der Befragten bedeutet Wohlstand, sich keine finanziellen Sorgen machen zu müssen. Knapp zwei Drittel assoziieren mit Wohlstand ein sicheres Einkommen und einen sicheren Arbeitsplatz, ehe der individuelle Wohlstand folgt. Wohlstand hat also im Jahre 2013 immer noch mit wirtschaftlichen Aspekten zu tun, aber weniger mit einem extravaganten Lebensstil. Vielmehr geht es darum, den Wohlstand zu erhalten und sich gegen Lebensrisiken abzusichern. Insofern wünschen sich mehr als die Hälfte aller Befragten eine solide Gesundheitsversorgung. Für ebenso viele stellt Unbeschwertheit ein wichtiges Kriterium dar, die Lebensqualität zu bemessen. Und unter einem glücklichen Leben verstehen knapp über die Hälfte der Menschen, keine Angst vor der Zukunft haben zu müssen und sich gesund zu

---

6 Hier und im Folgenden: Ipsos GmbH: „Ipsos und Zukunftsforscher Opaschowski entwickeln den Nationalen Wohlstands-Index für Deutschland NAWI-D", 28. August 2012 – www.ipsos.de/publikationen-und-presse/pressemitteilungen/2012/die-deutschen-definieren-wohlstand-neu

fühlen. Für rund 60 Prozent der Befragten ist es wichtig, in Frieden zu leben und ihre Meinung frei äußern zu können. Fast ähnlich viele betonen, Familie und der Kontakt zu guten Freunden verbessere deutlich ihr Wohlbefinden. Schlusslicht ist der ökologische Wohlstand, der nur zwölf Prozent des Gesamtwohlstands ausmacht.

„DAS SCHLARAFFENLAND IST ABGEBRANNT"

In den meisten Wohlstandswünschen der Deutschen geht es um Leib und Leben und nicht um „mein Haus, mein Auto, mein Boot". Angesichts unsicherer Krisenzeiten hat der Wunsch nach Wohlstand mehr mit der Verhinderung von Angst, Not und Sorge zu tun als mit Geldausgeben und dem Genuss von Luxus und Überfluss. Professor Opaschowski, der die Untersuchung begleitete, sagte es so: „Die fetten Jahre sind vorbei – das Schlaraffenland ist abgebrannt." Daran wird sich in den kommenden Jahren wohl kaum etwas ändern. Der Deutsche wünscht sich daher vor allem Sicherheit, doch die kann man nirgendwo kaufen. Über allem schwebt das Damoklesschwert existenzieller Unsicherheit – materiell, mental und sozial. Insofern fühlen sich über 70 Prozent der Deutschen erst dann wohlhabend, wenn sie so weit abgesichert sind, dass sie nie mehr soziale Sorgen haben müssen. Sie denken erst dann daran, sich weitere Wünsche zu erfüllen, wenn Arbeitsplatz und Rente abgesichert sind. Doch bei wie vielen Menschen ist das heute der Fall?

Wie unterschiedlich Wohlstand erlebt wird, verdeutlicht das Maß zunehmender Freizeit. Sie ist ein Merkmal für den bisherigen Anstieg des Wohlstands der Deutschen. So sank im Land über Jahrzehnte die tarifliche Wochenarbeitszeit von durchschnittlich 47 auf 37 Stunden. Und mit 30 Urlaubstagen für Beschäftigte rangiert Deutschland im internationalen Vergleich auf hohem Niveau. Beides trägt für einen Teil der Deutschen zu mehr Wohlstand bei, und zwar für Beschäftigte. Menschen, die jedoch seit vielen Jahren arbeitslos sind, hegen dieses Empfinden nicht. Der gesteigerte Freizeitwert hat für sie angesichts eines Übermaßes an freier Zeit keine

Bedeutung und trägt somit auch nicht zu einem Wohlstandserleben bei – zumal sich der Freizeitwert auch mangels Geld nicht wohlfühlmäßig gestalten lässt. Ähnlich verhält es sich im Gesundheitsbereich. Einem gesunden Lebensumfeld sowie eigener körperlicher Gesundheit wird selten viel Bedeutung beigemessen. Ein Gefühl von Wohlstand, wie andere es erleben, die sich eine gute medizinische Versorgung leisten können, stellt sich nicht ein. Oftmals ist dies bedingt durch andere Paradigmen. In sozial benachteiligten Familien organisieren nicht selten die Mütter das Essen, und in erster Linie ist es ihnen wichtig, dass der Preis stimmt. Der Gedanke an gesunde Lebensmittel ist hintangestellt. Im Vordergrund steht der Überlebenskampf, sich und die eigene Familie überhaupt zu ernähren und mit allen Verpflichtungen über die Runden zu kommen. Kulturelle oder politische Interessen sind der Mehrheit dieser Menschen eher gleichgültig.

Wollte man hier über eine Schuldfrage diskutieren, läge diese nicht bei den betroffenen Familien, sondern bei uns allen. Denn wer von der Gesellschaft vergessen wird, der vergisst mit der Zeit auch die Gesellschaft. Dass von diesem Zustand eine gewisse Gefahr ausgehen kann, ist spürbar. So haben wir uns in der Arche oft die Frage gestellt, was passieren würde, wenn die Menschen, die am Rande der Gesellschaft stehen, sich miteinander solidarisieren, sich organisieren und aktiv Widerstand leisten würden. Wie in anderen europäischen Ländern bereits geschehen, bedarf es dann nur noch eines kleinen Auslösers und die Situation würde eskalieren. Proteste angesichts wirtschaftlich auswegloser Situationen, wie wir sie aus Griechenland, Spanien oder sogar dem Musterland Schweden kennen, könnten dann auch in Deutschland stattfinden. Man kann aus heutiger Sicht nur mutmaßen, ob sich solch eine Situation wieder unter Kontrolle bringen ließe.

> Wer von der Gesellschaft vergessen wird, der vergisst mit der Zeit auch die Gesellschaft.

...

Die Schande ist, auf dem Weg zum Erfolg vergessen wir immer mehr den Menschen. Deutschland mag erfolgreich und aufstrebend sein, im Export wie in anderen Bereichen, aber der Arbeiter und seine Familie, die am Rand der Existenz leben, geraten schnell außerhalb des Gesichtsfeldes. Wenn eine gut ausgebildete Friseurmeisterin in einem Salon in unserem Land einen Stundenlohn von 5,50 Euro bekommt, dann ist das ein Verbrechen an dieser Berufsgruppe. Und wenn ein ausgebildeter Parkettbodenleger in einer Stadt wie Berlin für einen Stundenlohn von 6,50 Euro arbeitet, ist das ein nicht hinnehmbares Vergehen an dem Handwerker, der von diesem Geld seine Familie nicht einmal ernähren kann.

> Wenn eine ausgebildete Friseurmeisterin in einem Salon in unserem Land einen Stundenlohn von 5,50 Euro bekommt, dann ist das ein Verbrechen an dieser Berufsgruppe.

Insofern dürfen wir uns in Diskussionen um Löhne nicht die durchschnittlichen Stundenlöhne anschauen. Sie lagen in Westdeutschland bei 2,57 Euro im Jahr 1950 und stiegen bis 2007 auf 13,59 Euro. Wir müssen uns vielmehr die Löhne im Verhältnis zu den Lebenshaltungskosten anschauen. Viel zu viele Menschen in Deutschland bestreiten ihr Leben mit einem geringen Gehalt, das sich als Hungerlohn bezeichnen lässt, und sind konfrontiert mit hohen Lebenshaltungskosten. Nicht weil die Familie auf großem Fuß lebt, sondern weil das Gehalt beider Elternteile zusammen nicht mal für das Nötigste reicht. Und dieser Zustand ist eine Schande für unsere Unternehmen wie für unsere Gesellschaft.

VERMÖGEND LEBEN

Wir halten daher fest: In Deutschland gibt es viele Millionen Menschen, die von einem Wohlstandsgefühl nur träumen können. Und nur ein geringer Prozentsatz an Menschen lebt in Reichtum. Aber, wie wir festgestellt haben, ist es nicht der Überfluss, der uns ein Gefühl von Wohlstand vermittelt, sondern Sicherheit und Gesundheit. Zwar erreichen wir diesen Zustand durch Geld, aber er manifestiert sich nicht durch Besitz.

Ein breiterer Begriff, der diesen Zustand besser beschreibt, ist Vermögen. Vermögen steht in Summe für die Gesamtheit aller Güter und Ansprüche auf Güter im Besitz eines Menschen. Ganzheitlich betrachtet ist eine Person aber auch vermögend, wenn sie Bildung erfahren und Werte vermittelt bekommen hat. Oder wenn sie Leistungen in der Gesellschaft erbringen kann, seien es wissenschaftliche, soziale oder innovative. Als vermögend wird auch derjenige wahrgenommen, der kognitiv Probleme lösen, Kulturelles vermitteln oder sich mit Verständnis und Rücksichtnahme in die Gesellschaft einbringen kann. In diesem Sinne ist auch derjenige vermögend, der Kinder zu wertvollen Mitgliedern unserer Gesellschaft machen kann.

> In Deutschland gibt es viele Millionen Menschen, die von einem Wohlstandsgefühl nur träumen können.

Wir müssen also anfangen, Wachstum, Wohlstand und Vermögen neu zu denken und neu zu definieren. Das würde der Umwelt, dem sozialen Staat, unserer Gesellschaft und nicht zuletzt unseren Kindern guttun und ihre Zukunft auf eine breitere Basis stellen.

KAPITEL 4

DAS PROBLEM
EINER ADDITIVEN SOZIALPOLITIK
WAS LÄUFT UND NICHT LÄUFT
IN UNSEREM STAAT

In Zeiten der Krise werden Leistungen und Misserfolge einzelner Staaten besonders analysiert. Wie groß ist die Prozentzahl erwerbsloser Menschen, wie hoch sind die Staatsschulden und wie verhält es sich mit der Wirtschaftsleistung? Deutschland steht bei solchen Untersuchungen oft als Musterschüler da, selbst in Zeiten der Krise. Kaum einem Land geht es hinsichtlich der folgenden Punkte besser: vergleichsweise niedrige Arbeitslosenzahlen, Exportüberschüsse[7], vergleichsweise geringe Neuverschuldung des Staates[8] und eine zufriedene Wirtschaft[9]. Selbst mit Blick auf die Armuts- und Arbeitsarmutsgefährdungsquoten von 2011 steht Deutschland im internationalen Vergleich gut da. Beide Quoten liegen unter dem Durchschnitt aller Länder der Europäischen Union (EU27).[10] Allerdings werfen die Ergebnisse Fragen auf:

- Unter welchen Umständen wurden diese niedrigen Quoten erreicht?
- Was hat der Bürger konkret von einem guten Abschneiden im internationalen Vergleich?
- Ist es vorteilhaft, sich am EU27-Durchschnitt zu messen?

---

7 Tagesschau.de: „Deutschland mit weltweit größtem Handelsüberschuss", 13. August 2012 – www.tagesschau.de/wirtschaft/handelsueberschuss100.html
8 Financial Times Deutschland online: „Bundestag beschließt Haushalt für 2013", 23. Dezember 2012 – www.ftd.de/politik/deutschland/:neuverschuldung-bundestag-beschliesst-haushalt-fuer-2013/70121453.html
9 Vgl. ifo Geschäftsklimaindex, Stand: Januar 2013.
10 Arbeitsarmutsgefährdungsquoten der Europäischen Kommission, Eurostat – http://epp.eurostat.ec.europa.eu/tgm/table.do?tab=table&init=1&plugin=1&language=de&pcode=tesov110

Fragen, die sich unser Musterland stellen muss, selbst wenn es in Krisenzeiten und im internationalen Vergleich gut dasteht. Denn trotz eines guten Rankings liegen die Enden der Schere zwischen Arm und Reich in Deutschland weit auseinander: Immer mehr Arbeitnehmer können nicht mehr von ihrem Lohn leben; die Bildungschancen von Kindern werden vom Geldbeutel der Eltern bestimmt und Betreuungsplätze in Kitas bleiben trotz aller bundespolitischer Versprechen und kommunaler Hauruckanstrengungen bislang Mangelware.

Stehen wir also in Wirklichkeit gar nicht so gut da, wie uns Experten und Listen glauben lassen?

DIE MENSCHLICHE ENTWICKLUNG IN ZEITEN GLOBALER WIRTSCHAFTSKRISEN

Global gesehen geht es der Menschheit immer besser. Die Nationen sind enger zusammengerückt und bewegen sich zugleich in Richtung eines höheren Stands der menschlichen Entwicklung.[11] Vor allem China, Indien und Brasilien sind auf dieser Leiter emporgestiegen. Beeinflusst wird die menschliche Entwicklung von der Chancengerechtigkeit in einem Land. Das heißt, wenn es den Menschen einer Gesellschaft ermöglicht wird, die gleichen Bedingungen zu haben, steht die menschliche Entwicklung eines Landes besser da. Gerade in puncto Gesundheit und Bildung ist dies zunehmend der Fall, ausgelöst durch soziale Innovationen. Allerdings herrscht innerhalb der Länder regional eine zunehmende Ungleichheit, das Einkommen betreffend.

Auch in Bezug auf die Nahrungsversorgung steht die Welt besser da als noch vor 20 Jahren. Die Zahl der Menschen, die an Hunger leiden, hat insgesamt abgenommen. Vor allem in Asien entwickelt sich die Lage positiv.[12] Selbst die Zahl der Menschen, die von weniger als

---

11 Hier und im Folgenden: Bericht über die menschliche Entwicklung 2013, herausgegeben von der Deutschen Gesellschaft für die vereinten Nationen e. V., Berlin – http://hdr.undp.org/en/media/HDR2013%20Summary%20German.pdf
12 Berlin Institut: „Ernährungssicherheit bei rasch wachsender Bevölkerung",

einem US-Dollar pro Tag leben müssen, ist im Zeitraum zwischen 1990 und 2004 von 1,8 auf 1,4 Milliarden Menschen gesunken. Diese Entwicklungen sind sicher als Erfolg zu werten, aber sie reichen bei Weitem nicht. Vor allem in Afrika, südlich der Sahara, entwickelt sich die Lage ganz anders als in Asien. Auch werden oft die Konsequenzen vergessen, die ein „Aufstieg" der Entwicklungs- und Schwellenländer mit sich bringt. Ressourcenknappheit und Umweltschutz müssen daher künftig mitbedacht werden.

BILDUNG ALS SCHLÜSSEL FÜR MENSCHLICHE ENTWICKLUNG

Ein bekanntes wie wirkungsvolles, zugleich aber auch das wohl am meisten vernachlässigste Instrument, die menschliche Entwicklung innerhalb eines Landes zu fördern, ist Bildung. Vor allem die der Frauen ist ein entscheidender Schlüssel. Gerade sie eröffnet Entwicklungsländern eine Zukunft und trägt zu einer nachhaltigen wirtschaftlichen Entwicklung, Verlangsamung des Bevölkerungswachstums, Gleichstellung der Geschlechter und Verringerung der Armut bei. Auch wirkt sie sich positiv auf Kinder aus, denn Frauen, die eine Grundausbildung oder gar eine höhere Bildung erhalten, bekommen erst später Kinder und können in der Regel besser für sich und ihre Kinder sorgen.[13]

> Ein wirkungsvolles Instrument, die menschliche Entwicklung innerhalb eines Landes zu fördern, ist Bildung.

Dass Kinder Bildung erhalten, ist nicht in allen Ländern der Welt selbstverständlich. Im Jahr 2008 besuchten weltweit 67 Millionen Kinder im Grundschulalter keine Schule. Aber auch hier zeigt sich im Vergleich zum Jahr 2000 eine positive Entwicklung. Damals waren es noch 106 Millionen Kinder.

April 2008 – www.berlin-institut.org/online-handbuchdemografie/entwicklungspolitik/welternaehrung.html
13   Berlin Institut: dto.

DEUTSCHLANDS ARMUT IN ZEITEN DER GLOBALISIERUNG

Deutschland gehört zu den am höchsten entwickelten Industrienationen der westlichen Welt. Gemeinsam mit Norwegen, Australien, den USA und den Niederlanden rangiert es auf den ersten fünf Plätzen im Human Developement Index[14]. Diese guten Ränge bedeuten nicht, dass es in diesen Ländern keine Probleme gibt, sie bewegen sich nur auf einem anderen Niveau. Die Platzierungen sind „nur" eine Benchmark, also ein Vergleich, und nicht eine Darstellung der Situation oder des Zustandes in diesen Ländern.

> Deutschlands Armut ist insofern eine andere als beispielsweise in Ländern Afrikas, weil sie keine absolute, sondern eine relative Armut ist.

Deutschlands Armut ist insofern eine andere als beispielsweise in Ländern Afrikas, weil sie keine absolute, sondern eine relative Armut ist. Sie orientiert sich am deutschen Durchschnittseinkommen. Insofern gilt hierzulande derjenige als arm, der weniger als die Hälfte des durchschnittlichen Einkommens verdient. Und dieses Durchschnittssalär ist ein anderes als in Afrika, Weißrussland oder Venezuela.

Wir können also durchaus sagen, global gesehen geht es den Menschen dieser Welt insgesamt besser. Allerdings entlässt uns diese Aussage nicht aus der Verantwortung, diesen Zustand zu wahren sowie zu verbessern und den Blick aufs eigene Land zu richten. Denn wir dürfen uns auf einem hohen Entwicklungsstand niemals ausruhen, sondern müssen den konkreten Zustand unseres Landes und die Lebenswirklichkeit der Bürger fokussieren. Wenn wir etwas verändern wollen, müssen wir uns ungeachtet positiver Platzierungen fragen, woran wir zukünftig konkret zu arbeiten haben.

---

14 UNDP: Human development report 2013. Zusammenfassung, S. 16 – www.undp.org/content/dam/undp/library/corporate/HDR/2013GlobalHDR/English/HDR2013%20Summary%20English.pdf

Ein Beispiel: Wie bereits erwähnt bedingen ungleiche Verhältnisse die menschliche Entwicklung. Die Finanz- und Wirtschaftskrise hat sich entsprechend niedergeschlagen. Durch sie ist die Einkommensverteilung in den OECD-Ländern ungleicher geworden.[15] Diesem Trend scheinen vor allem Deutschland und Österreich zu trotzen. Zwar ist die Einkommensverteilung in Deutschland immer noch nicht ausgeglichen, aber zumindest scheint die Schere jetzt nicht weiter auseinanderzugehen. Trotz der Krise. Auch scheint die Krise Deutschland nicht hinsichtlich des Arbeitsmarktes zu schaden. Im Februar 2013 hatte Deutschland eine saisonbereinigte Arbeitslosenquote von 5,4 Prozent[16]. Nur Österreich hatte weniger Arbeitslose zu vermelden.

Positiv fällt in diesem Zusammenhang die geringe Arbeitslosigkeit unter deutschen Jugendlichen auf. Kein anderes europäisches Land besitzt zurzeit eine solch geringe Quote.[17] Zurückführen ist das unter anderem auf das duale Ausbildungssystem in Deutschland.[18] Die Kombination von theoretischer Wissensvermittlung in der Berufsschule mit praktischen Anwendungs- und Tätigkeitsfeldern im Betrieb bereitet Auszubildende gezielt auf ihren späteren Beruf vor. Das Unternehmen kann so sein ganz eigenes, auf den Arbeitsplatz zugeschnittenes Wissen direkt und folglich kosteneffizient an Auszubildende weitergeben. Denn nach abgeschlossener Ausbildung ist es für den Betrieb naheliegend, die eigenen Auszubildenden zu übernehmen, um dem Betrieb Know-how wie Belegschaft zu sichern.

---

15 FAZ.net: „Die Welt wird ungleicher, Deutschland nicht", 15. Mai 2013 – www.faz.net/aktuell/wirtschaft/folgen-der-schwachen-konjunktur-die-welt-wird-ungleicher-deutschland-nicht-12182683.html
16 Statista: Arbeitslosenquote in den Mitgliedsstaaten der Europäischen Union im Juli 2013 (saisonbereinigt) – http://de.statista.com/statistik/daten/studie/160142/umfrage/arbeitslosenquote-in-den-eu-laendern/
17 Statista: Jugendarbeitslosenquote in den Mitgliedsstaaten der Europäischen Union im Juli 2013 (saisonbereinigt) – http://de.statista.com/statistik/daten/studie/74795/umfrage/jugendarbeitslosigkeit-in-europa/
18 Deutsch-Schwedische Handelskammer – www.handelskammer.se/de/news/bildungspolitik-ein-grund-fuer-niedrige-jugendarbeitslosigkeit-deutschland; Institut der deutschen Wirtschaft, Köln: „Duale Berufsausbildung – Ein System mit vielen Möglichkeiten" – www.iwkoeln.de/de/infodienste/iwd/archiv/beitrag/30704

Zudem sorgen weitere Maßnahmen, wie das Berufsvorbereitungsjahr oder das Berufskolleg dafür, dass Jugendliche, die keine Lehrstelle erhalten haben, nicht direkt arbeitslos werden. Dadurch werden Jugendliche lange im Bildungs- und Ausbildungssystem gehalten.

...

Dass es sich in Sachen Arbeit und Ausbildung durchaus positiv verhält, ist ein wichtiger Parameter für eine gute Lebensführung sowie einen funktionierenden sozialen Staat. Und das nicht nur aus wirtschaftlichen Gesichtspunkten. Denn Kinder, deren Eltern arbeiten, haben ein Vorbild. Eine Beschäftigung regelt das Leben und gibt einer Familie nebst Geld vor allem Struktur. Das verhält sich bei Eltern so und ist bei jugendlichen Auszubildenden nicht anders. Ohne Ausbildung jedoch, und womöglich ohne Schulabschluss, würde es Jugendlichen sehr schwerfallen, auf eigenen Füßen zu stehen, geschweige denn überhaupt auf die Beine zu kommen. Man könnte sagen: Ist der Start missglückt, kann das Rennen kaum noch gewonnen werden.

Diese Jugendlichen sind dann genau diejenigen, die durch das vom Staat gespannte Netz aus Ausbildungsstruktur und Berufsvorbereitung fallen. Zwar mögen es im Vergleich zur Erfolgsquote nur wenige sein, aber es gibt sie, und das muss der soziale Staat verhindern.

WAS NICHT LÄUFT IN DEUTSCHLAND ...

„Die Schere zwischen Arm und Reich geht immer weiter auseinander" – diese Feststellung hat in Deutschland längst schon ihren Schrecken verloren. Zu inflationär haben Medien diese Warnung gebraucht, sodass sie fast schon zu einer Floskel verkommen ist. Wir leben mit dem Bild der weit geöffneten Schere und arrangieren uns, wie es scheint, irgendwie mit diesem Zustand. Ihre existenzielle Bedrohung jedoch entfesselt die Schere unverdrossen weiter, bei Familien, Alleinerziehenden, Senioren und Kindern, die täglich auf der einen Seite der Klinge zusehen müssen, dass sie nicht herunterfallen. Wo also laufen im Musterland Deutschland die Dinge nicht so, wie sie sollten?

Wie schon erwähnt, unterscheidet man zwischen absoluter und relativer Armut. In unserer Wohlstandsgesellschaft gibt es „absolute Armut" praktisch nicht. Unter ihr leidet ein Mensch, wenn er am Tag von weniger als 1,25 US-Dollar leben muss. Allerdings existiert eine arme Unterschicht, die man unter „relative Armut" fasst. Laut EU-Definition gilt derjenige als relativ arm, der weniger als 60 Prozent des Medians des Nettoäquivalenzeinkommens zur Verfügung hat.[19] Allerdings gibt es auch eine Form von Armut, die sich nicht mittels Daten und Kennziffern messen lässt: die gefühlte. Unter ihr leiden weit mehr Menschen als uns die detailliertesten Armutsquoten je offenbaren könnten. Sie leben täglich mit dem Bewusstsein arm zu sein und dem gefühlten – wenn nicht gar auch gesellschaftlich attestierten – Stigma, keine Chance zu haben. Ein Zustand, der Betroffene bisweilen psychosomatisch krank werden lassen kann. Selbst Menschen, die von ihren Lebensverhältnissen her nicht einmal als relativ arm gelten, sind nicht davor gefeit, unter dem Gefühl „arm sein" zu leiden. Das Sprichwort „Geld allein macht nicht glücklich" bewahrheitet sich bei diesen Menschen einmal mehr. Und es wird deutlich, im Hinblick auf unsere staatlichen Leistungen bedarf es mehr, als finanziell unterstützende Mittel bereitzustellen, um einen Menschen aus dem Gefühl von Armut zu lösen.

> Im Hinblick auf unsere staatlichen Leistungen bedarf es mehr, als finanziell unterstützende Mittel bereitzustellen, um einen Menschen aus dem Gefühl von Armut zu lösen.

---

19 Statistisches Bundesamt, Begriffserklärungen – www.destatis.de/DE/ZahlenFakten/GesellschaftStaat/EinkommenKonsumLebensbedingungen/Begriffserlaeuterungen/Armutsgefaehrdungsquote_SILC.html

DIE SITUATION DER EINKOMMEN UND VERMÖGEN

Je ungleicher sich Einkommen oder Vermögen in Deutschland verteilen, desto weiter öffnet sich die Schere. Um die Differenz beim Einkommen zu untersuchen, wird das einkommensstärkste Fünftel der Bevölkerung mit dem einkommensschwächsten Fünftel verglichen. Im Jahr 2011 lag das Einkommen des obersten 4,5-mal so hoch wie das des untersten. Im europäischen Durchschnitt war es 5,1-mal so hoch.[20] Betrachtet man den Zeitraum von 2008 bis 2011 hat die Einkommensungleichheit in Deutschland allerdings nicht zugenommen.[21] Das bedeutet, dass diese Schere zwischen Arm und Reich in Deutschland nicht weiter auseinandergegangen ist.

Bei einem Blick auf die Armutsgefährdungsquote verhält sich das Bild anders und sieht längst nicht so rosig aus. Diese ist nämlich binnen der Jahre 2005 bis 2011 von 12,2 auf 15,8 Prozent gestiegen.[22] Bei den unter 18-Jährigen verhalten sich die Zahlen ähnlich, mit Ausnahme des Jahres 2010, wo ein trauriges Rekordhoch von 17,5 Prozent erreicht wurde.[23] Ebenso erschreckend ist, dass im gleichen Zeitraum auch die Armutsgefährdungsquote von Erwerbstätigen gestiegen ist, dass also Arbeitnehmer trotzdem von Armut gefährdet sind. Um 2,9 Prozent ist der Anteil der beschäftigten Personen mit einem verfügbaren Einkommen unter 60 Prozent des nationalen Medianeinkommens gestiegen.[24]

Dass die Einkommensschere nicht weiter auseinandergegangen ist, heißt also nicht, dass es dem einkommensschwachen Fünftel

---

20   Eurostat: „Ungleichheit der Einkommensverteilung" – http://epp.eurostat.ec.europa.eu/tgm/table.do?tab=table&init=1&language=de&pcode=tsdsc260&plugin=1
21   Deutsches Institut für Wirtschaftsforschung: „Höhepunkt der Einkommensungleichheit in Deutschland überschritten?" – www.diw.de/documents/publikationen/73/diw_01.c.410475.de/12-43-1.pdf
22   Eurostat: Armutsgefährdungsquote nach Geschlecht – http://epp.eurostat.ec.europa.eu/tgm/table.do?tab=table&init=1&language=de&pcode=tessi010&plugin=1
23   Eurostat: Armutsgefährdungsquote nach Sozialleistungen nach detaillierter Altersgruppe – http://epp.eurostat.ec.europa.eu/tgm/graph.do?tab=graph&plugin=1&pcode=tessi120&language=de&toolbox=data
24   Eurostat: Armutsgefährdungsquote von erwerbstätigen Personen – http://epp.eurostat.ec.europa.eu/tgm/table.do?tab=table&init=1&language=de&pcode=tsdsc320&plugin=1

der deutschen Bevölkerung in irgendeiner Weise besser geht. Hinzu kommt, dass die Vermögen, also Immobilien-, Geld- und Finanzvermögen, wesentlich stärker konzentriert sind als die Einkommen.

Die Vermögensschere geht also weiter auseinander. Laut Bundesbank[25] hatten die privaten Haushalte Ende 2010 ein durchschnittliches Nettovermögen von 195 200 Euro. Das Mediannettovermögen, also das Vermögen „in der Mitte", das ebenso viele größere wie kleinere Vermögen neben sich hat, liegt bei 51 400 Euro. Fast drei Viertel (73 %) der Haushalte haben ein Vermögen unter diesem Durchschnitt. Daran wird deutlich, dass der Schnitt durch eine relativ kleine Zahl reicher Haushalte nach oben gezogen wird. Auch der sogenannte „Gini"-Index zeigt diese ungleiche Verteilung der Vermögen. Bei einer vollkommen gleichen Verteilung läge der Wert des Indexes bei 0, bei einer maximal ungleichen bei 100 Prozent. In Deutschland lag der Gini-Index von Nettovermögen Ende 2010 bei 75,8 Prozent.

All diese Zahlen und Daten zeichnen ein deutliches und erschreckendes Bild: Deutschland hat ein Problem mit Armut. Obwohl unser Land gut durch die Krise gekommen ist, es uns und der Wirtschaft doch eigentlich gut geht, ist die Armut, vor allem die Arbeitsarmut in Deutschland, erschreckend hoch. Natürlich wäre ohne den sozialen Staat die Ungleichheit noch größer. Trotzdem darf sich Deutschland solche Zahlen nicht leisten. Und darin steckt das Dilemma unseres Sozialstaats: Uns geht es gut. Eigentlich. Tatsächlich aber geht es vielen Menschen in Deutschland nicht gut.

> Deutschland hat ein Problem mit Armut.

---

25 Bundesbank.de: „Private Haushalte und ihre Finanzen (PHF) – Pressegespräch zu den Ergebnissen der Panelstudie", 21. März 2013 – www.bundesbank.de/Redaktion/DE/Downloads/Presse/Publikationen/2013_03_21_phf_praesentation.pdf?__blob=publicationFile

ARMUTSFALLE: MINIJOBBER IN FESTANSTELLUNG

Es gibt zahlreiche Beispiele für die schlechte Lage vieler Menschen. Ein Dilemma sind die „erwerbsgesellschaftlichen Grenzgänger"[26]. So bezeichnet die Hans-Böckler-Stiftung Menschen, die zwischen Hartz IV und prekärer Beschäftigung pendeln oder ihr niedriges Arbeitseinkommen aufstocken müssen. Im Dezember 2012 verzeichnete die Arbeitsagentur 7,4 Millionen geringfügig entlohnte Beschäftigte[27]. Eine Zahl, die in der Arbeitslosenquote nicht auftaucht, aber keineswegs das Problem löst, vom Minijob-Gehalt den Lebensunterhalt bestreiten zu müssen. Ursprünglich war ein Minijob dafür gedacht, den besseren Übergang in eine Anstellung zu ermöglichen. Heute allerdings ist der Minijob in vielen Fällen zu einer Festanstellung geworden. Vor allem Mütter stecken in dieser Minijob-Falle. Wenn die Frau nach der Elternzeit nur eine geringfügige Beschäftigung annimmt, ihr Ehemann aber einem geregelten Arbeitsverhältnis nachgeht, lohnt es sich aus steuerrechtlichen Gründen für das Ehepaar kaum, dass die Frau etwas mehr verdient.[28] Zudem wirken sich Minijobs nur mit geringen Ansprüchen in der gesetzlichen Rentenversicherung aus.

2012 waren 878 000 Menschen in der Leiharbeit beschäftigt. Hierbei handelt es sich zum größten Teil um sozialversicherungspflichtige Beschäftigte, allerdings werden Leiharbeiter trotz des sogenannten „Equal-Pay"-Grundsatzes oft deutlich schlechter bezahlt als die Stammbelegschaft, obwohl sie die gleiche Arbeit leisten oder oft sogar noch mehr.[29] Durch die öffentliche Aufmerksamkeit

---

26 Böckler Impuls, Ausgabe 01/2013: Prekäre Beschäftigung. Ständiger Kampf gegen den Abstieg – www.boeckler.de/42 005_42 011.htm
27 Bundesagentur für Arbeit: Arbeitsmarkt in Zahlen. Beschäftigungsstatistik. Geringfügig entlohnte Beschäftigte nach Wohn- und Arbeitsort, Juli 2012. – http://statistik.arbeitsagentur.de/nn_10 256/SiteGlobals/Forms/Direktsuche/direktsuche_Form_Rubrik.html?view=processForm&resourceId=17 656&input_=&pageLocale=de&step=3&year=2012&month=12&category=geb&topic=sozbe-geb-gem&topic.GROUP=1&search=Suchen
28 Bertelsmann-Stiftung: Geringfügige Beschäftigung: Situation und Gestaltungsoptionen, S. 6 – www.bertelsmann-stiftung.de/cps/rde/xbcr/SID-34086A60-C3B789D4/bst/xcms_bst_dms_36 551_36 555_2.pdf
29 Focus.de: „Wie hoch ist die Bezahlung" – www.focus.de/finanzen/karriere/perspektiven/zeitarbeit/tid-6555/arbeitsrecht_aid_63 091.html

und richterliche Entscheidungen hat sich in der Leiharbeitsbranche schon etwas verändert, allerdings haben auch viele Unternehmen Wege gefunden, diese neuen Regelungen zu umgehen, etwa durch Werkverträge.

Arbeitnehmer mit solchen Verträgen unterliegen zwar den allgemeinen arbeitsrechtlichen Grundsätzen, allerdings arbeiten sie oft für Firmen ohne Betriebsrat und Tarifbindung. Den Betriebsrat des Entleihbetriebs dürfen diese Arbeitnehmer nicht in Anspruch nehmen. So können in Deutschland Dumpinglöhne gezahlt werden, ohne dass der Arbeitnehmer dagegen vorgehen kann. Zudem kommt ein Großteil der Werkvertragsarbeiter aus Osteuropa und da sie nur für kurze Zeit nach Deutschland zum Arbeiten ausgeliehen werden, greift das Arbeitsrecht ihres Heimatlandes und nicht das deutsche.[30]

In Sachen Niedriglohnsektor hält Deutschland den traurigen siebten Platz in Europa.[31]

Fast ein Viertel aller Beschäftigten arbeitet im Niedriglohnbereich.[32] Sind unsere Quoten in puncto Arbeitslose und Wirtschaftswachstum also nur deswegen so musterhaft vorzeigbar, weil sie auf Kosten kaum zum Leben befähigender Löhne entstehen? Und inwiefern subventioniert unser sozialer Staat diese Entwicklung, wenn er Menschen das Geld gibt, das ihnen für ein würdevolles Leben fehlt, das sie aber eigentlich von ihrem Arbeitgeber bekommen sollten?

> Sind unsere Quoten in puncto Arbeitslose und Wirtschaftswachstum also nur deswegen so musterhaft vorzeigbar, weil sie auf Kosten kaum zum Leben befähigender Löhne entstehen?

---

30 Rosa-Luxemburg-Stiftung: Werkverträge – Die neue Lohndumping-Strategie?! www.rosalux.de/fileadmin/rls_uploads/pdfs/sonst_publikationen/rls_studie_werkvertr%C3%A4ge.pdf. Sowie: Wikipedia: Arbeitnehmerüberlassung – http://de.wikipedia.org/wiki/Leiharbeiter#cite_note-63
31 Spiegel.de: „Studie: Fast ein Viertel aller Beschäftigten erhält Niedriglohn", 9. Juni 2013 – www.spiegel.de/wirtschaft/soziales/fast-ein-viertel-aller-beschaeftigten-verdient-niedriglohn-a-904576.html
32 Universität Duisburg. Institut Arbeit und Qualifikation: „Jeder Vierte arbeitet für wenig Geld", 24. Juni 2013 – www.iaq.uni-due.de/aktuell/presse/2013/130624.php

Die Beschäftigten im Niedriglohnsektor und die Aufstocker leben in einem ständigen Kampf gegen Verdrängung und Abstieg. Ein erster Abstieg würde Arbeitslosigkeit bedeuten, ein weiterer Langzeitarbeitslosigkeit und damit kaum Chancen, sich wieder aufrappeln zu können.

Nun will die Bundesagentur für Arbeit in der zweiten Abstiegszone handeln und die Lohnkosten von Langzeitarbeitslosen für drei Jahre übernehmen, wenn sie eine Anstellung erhalten.[33] Doch ist das wirklich der richtige Ansatz? Wird so das Problem an der Wurzel gepackt? Kaum ein Land hat einen so großen Anteil an Langzeitarbeitslosen wie Deutschland. 2011 waren es fast die Hälfte (48%) aller Arbeitslosen.[34] Natürlich steigt der Anteil der Langzeitarbeitslosen auch dadurch, dass die Zahl der Arbeitslosen insgesamt sinkt. Trotzdem bleibt ein Teil in dieser Perspektivlosigkeit stecken. Hartz-IV-Karriere nennt man das dann – eine Spirale, aus der viel zu viele Menschen nicht mehr hinauskommen und in die oft auch die Kinder hineingezogen werden.

...

„Fördern und fordern" hieß das Prinzip der Agenda 2010, um Menschen nicht in der Arbeitslosigkeit stecken zu lassen. Umgesetzt wurde es jedoch nie richtig. Zwar wird einiges von Arbeitslosen gefordert, was durchaus richtig sein kann, aber an Förderung und richtigen Anreizen scheint es zu mangeln. Doch nur so kann sich langfristig etwas für die Menschen ändern. Arbeitslose in Minijobs oder an Leiharbeitsfirmen zu vermitteln, mag kurzfristig für die Menschen und Statistiken etwas ändern, doch es löst nicht das

---

33 FAZ.net: „Bundesagentur übernimmt Lohnkosten für Langzeitarbeitslose", 20. April 2013 – www.faz.net/aktuell/wirtschaft/pilotprojekt-bundesagentur-uebernimmt-lohnkosten-fuer-langzeitarbeitslose-12 156 110.html
34 OECD iLibrary: Long-term unemployment – www.oecd-ilibrary.org/sites/unemp-lt-table-2013-1-en/index.html;jsessionid=1n7t58nprvi7k.x-oecd-live-01?contentType=/ns/KeyTable,/ns/StatisticalPublication&itemId=/content/table/20 752 342-table3&containerItemId=/content/tablecollection/20 752 342&accessItemIds=&mimeType=text/html

Problem beim Menschen. Hier lässt sich nur langfristig durch Förderung und Bildung etwas bewirken. Arbeitslose müssen sich qualifizieren können, um bessere Chancen auf „gute" Arbeit zu erhalten. Und ihre Kinder müssen Bildung und Förderung erleben, um gar nicht erst in diese Spirale von Hartz IV, Leiharbeit und Aufstockung hineinzugeraten.

DAS PROBLEM MIT DER BILDUNGSLÜCKE

Um nur ein Beispiel herauszugreifen: Der Anteil der ausbildungslosen jungen Erwachsenen im Alter von 20 bis 29 Jahren liegt seit über zehn Jahren bei 15 Prozent. Der Datenreport des Bundesinstituts für Berufsbildung zum Berufsbildungsbericht 2012 zählt 1,44 Millionen Menschen im besagten Alter ohne Berufsabschluss. Diesen jungen Menschen droht ein Leben in prekärer Beschäftigung oder in Arbeitslosigkeit bzw. im Pendeln zwischen diesen Zuständen. Unternehmen wie auch wir als Gesellschaft sind angewiesen auf Menschen, die ausreichend ausgebildet sind. Junge Menschen brauchen daher Bildung, um selbstständig ihr Leben zu gestalten. Sie ist einer der Schlüssel, einen Menschen im Leben zu befähigen und ihn teilhaben zu lassen an Arbeit. Insofern wirkt Bildung präventiv.

> Junge Menschen brauchen Bildung, um selbstständig ihr Leben zu gestalten. Sie ist einer der Schlüssel, einen Menschen im Leben zu befähigen.

Zwar mag diesen Schlüssel schon manch einer erkannt haben, nur wird hierzulande wenig getan, um aus Deutschland wirklich ein Bildungsland zu machen. Jedes Bundesland kocht in Sachen Bildung sein eigenes Süppchen und so verwundern die verschiedenen Schultypen nicht: Gymnasium, Realschule, erweiterte Realschule, Stadtteilschule, Gesamtschule, Hauptschule, Mittelschule und viele, viele mehr. Manche von ihnen gelten als beispielhafte Vorzeigeschule, andere als Problemfälle – vor allem in Ballungsstädten wie Berlin, München und Hamburg.

Kennzeichen eines Bildungslandes ist ein einheitliches und qualitativ hochwertiges Schulwesen. Doch so lange die Bundesländer keine gemeinsame Bildungsbasis vereinbaren können, wird sich kein richtiges Bildungsland aufbauen lassen. Folglich bekommt auch nicht jedes Kind eine gleich gute Bildung.

„GENDER PENSION GAP" IN DEUTSCHLAND AM GRÖSSTEN

Wie weitreichend sich das Maß an Bildung bei Kindern auswirkt, zeigt sich an den Müttern. Eine möglichst frühe Bildung bzw. Betreuung der Kinder kann den Müttern ermöglichen, schnell wieder in den Beruf zurückzukehren, was angesichts der dann höheren Rentenleistung das Risiko mindert, später von Altersarmut betroffen zu sein. Ohnehin haben Frauen ein relativ hohes Risiko, da sie häufig in Berufen arbeiten, die nur schlecht bezahlt werden. Zwar tragen sie viel Verantwortung, beispielsweise als Erzieherinnen oder Pflegerinnen, aber ihr Kümmern und Investieren um Alt und in Jung wird nicht entsprechend vergütet. Zudem sind viele nur in Teilzeit angestellt, da sie sich noch um ihre eigenen Kinder kümmern möchten. Sie sind froh, einigermaßen versorgt zu sein. Aber noch etwas fürs Alter zurückzulegen, ist vielen nicht möglich.

Frauen bekommen durchschnittlich 786 Euro netto aus der gesetzlichen Rentenversicherung ausbezahlt. Diesen Betrag veröffentlichte die Bundesregierung im Jahre 2012 in ihrem Alterssicherungsbericht[35]. Für drei Viertel der Rentenempfängerinnen war das die einzige Leistung.[36] Eigentlich war für genau solche Fälle die Riester-Rente vorgesehen – dass Menschen, deren eigene Rente zu gering ausfällt, unterstützt vom Staat privat vorsorgen. Doch

---

35 Bundesministerium für Arbeit und Soziales: Ergänzender Bericht der Bundesregierung zum Rentenversicherungsbericht 2012, S. 84 – www.bmas.de/SharedDocs/Downloads/DE/PDF-Gesetze/alterssicherungsbericht_2012.pdf?__blob=publicationFile
36 Gewerkschaft Erziehung und Wissenschaft: „8. März – Internationaler Frauentag: Vielen Frauen droht Altersarmut", 4. März 2013 – www.gew.de/8._Maerz_Internationaler_Frauentag_Vielen_Frauen_droht_Altersarmut.html

wie soll eine Arbeitnehmerin etwas zurück- bzw. anlegen können, wenn ihr das Geld hier und heute fehlt?

Im Musterland Deutschland sind tatsächlich Frauen besonders von Altersarmut betroffen. Laut einer OECD-Studie erhalten sie nur halb so viel Rente wie Männer. Damit hat Deutschland den größten „Gender Pension Gap" aller OECD-Länder.[37]

DAS PROBLEM EINER ADDITIVEN SOZIALPOLITIK

Bildung schafft insofern eine wichtige und weitreichende Basis: Sie bewahrt vor Armut. Zunächst hilft sie den Kindern und befähigt sie, sich das Leben zu erschließen. Zudem kommt sie den Eltern, der Wirtschaft und nicht zuletzt dem Staat zugute, denn gut ausgebildete Menschen sichern Arbeit, Wirtschaft und Steuern. Auch aus wirtschaftlicher und steuerpolitischer Sicht spricht alles dafür, sich besser um Kinder und Familien und ihre Bildung und Förderung zu kümmern.

Trotzdem wird weiter föderalistisch geflickschustert, statt das Bildungs- und Betreuungssystem bundeseinheitlich zu reformieren. Hier und dort werden einige Maßnahmen durchgesetzt und anderswo Geldleistungen verteilt. „Additive Sozialpolitik" nannte das einmal Horst Seehofer in einem Zeit-Interview[38]. Kein Einzelplan des Haushaltes 2012 war umfangreicher als der des Bundesministeriums für Arbeit und Soziales[39]. Rechnen wir den Etat des Familien- und Bildungsministeriums dazu – da wir ja einer erweiterten Sicht von Sozialpolitik folgen –, wird die Summe und damit der Sozialstaat noch größer. Das liegt aber

> Bildung schafft insofern eine wichtige und weitreichende Basis: Sie bewahrt vor Armut.

---

37 OECD Deutschland: „Junge Frauen sind besser ausgebildet, dennoch sind sie auf dem Arbeitsmarkt weniger präsent als Männer" – www.oecd.org/gender/Closing%20the%20 Gender%20Gap%20-%20Germany%20FINALFINAL.pdf
38 Die Zeit: „Der asoziale Sozialstaat", 26. Juni 2008 – www.zeit.de/2008/27/Armut
39 Bundesfinanzministerium: Gesamtplan des Bundeshaushaltsplans 2012 – www.bundesfinanzministerium.de/bundeshaushalt2012/pdf/vsp_2.pdf

auch daran, dass eher addiert als reformiert wird: die Erhöhung des Kindergelds, Bildungsgutscheine, zuletzt das Betreuungsgeld. Nicht immer wirkt dieses Geldausschütten dort, wo es wirklich gebraucht wird. Oder es ruft nicht den beabsichtigten Effekt hervor. So nimmt eine Frau, die nur wenig gebildet ist und gebrochen Deutsch spricht, dankbar die Leistung des Betreuungsgeldes an. Es ist zusätzliches Geld für die Familie, das dringend gebraucht wird. Doch sie und ihre Kinder bleiben zu Hause und erhalten nicht die Förderung, die sie eigentlich damit hätten erleben können.

Noch lässt sich nichts Konkretes über die Auswirkungen des Betreuungsgeldes in Deutschland sagen – dafür ist diese Leistung noch zu jung. Schaut man sich allerdings die Entwicklung in Staaten wie Finnland, Norwegen oder Schweden an, stellt diese langfristig gesehen eine positive Wirksamkeit des Betreuungsgeldes für unsere gesellschaftliche Zukunft äußerst infrage.[40]

Nicht nur beim Betreuungsgeld verhält sich das so. Es gilt, bei vielen familien- und sozialpolitischen Leistungen ernsthaft Konsequenzen zu schlussfolgern und Entscheidungen zu treffen – für einen anderen Sozialstaat. Jedes sozialpolitische Instrument müsste geprüft werden: Hat es sich bewährt? Fördert es den Charakter des neuen sozialen Staats? Welche ganzheitlich gesellschaftlichen Folgen führt es mit sich? – Und diese Fragen sollten nicht nur aus Sicht einer Bevölkerungsgruppe oder Wählerschicht rühren.

Am Beispiel des Betreuungsgeldes wird deutlich: Die ganzheitlichen Folgen – der unzureichende Kita-Ausbau oder die Minijobs als Ganzes – können gesellschaftlich nicht gewollt sein. In der Politik dürfen nicht mehr nur die direkten Haushaltskosten einer sozialpolitischen Leistung diskutiert werden, sondern es müssen auch die zukünftigen ganzheitlichen gesellschaftlichen Kosten mindestens über eine Generation hinweg, bzw. die Folgen eines Tuns oder Lassens betrachtet werden.

---

40 Friedrich-Ebert-Stiftung: Betreuungsgeld. Erfahrungen aus Finnland, Norwegen, Schweden – http://library.fes.de/pdf-files/id/09036.pdf

- Was werden uns die Bildungsarmut sowie ungleich verteilte Bildungschancen in Zukunft in einem ganzheitlichen Sinne kosten?
- Wie lange wird es noch dauern, eine ausgebaute Kita-Landschaft zu haben? Und wie sieht das Leben einer alleinerziehenden Mutter aus, die keinen Kitaplatz findet und deswegen nicht arbeiten kann? Welche Folgen hat das für das Kind?
- Wie hoch werden die Kosten sein, heute fehlende Investitionen in Sozial- und Jugendarbeit zu decken?
- Welche Folgen hat das Betreuungsgeld?
- Welches Leben führen Menschen, die „Opfer" eines sozialpolitischen Tuns oder Lassens geworden sind?

Bedingt durch die im Vergleich kurzen Legislaturperioden werden solche Fragen, die sich nachhaltig erst langfristig beantworten lassen, zu selten gestellt. Denn jede Partei versteht auch etwas anderes unter sozialer Gerechtigkeit, sodass ein „neuer" sozialer Staat zunächst auf vier Jahre angelegt ist und immer partei- und politikabhängig bleibt. Die Folge: Das jeweilige Handeln einer amtierenden Regierung bleibt bei dem, was wir gegenwärtig haben: eine additive Sozialpolitik. Neue Leistungen gegen aktuelle Probleme. Es wird nur an die nächste Wahl gedacht, nicht an die nächsten Generationen.

> An vielen Stellen unseres Sozialstaats ist das Machbare erreicht. Wir ringen darum, Lösungen und Leistungen für immer neue Probleme zu finden, während die Zahl der „Verlierer" im System unaufhörlich steigt.

Mehr Leistungen lösen aber nicht mehr Probleme. Im Gegenteil: An vielen Stellen unseres Sozialstaats ist das Machbare erreicht. Wir ringen darum, Lösungen und Leistungen für immer neue Probleme zu finden, während die Zahl der „Verlierer" im System unaufhörlich steigt. – Zudem steht dem Mehr an Leistungen ein immer Weniger in Bereichen der Infrastruktur, Institutionen und des Personals gegenüber: Schulgebäude verfallen, moderne Unterrichtsmaterialien fehlen, es mangelt an Lehrkräften und Sozialarbeitern. Dass eine

Personalsituation in Jugendämtern am Limit ist, davon erfährt man erst in den Zeitungen – im Nachgang der Berichte über ein tot aufgefundenes Kind, das verhungert ist, misshandelt wurde oder an den Folgen einer Methadonvergiftung starb.

Laut UN-Kinderrechtskonvention haben Kinder ein Recht auf gewaltfreie Erziehung, ein Recht auf Fürsorge, ein Recht auf Schutz vor körperlicher, seelischer oder sexueller Gewalt sowie ein Recht auf staatliche Unterstützung bei Erziehungsproblemen[41]. Dadurch dass Jugendämter personell nur unzureichend besetzt sind, werden diese Rechte aber immer wieder relativiert. In der Praxis können nicht alle Familien ausreichend betreut werden, sonst würden nicht so viele Kinder aufgrund von Misshandlung oder Vernachlässigung sterben. Doch es fehlt den Jugendämtern nicht nur an Personal, sondern auch an einheitlichen Standards und einer Verknüpfung mit dem Gesundheitssystem.[42]

SOZIALPOLITIK 2013: VERWALTEND STATT BEFÄHIGEND

Was für ein trauriges Bild zeichnet also unsere gegenwärtige Sozialpolitik: Kinder sterben – misshandelt, verhungert, vernachlässigt – oder leiden darunter, fürs Leben nicht befähigt zu werden, im Musterland Deutschland, weil immer mehr Geld eingesetzt wird, nicht aber an den entscheidenden Stellen. An einer ganzheitlichen und richtigen Unterstützung der Familien fehlt es. Insofern erleben wir das soziale System in Deutschland als höchst belastet, kinderunfreundlich und nicht auf zukünftige Entwicklungen vorbereitet. Bislang wird sehenden Auges weitergemacht mit einer additiven Sozialpolitik, obwohl allen Beteiligten die Risiken klar sein dürften.

---

41 UN-Kinderrechtskonvention: Übereinkommen über die Rechte des Kindes – www.kinderhilfe.de/fileadmin/files/Informieren/Kinderrechte/Beschluesse-Richtlinien/UN-Kinderrechtskonvention.pdf
42 Deutsche Kinderhilfe: Deutschland braucht ein besseres Kinderschutzgesetz – www.kinderhilfe.de/informieren/kinderschutzgesetz/

Eine Kehrtwende, ein „neuer" sozialer Staat, würde die Kinder in den Mittelpunkt seiner Bemühungen stellen und das soziale System auf sie, ihr Wohlbefinden und ihre Zukunft ausrichten. Dafür aber braucht es einen wachen Blick auf die Kinder.

KAPITEL 5

WAS UNSEREN KINDERN ZUM GLÜCKLICHSEIN FEHLT
WARUM DIE PERSÖNLICHE LEBENSSITUATION VON KINDERN UND FAMILIEN ZU STÄRKEN IST

Kürzlich klingelte an einem Freitagnachmittag mein (Bernd Siggelkow) Telefon. Am anderen Ende der Leitung war Lisa. Ihre Stimme überschlug sich fast vor Aufregung. Das 15-jährige Mädchen besuchte seit Jahren zusammen mit ihrem Zwillingsbruder Ben und ihrer Mutter eine unserer Archen in Berlin. Täglich kamen sie zu uns. Vor zwei Jahren zog die kleine Familie dann weg, in einen anderen Kiez. Den Ausschlag dafür hatte die Mutter gegeben. Sie wollte näher bei ihrer besten Freundin wohnen. Sie hatte sich keine Gedanken darüber gemacht, was dieser Umzug vor allem für ihre Kinder bedeutete. Die täglichen Besuche von Ben und Lisa hörten abrupt auf. Zu groß war die Entfernung zwischen neuer Wohnung und der nächsten Arche. Fast 13 Kilometer. Auch fehlte den beiden das Geld für den öffentlichen Nahverkehr, sodass ihre geliebte Arche zu einem unerreichbaren Ziel wurde.

Von heute auf morgen gab es für sie keinen Ort mehr, an dem sie einfach nur sie selbst sein konnten und an dem Betreuer sich ihre täglichen Sorgen anhörten. Auch das regelmäßige Mittagessen sowie der Nachhilfeunterricht fanden ihr plötzliches Ende. Ben musste sogar sein Hobby an den Nagel hängen. Mit großer Begeisterung hatte er in der Arche-Fußballmannschaft gespielt und an den Wochenenden ging es regelmäßig mit anderen Kindern aus der Arche ins Berliner Olympiastadion – zu den Heimspielen von Hertha, gratis auf Einladung des Fußballklubs. Das alles und noch viel mehr war vorbei, von heute auf morgen.

Sabine, die Mutter, bekam von all dem nichts mit. Für sie war die Welt in Ordnung. Seit der Wiedervereinigung beider deutscher Staaten lebte Sabine von Sozialhilfe bzw. später von Hartz IV und hätte den ganzen Tag Zeit für sich und ihre Familie gehabt. Doch ihre Freundin war ihr wichtiger. Auch sie lebte von Hartz IV. Vom Tag des Umzugs an verbrachten beide Frauen ihre Tage miteinander, doch für Lisa und Ben war eine ganze Welt zusammengebrochen. Ihre Nachmittage sahen nun ganz anders aus. Sie waren auf sich allein gestellt und spielten nachmittags fast immer mit den Kindern aus der Nachbarschaft. Ihre Wohnung befand sich in einem Plattenbau mit weiteren 62 Wohneinheiten. Ihr neues Zuhause lag im Zentrum eines der härtesten sozialen Brennpunkte der Stadt, aber der Mutter war das „egal", wie sie den Mitarbeitern der Arche sagte. Hauptsache, ihre Freundin war in der Nähe.

Es kam, wie es kommen musste: Lisas und Bens Leistungen in der Schule ließen schlagartig nach. Beide mussten einige Monate später die Klasse wiederholen. Aber diese Maßnahme zeigte wenig Wirkung. Eine Lehrerin empfahl der Mutter, Lisa und Ben auf eine Förderschule zu schicken.

In der Arche bekamen wir damals von der schulischen Situation nur wenig mit. Die Familie hatte sich völlig zurückgezogen. Immer wieder schwänzte das Zwillingspärchen die Schule. Lisa wurde Mitglied in einer Mädchengang und ihre ersten Straftaten ließen nicht lange auf sich warten. Fast den ganzen Tag über bekamen die beiden Besuch von ihren neuen Freunden. Man sah zusammen fern, surfte im Internet oder strapazierte die neue Spielkonsole, die ein Freund von Ben besorgt hatte. Woher das Geld dafür kam, wollte die Mutter gar nicht wissen. Etwas zu essen war so gut wie nie im Kühlschrank. Sabine hatte noch nie gut mit Geld umgehen können. Fast immer „ist der Monat zu lang für das bisschen Geld, das mir die Arbeitsagentur gibt", argumentierte Sabine.

Lisa wechselte irgendwann auf die Überholspur. Mit zwölf verlobte sie sich das erste Mal und bis heute hing sie sich an vier junge Männer. Sie alle lebten zusammen mit Lisa in ihrem

Kinderzimmer. Mutter Sabine war auch das egal. „Früher haben sie auch schon mit neun Jahren geheiratet und Kinder bekommen. So schlimm ist meine Tochter nun auch nicht", erzählte sie später einem unserer Arche-Sozialpädagogen.

...

Die Wohnung der Familie verdreckte immer mehr. Da Sabine fast immer bei ihrer Freundin in der Wohnung „abhing", sah sie das Chaos nicht oder wollte es nicht sehen. Zu den Übernachtungsgästen von Lisa und Ben gesellten sich irgendwann auch neue Wohnungsmieter: zwei Katzen, zwei Hunde und ein Papagei sorgten für großes Chaos. Geputzt und aufgeräumt hatte Sabine seit dem Einzug noch nie. Küche und Bad, beide Räume ohne Fenster, schimmelten vor sich hin. Längst war die Dusche zugemüllt und nicht mehr betretbar. Auch der Gang zur Toilette glich eher einem Weg durch den Dschungel. Da viele Gäste bei ihrem Toilettengang nicht genau zielten, konnte man die Spuren der Toilettenbesuche nicht nur deutlich sehen, sondern mittlerweile im Hausflur riechen – zum Ärger der Nachbarn. Auch die nicht kastrierten Katzen taten ihr Übriges. Sie markierten die Wohnung als ihr Revier und suchten sich angesichts einer verdreckten Katzentoilette andere Orte für ihr Geschäft, insbesondere unter den Betten von Lisa und Ben.

Etwas zu essen holten sich Lisa und Ben nun meist bei der nahe gelegenen Tankstelle. Dass „Junkfood" ungesund und verhältnismäßig teuer ist, dafür erfand Sabine immer wieder neue Ausreden. Der Supermarkt sei zu weit weg und überhaupt, diese Dinge gingen außer ihr niemanden etwas an.

Dann kam es zur Katastrophe: Sabine stand in der Küche und versuchte im Chaos etwas zu finden. Sie rief Lisa zu sich und brüllte sie völlig überfordert an: „Wo ist das Brot, hier muss noch Toast rumliegen." Vor einigen Wochen, so meinte sie sich zu erinnern, hätte sie welches gekauft. In diesem Moment sah Lisa rot.

Auf dem Küchentisch lag ein Messer, sie griff es und stach ihrer Mutter in die Brust. Sekunden später erst wurde Lisa bewusst, was sie eigentlich getan hatte. Der Stich war, Gott sei Dank, nicht tief. Sabine blutete nur leicht. Einen Krankenwagen wollten die beiden nicht rufen. Aus Angst. Sie fürchteten, dass im Schlepptau auch die Polizei und das Jugendamt mitkämen. Trotz der vielen „kleinen" Schwierigkeiten wollte die Familie zusammenbleiben. Das lag wohl auch daran, dass Lisa und Ben kein anderes Umfeld kannten. Bei ihren Freunden ging es ähnlich drunter und drüber, und die Kinder suchten sich Nischen, in denen sie überleben konnten.

Mittlerweile war Lisa die Anführerin einer kleinen Mädchengang. Ihre Mitglieder waren Mädchen im Alter zwischen zwölf und sechzehn Jahren. Fast alle hatten schon Besuch von der Polizei. Aber auch das sahen die Mütter – Väter gab es in den wenigsten Familien – als normales pubertäres Verhalten an. Man kannte es einfach nicht anders. Die Polizei gehörte fast zur Familie.

Auch Ben war kein Kind von Traurigkeit. Mit zwölf fing er an zu kiffen. Sabine war davon natürlich nicht begeistert, aber besser, er kiffte zu Hause als irgendwo heimlich. Immer seltener besuchte Ben die Schule und immer öfter überdeckte der süßliche Geruch der Joints die anderen Gerüche. Teilweise hielten sich bis zu zehn Jugendliche in der Wohnung auf. Dass kaum einer der Jungs zur Schule ging, störte Sabine nicht.

Irgendwann kam ein weiteres großes Problem hinzu: Ben rauchte immer mehr und der „Stoff" war nicht gerade billig, zumindest für eine Hartz-IV-Familie. So fing Ben an, das Zeug auch zu verkaufen. Das Ganze lief von seinem Schlafzimmer aus. Die Familie wohnte Parterre und die zahlreichen Kunden, die alle ungefähr im Alter der Zwillinge waren, so um die 13 oder 14 Jahre alt, trampelten durch die Blumenbeete zum Handelsplatz. Das wiederum störte natürlich den Hausmeister und einige Nachbarn und es gab immer wieder Streit. Einmal kam sogar die Polizei, gerufen von den Nachbarn, aber die sprachen nur mit

Sabine und ermahnten sie und ihre Kinder, etwas dezenter zu sein. In Berlin hat die Polizei andere Probleme und Ben wirkte mit seinen inzwischen 1,82 Metern fast erwachsen. Aber die vielen Probleme wuchsen der Familie irgendwann über den Kopf. Vor allem das Geld reichte vorne und hinten nicht. Zwar hatten die Kinder ihre eigenen Fernseher und Technik auf dem neuesten Stand, aber irgendwann war nichts mehr fürs Essen übrig, da vor allem die Computerspiele Geld kosteten.

Eines Nachmittags, es war ein Freitag, fasst sich Lisa ein Herz. Sie greift zum Telefonhörer und ruft neun Tage vor Monatsende in der Arche an: „Unser Kühlschrank ist leer. Wir haben Hunger und auch unsere Tiere. [...] Ich weiß einfach nicht mehr weiter."

Zwei Stunden später ist eine unserer Sozialarbeiterinnen vor Ort. In der kleinen Plattenbauwohnung muss sie sich ein Bild des Grauens anschauen: Zertretene und aus den Angeln gerissene Türen, Dreck und Schimmel, wohin sie auch guckt. In der Küche und auch im Bad wimmelt es von Ungeziefer. Ben sitzt zugedröhnt in seinem Zimmer und bekommt von ihrem Besuch kaum etwas mit. Die Katzentoilette quillt über und riecht bestialisch. Am schlimmsten ist der Papageienkäfig. Eine Handfläche breit hat sich dort Vogelkot aufgeschichtet. Viel war auch auf den Teppich gekommen. Als die Sozialarbeiterin heruntersieht, wälzt sich ein kleiner Hund in dem Dreck, anschließend schleckt er am Vogelkot.

Die Wohnung war eine einzige Bakterien- und Giftbombe. Sabine, die unseren Besuch zuerst gar nicht mitbekommen hatte, da der Fernseher lief, wunderte sich über unser Erscheinen: „Hi, wie geht's?", begrüßte sie unsere Mitarbeiterin, „bei uns ist alles in Ordnung." Sabine wusste nichts von dem Anruf und Hilferuf ihrer Tochter.

Was sollten wir tun? Zuerst einmal besorgten wir der Familie etwas zu essen, es gab praktisch keine Vorräte mehr. In den Tagen und Wochen danach besuchten wir die Familie immer wieder und halfen vor allem beim Desinfizieren, beim Entrümpeln und

Renovieren der Wohnung. Wir spürten sofort, das Chaos war der Familie irgendwann über den Kopf gewachsen, und Sabine wie auch ihre Kinder wussten nicht mehr, wo sie anfangen sollten, ihre Lebenssituation zu verbessern. Im Laufe der nächsten Woche sprachen wir mit den Lehrern von Lisa und Ben, stellten einen Haushaltsplan für die Familie auf und besuchten sie zweimal die Woche, um ihnen bei der Bewältigung ihres Alltags zu helfen. Das geht übrigens bis heute so.

HINHÖREN, WENN HILFE GEBRAUCHT WIRD

Lisas Hilferuf kam noch zur rechten Zeit. Sie hat gespürt, dass sie es als Familie alleine nicht mehr schaffen, ihre Situation zu bewältigen. Hilfe von außen war dringend nötig. Eine solche familiäre Unterstützung ist für den Staat natürlich teuer. Auch gibt es gar nicht genügend Sozialarbeiter, um all die Familien zu unterstützen, wo es angebracht wäre. Mehr als drei oder vier solcher Familien kann ein Sozialarbeiter aus Kapazitätsgründen nicht begleiten. Nichtsdestotrotz bleibt die Frage: Was wird aus Kindern, die in diesem Umfeld aufwachsen, alleine und ohne Hilfe von außen?

Lisa hatte den Mut, sich zu öffnen und dank einer guten Aufklärung, die sie vielleicht in der Arche oder anderswo mitbekommen hat, um Hilfe zu bitten. Während früher viele von Misshandlung oder Verwahrlosung betroffene Kinder und Jugendliche noch geglaubt haben, eine Situation oder ihre Peiniger aus verwandtschaftlichem Kreis decken zu müssen, wenden sich heute Kinder eher an Vertrauenspersonen oder das Jugendamt[43]. Sicher mag das mit einer der Gründe dafür sein, neben der zunehmenden Sensibilität der Öffentlichkeit durch die dramatischen Schicksale von Jessica, Chantal, Kieron, dass die Zahl der Inobhutnahmen misshandelter und vernachlässigter Kinder in Deutschland gestiegen ist. Doch ein Hilferuf seitens der Kinder erschallt immer noch zu selten.

---

43 Deutsche Welle: Deutschlands verwahrloste Kinder, 26. August 2013 – www.dw.de/deutschlands-verwahrloste-kinder/a-17 031 051

Die Überforderung vieler Eltern bzw. vieler Mütter ist einer der Hauptgründe, warum sich eine Situation so entwickelt wie im Falle von Lisa und Ben. Die beiden konnten nichts für ihre Situation. In dieses Lebensumfeld wurden sie hineingeboren. Sie hatten keine Möglichkeit zu wählen, welcher gesellschaftlichen Schicht die Eltern angehören, welchen Bildungsstand sie erhalten oder in welchem Stadtteil sie leben. Und doch gibt dieses Umfeld maßgeblich ihren weiteren Lebensweg vor, wie sie aufwachsen und im Leben befähigt werden.

GEZIELTES FÖRDERN STATT GIESSKANNENARTIG VERTEILTE GELDER

Inwiefern bietet Deutschland also Kindern eine Chancengleichheit im Hinblick auf ihre Entwicklung, muss die Frage lauten. In kaum einem anderen Land ist das Elternhaus so entscheidend für die Entwicklung von Kindern, im negativen wie im positiven Sinne. Gerade deshalb ist es so immens wichtig, Familien ganzheitlich und gezielt zu unterstützen und Kindern hinsichtlich ihrer Bildung und Entwicklung zu helfen, egal aus welchem gesellschaftlichen Milieu sie kommen. Doch das geschieht in Deutschland zurzeit nur lückenhaft oder viel zu spät. Gießkannenartig werden Gelder ausgeschüttet, um vermeintlich gezielt Lebensbereiche zu stützen oder zu fördern, statt das Umfeld von Familien und Alleinerziehenden positiv zu stärken und Infrastrukturen für eine wohltuende Entwicklung der Kinder bereitzustellen. Dass sich ein solch gezieltes Investment nah an den Familien lohnen wird, begründet sich in der Nachhaltigkeit. Denn wenn dafür Sorge getragen wird, dass Kindern wie Lisa und Ben nach einem ganzheitlichen Verständnis eine positive Entwicklung zuteilwird, gewährt man ihnen die Chance, sich positiv zu entwickeln und eine Tages gut ausgebildet der Gesellschaft etwas zurückgeben zu

> Inwiefern bietet Deutschland Kindern eine Chancengleichheit im Hinblick auf ihre Entwicklung?

können. Geschieht dies nicht, verlieren wir nicht nur auf dramatische Weise einzelne Kinder, sondern auch im Gros, da Kinder unsere Zukunft sind, die Substanz unserer Gesellschaft, heute wie morgen.

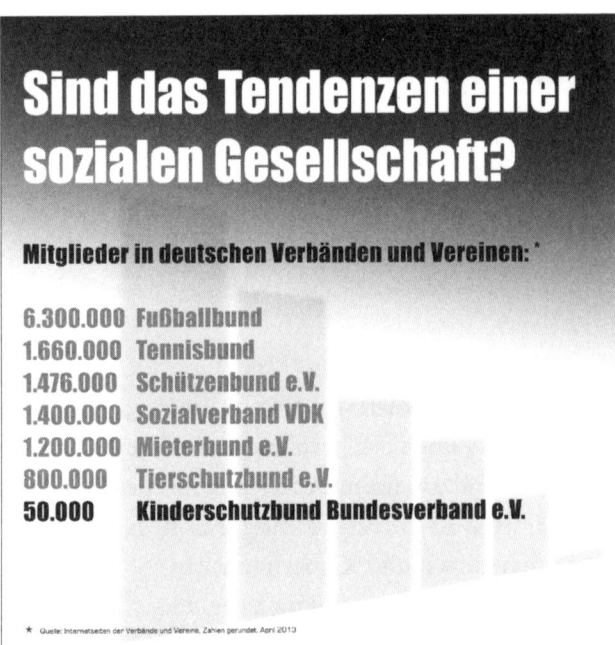

Als Kinderhilfswerk Arche haben wir es uns daher auf die Fahne geschrieben, um und für jedes Kind zu kämpfen. Wir erleben es immer wieder, dass ein individuelles und persönliches Kümmern um ein Kind schnell erste kleine „Erfolge" mit sich bringt. Die Kinder strahlen etwas anderes aus, werden selbstbewusster, teilen sich mit und auch Leistungen in der Schule verbessern sich. Aber wir können uns nicht um alle Kinder kümmern, und wir dürfen den Staat wie uns Bürger nicht aus der Verantwortung entlassen, dies neu zu gestalten. Sicher mag es angesichts von Dringlichkeiten und Nöten z.B. im Kita-Bereich manche Schnellschuss-Idee geben. Doch mit einfach aus politischer Not geborenen Vorschlägen, dass beispielsweise ehemalige „Schlecker"-Frauen sich künftig als

Erzieherinnen oder Pflegerinnen um Kinder und Alte kümmern sollten[44], lassen sich vernachlässigte Kinder nicht pauschal retten. Dazu bedarf es eines genauen Hinsehens, wie sich die Situation der Kinder darstellt.

DIE SITUATION DER KINDER IN DEUTSCHLAND

Die große Mehrheit der Kinder in Deutschland ist mit ihren Lebensverhältnissen zufrieden und fühlt sich wohl. Zu diesem Ergebnis kam die zweite World-Vision-Kinderstudie aus dem Jahr 2010[45]. Sie offenbarte aber auch, dass sich soziale Unterschiede schon bei Kindern im Grundschulalter auswirken und dass die soziale Herkunft entscheidend den Alltag prägt. Sei es der Bildungsverlauf, der Fernsehkonsum, das regelmäßige Lesen, seien es kulturell-musische Interessen, Aktivitäten in Vereinen oder die Ängste der Kinder – all das unterscheidet sich je nach sozialer Herkunft und hat seinen Einfluss auf das Leben der Heranwachsenden. Insbesondere die Ängste und Sorgen unterscheiden sich je nach Milieu. Kinder aus der Unterschicht haben am größten Angst vor schlechten Noten (60%) und zunehmender Armut (53%). Kinder aus der oberen Mittelschicht und der Oberschicht dagegen nennen die wachsende Umweltverschmutzung (46% bzw. 52%) als ihre größte Angst. Deutlicher wird der Unterschied zwischen der sozialen Herkunft angesichts der Angst vor Arbeitslosigkeit der Eltern. Fast die Hälfte aller befragten Kinder der Unterschicht empfindet sie „oft" oder „manchmal". Bei den Kindern der unteren Mittelschicht waren es 39%, jeweils ca. ein Drittel bei den Kindern der Mittelschicht sowie oberen Mittelschicht und bei den Kindern der Oberschicht waren es 19%.

---

44 Spiegel.de: „Schlecker-Frauen sollen sich um Kinder und Alte kümmern", 7. Juni 2012 – www.spiegel.de/wirtschaft/unternehmen/schlecker-mitarbeiter-sollen-sich-um-kinder-und-alte-kuemmern-a-837625.html
45 Hier und im Folgenden: 2. World-Vision-Kinderstudie: „Kinder in Deutschland 2010" – www.worldvision-institut.de/_downloads/allgemein/Kinderstudie2010_Zusammenfassung.pdf

Kinder sind somit schon früh konfrontiert und gedanklich beschäftigt mit den Problemen ihrer Lebenswelt wie auch denen der Erwachsenen. Sich der Gedanken und Sorgen von Kindern anzunehmen, ist daher von enormer Wichtigkeit, und zwar in allen Lebensumfeldern, wo Kinder unterwegs sind.

...

Eine neuere Studie, der UNICEF-Bericht zur Lage der Kinder in Industrieländern 2013[46], zeigt ein etwas anderes Bild. Während bei der World-Vision-Kinderstudie die große Mehrheit der befragten Kinder zufrieden ist mit ihren Lebensverhältnissen, differenziert der UNICEF-Bericht stärker. Zwar habe sich das objektive Wohlbefinden der Kinder in Deutschland verbessert, nur sind die Kinder nicht mit ihrer Situation zufrieden. Nun liegen die Studien einige Jahre auseinander, und es wurde methodisch unterschiedlich vorgegangen, sodass die Ergebnisse verschieden sind, doch beide Studien zeigen die negativen Aspekte des Lebens von Kindern in Deutschland auf:

Zum einen sind je nach sozialer Herkunft Leben und Werdegang höchst unterschiedlich, sodass von Chancengleichheit kaum die Rede sein kann. Zum anderen scheint sich der Sozialstaat zu bemühen, an der Lebenssituation von Kindern in Deutschland etwas zu verbessern, nur kommen diese Verbesserungen nicht in der Lebenswelt der Kinder an. Allein deswegen sollten wir hinhören und bei Kindern stets nachfragen.

> Der Sozialstaat bemüht sich, an der Lebenssituation von Kindern in Deutschland etwas zu verbessern, nur kommen diese Verbesserungen nicht in der Lebenswelt der Kinder an.

Wir als Gesellschaft, als Eltern, Lehrer, Erzieher, Politiker, Wirtschaft usw., müssen ihre Meinung ernster nehmen als bisher, sie

---

46 UNICEF: „UNICEF-Bericht zur Lage der Kinder in Industrieländern 2013: Leistungsstark, aber unglücklich?", 10. April 2013 – www.unicef.de/presse/2013/unicef-bericht-20130/

annehmen und ihre Probleme endlich angehen. Dafür braucht es auch das Vertrauen. Bislang haben Kinder besonders in der Schule das Gefühl, ihre Meinung zähle nicht oder sei nicht so wichtig. Daher muss es unser erster Schritt sein, das Vertrauen der Kinder zu gewinnen, denn in erster Linie vertrauen sie ihren Eltern, allen voran ihrer Mutter. Uns allen ist aber bewusst, „zur Erziehung eines Kindes braucht man ein ganzes Dorf". Insofern prägen viele Personen ein Kind. Doch wenn sich ein Kind nicht ernst genommen fühlt, wenn kein Vertrauen da ist, hat das Auswirkungen auf das Kind selbst und auf seine gesamte Sozialisation.

GLÜCK, DAS MAN NICHT KAUFEN KANN

Der UNICEF-Bericht macht deutlich, unseren Kindern geht es materiell gesehen und bezogen auf Gesundheit, Sicherheit, Wohnen und Bildung gut. Eigentlich. Denn wie wir bereits bei den Zahlen zur Armut in Deutschland gesehen haben, stellt sich die Situation doch nicht so positiv dar.

Warum ist das so? Was fehlt unseren Kindern zum Glück?

Oder anders gefragt, was gehört nebst Gütern, Gesundheit, Sicherheit und Bildung noch dazu?

Es scheint nichts zu sein, was man kaufen kann. Selbstverständlich ist ein Kind glücklich, wenn es neue Anziehsachen, ein Fahrrad oder ein größeres Zimmer bekommt. Kinder reicher Eltern freuen sich genauso darüber wie Kinder aus armen Verhältnissen. Letztere wahrscheinlich sogar etwas mehr, weil Geschenke für sie etwas Selteneres sind. Doch das damit einhergehende Glücksgefühl ist nicht von langer Dauer, selbst dann nicht, wenn wir unsere Kinder mit Geschenken überschütten würden. Ab einem bestimmten Punkt würde eine Sättigung eintreten, sie würden nicht glücklicher werden.

Es zählen andere Werte, um ein Kind glücklich zu machen. Sie mögen banal klingen, doch da sie von unseren ureigenen Bedürfnissen herrühren, sind sie für Kinder wie für uns Erwachsene existenziell: Nähe, Kommunikation, Zeit, Liebe und Wertschätzung. Was wäre, wenn wir das unseren Kindern nicht mehr geben würden? Wenn wir keine Zeit mehr für sie haben, ihnen keine Zuneigung oder Liebe mehr schenken, wenn wir keine Nähe mehr schaffen? Wie würde dann ihre Zukunft aussehen? Und wie würden sie später einmal ihre Kinder großziehen? Diesbezüglich habe ich (Bernd Siggelkow) Folgendes erlebt:

> *Vor einiger Zeit besuchte ich eine Familie, die bereits im Fokus des Sozialamtes stand. Auch wir von der Arche beobachteten die Situation der Familie. Ich sprach am Morgen mit der Mutter. Sie war mit der Erziehung ihrer beiden Kinder völlig überfordert.*
>
> *Gegen 10 Uhr öffnete sich die Tür des Zimmers ihres 15-jährigen Sohnes. Er kam mit seiner 13-jährigen Freundin heraus und fragte:*
>
> *„Ist was zu essen da?" Im Kühlschrank befand sich natürlich nichts Essbares für ein Frühstück.*
>
> *„In zwei Tagen ist wieder Geld auf dem Konto", antwortete die Mutter. Mit einer Flasche Cola trotteten die beiden zurück ins Zimmer.*
>
> *„Ich glaub, ich bin schwanger", hörten wir noch das Mädchen sagen. Dann verschwanden die beiden wieder ins Bett.*

Vielleicht zeigt dieses Beispiel ein Extrem, aber in welche Richtung entwickelt sich die Situation in oberen wie unteren Schichten, wenn nicht gegengesteuert wird? Wie gelingt uns der Kurswechsel? Wie sorgen wir dafür, dass es Kindern nicht nur objektiv gut geht, sondern dass sie sich auch wirklich so fühlen? Wie bringen wir echtes Glück in das Leben unserer Kinder?

Fakt ist, viele Angebote staatlicher Einrichtungen erreichen Kinder und Jugendliche nicht einmal mehr. Etliche Jugendklubs und Einrichtungen bieten zwar ein von Sozialarbeitern aufwendig gestaltetes Angebot, aber kaum jemand geht hin. Die Jugendlichen werden einfach nicht erreicht. Zugleich legt das angebotene

Programm die Schwachstellen offen, woran es Kindern heute fehlt: an Bewegung, an Begegnungen unter Gleichaltrigen, an Erlebnissen in der Natur, an Nachhilfe sowie an Wissen über Gesundheit und Ernährung. Leider gelingt es heutzutage auch von staatlicher Seite nicht mehr, die Eltern bzw. die Mütter der Kinder für diese Notwendigkeiten zu sensibilisieren. Diese Familien brauchen daher unbedingt Hilfe von außen. Betroffen sind nach Schätzungen von Experten mindestens 20 Prozent aller Kinder.

KIND ODER KARRIERE DARF KEIN ENTWEDER-ODER MEHR SEIN

Eine Mutter hat den stärksten Einfluss auf das Wohlergehen eines Kindes. In der Regel hat sie die stärkste Bindung zum Kind, auch wenn immer mehr Väter sich eine berufliche Auszeit nehmen, um sich stärker als bisher um ihr Kind zu kümmern. Natürlich sind, wenn es um die Entwicklung des Kindes geht, Väter genauso wichtig, daher darf man sie keineswegs ausblenden, wenn es um das Wohl und Glück eines Kindes geht. Nur ist es dennoch üblich, egal in welche soziale Schicht man schaut, dass die Mutter die nächststehende Kontaktperson ihres Kindes ist. Auch sind es überwiegend Frauen, die alleinerziehend sind[47]. Daher ist es wichtig, die Rahmenbedingungen für Eltern, insbesondere für Frauen, zu prüfen. Als Mutter arbeiten zu gehen und der Verantwortung gerecht zu werden, für ein Kind da zu

> Als Mutter arbeiten zu gehen und der Verantwortung gerecht zu werden, für ein Kind da zu sein, darf heutzutage kein Problem mehr sein, sondern erfordert für alle Beteiligten, Firmen wie Arbeitnehmer und Kinder, praktikable Lösungen, Job und Familie unter einen Hut zu bekommen.

---

[47] Bundesministerium für Familie, Senioren, Frauen und Jugend: „Alleinerziehende in Deutschland – Lebenssituationen und Lebenswirklichkeiten von Müttern und Kindern" – www.bmfsfj.de/RedaktionBMFSFJ/Broschuerenstelle/Pdf-Anlagen/Monitor-Familienforschung-Ausgabe-28,property=pdf,bereich=bmfsfj,sprache=de,rwb=true.pdf

sein, darf heutzutage kein Problem mehr sein, sondern erfordert für alle Beteiligten, Firmen wie Arbeitnehmer und Kinder, praktikable Lösungen, Job und Familie unter einen Hut zu bekommen. Und damit meinen wir nicht nur das gängige Modell, einen Halbtagsjob auszuüben, während das Kind in Obhut des Kindergartens steckt. Zumal Teilzeit zu arbeiten nicht für alle Frauen ein Ideal ist. Manche haben mehr zu arbeiten, da sonst die Familie nicht über die Runden kommt. Anderen, die eine hohe Bildung genossen haben, ist eine Teilzeitstelle vielleicht auch zu wenig. Sie befürchten, auf der Karriereleiter stehen zu bleiben und sehen ihre kinderlosen oder männlichen Kollegen an sich vorbeiziehen. Sie wollen daher engagiert weiterarbeiten, aber auch nicht auf ein Familienleben verzichten.

„Kind oder Karriere" – diese Qual der Wahl gilt es meist zu treffen. Immer noch. Insofern ist die Vereinbarkeit von Job und Familie in Deutschland ein Problem und bedeutet für Frauen, in den meisten Fällen in einem Bereich zu verzichten. Wie anders würde sich die Situation darstellen, wenn Frauen die Möglichkeit gegeben würde, sich nicht entscheiden zu müssen zwischen Arbeit und Kind? Vielleicht würde es sie glücklich machen, beides tun zu dürfen, sicher aber würde es Frauen eine größere Unabhängigkeit bescheren, für sich und die Kinder sorgen zu können.

Um Frauen, die arbeiten und ihr Kind betreuen möchten, gerecht zu werden, ist aus heutiger Sicht u.a. ein flächendeckendes, ganztägiges, möglichst kostengünstiges und flexibles Kinderbetreuungsangebot nötig. Zwar ist der Staat seit August 2013 gesetzlich dazu verpflichtet, allen Kindern ab Vollendung des ersten Lebensjahres einen Kinderbetreuungsplatz zu bieten, aber der Bedarf ist weitaus höher als Einrichtungen Plätze verfügbar haben. Die Klagewelle an Gerichten rollt. Zudem ist auch die Qualität der Kinderbetreuung aktuell fragwürdig, wenn viel zu wenige und dazu noch unterbezahlte Erzieherinnen und Erzieher viel zu viele Kinder betreuen müssen.

KITA-BETREUUNG DARF NICHT ALLEIN STAATSAUFGABE SEIN

Das Problem der Vereinbarkeit von Familie und Beruf kann und darf nicht alleine vom Staat gelöst werden. Auch Unternehmen müssen stärker in die Verantwortung genommen werden, eine familienfreundlichere Arbeitsatmosphäre zu schaffen. Flexiblere Arbeitszeiten, eine höhere Akzeptanz für Väter, die in Elternzeit gehen möchten, sowie unternehmenseigene Kinderbetreuungsmöglichkeiten gehören unter anderem dazu. Würden Unternehmen hier proaktiver konkrete Maßnahmen angehen, würde beispielsweise aus dem Trend, dass immer mehr Väter eine Elternzeit in Anspruch nehmen – auch für eine immer längere Dauer[48] – vermutlich eine feste Größe und es fände eine Entlastung der Mütter statt.

Bessere Rahmenbedingungen gilt es aber auch zu schaffen für alleinerziehende Mütter. Diese Gruppe sollte besonders gestärkt, begleitet und unterstützt werden. Vor allem junge Mütter sind oft gefährdet, mit der Belastung nicht klarzukommen.

...

Inwieweit der Rahmen maßgeblich die Lebensqualität der Mütter wie auch die der Kinder bedingt, zeigt eine Studie des Deutschen Instituts für Wirtschaftsforschung (DIW). Verliert eine Mutter unfreiwillig ihren Arbeitsplatz, wirke sich das konkret auf die Entwicklung ihres Nachwuchses aus, so die Wissenschaftler. Kinder im Alter zwischen fünf und sechs Jahren reagieren dann sozioemotional labiler, also weniger gefestigt als andere, und Jugendliche verlieren den Glauben, ihr Leben im Griff haben zu können[49]. Aus den

---

48 Väterzeit.de: „Erfolgsmodell Väterzeit – eine Bilanz nach vier Jahren" – www.vaeterzeit.de/vaeter-elterngeld/erfolgsmodell-vaeterzeit-bilanz-nach-vier-Jahren.php
49 Deutsches Institut für Wirtschaftsforschung: „Jobverlust der Mutter kann Entwicklung ihrer Kinder beeinträchtigen", 14. August 2013 – www.diw.de/de/diw_01.c.425941.de/themen_nachrichten/jobverlust_der_mutter_kann_entwicklung_ihrer_kinder_beeintraechtigen.html

Ergebnissen zogen die Forscher den Schluss, dass neben der klassischen Arbeitsmarktpolitik auch die Bildungs- und Familienpolitik gefragt sei, wenn es um die Minderung negativer Folgen eines Arbeitsplatzverlusts gehe. Rahmenbedingungen gilt es also in Zukunft von mehreren Seiten zu schaffen, sei es bei einem Jobverlust oder für Beschäftigungsverhältnisse. Wenn diese geschaffen werden, verbessert sich nicht nur die Lebensqualität der Mütter, sondern auch die der Kinder.

> Wir brauchen eine neue Offenheit, wie wir Kinder, Familie und Arbeit zukünftig miteinander vereinbaren wollen.

Vielleicht haben wir uns alle aber auch noch an der eigenen Nase zu packen und ein paar Denkschrauben neu zu justieren, nämlich dass Kinder kein laut schreiendes Übel, arbeitende Mütter keine Rabenmütter, Hausfrauen keine Heimchen am Herd und Männer, die sich um ihre Kinder kümmern, nicht verweichlicht sind. Wir brauchen eine neue Offenheit, wenn wir neu darüber nachdenken wollen, wie wir Kinder, Familie und Arbeit zukünftig miteinander vereinbaren wollen. Und wir dürfen dabei nicht in einem Status quo verharren. Zu viele Kinder, zu viele Frauen und zu viele Familien sind unzufrieden mit der gegenwärtigen Situation. Wenn sich grundlegend etwas ändern soll, muss das in unserem Denken seinen Anfang nehmen.

DIE BESCHÄFTIGUNGSWÜNSCHE DER FAMILIEN UND MÜTTER

Noch sieht die Situation der Mütter und Familie so aus: Laut einer Forsa-Umfrage im Auftrag der Zeitschrift Eltern fällt es mehr als der Hälfte aller Befragten sehr schwer, Familie und Beruf miteinander zu vereinbaren. Mütter haben noch größere Probleme als Väter[50]. Mehr als ein Drittel der Eltern wünscht sich daher, die Arbeitszeit auf 30 Stunden pro Woche reduzieren und Hausarbeit

---

50 Eltern.de: „Wenn Eltern die Wahl haben", 9. April 2013 – www.eltern.de/c/pdf/ELTERN_forsa-Studie_Wahl.pdf

und Kinderbetreuung zwischen beiden Partnern gleich aufteilen zu können. Doch nur sechs Prozent haben dieses Modell auch umgesetzt. Mehr als die Hälfte aller befragten Eltern folgen dem gängigen Modell, bei dem der Mann Vollzeit arbeitet und die Frau sich vorrangig um den Haushalt und die Kinder kümmert und nur Teilzeit arbeitet. Wirklich bevorzugt wird dieses Modell aber nur von 40 Prozent der Befragten. Realität und Wunschdenken klaffen also auseinander. Nebenbei bemerkt, die gleichmäßige Aufteilung der Hausarbeit und der Kinderbetreuung zwischen den Partnern ist auch eine Wunschvorstellung der Kinder, wie sie später einmal in einer Partnerschaft leben wollen. Das bedeutet, in Zukunft wird das „Ein-Ernährer-Modell" zur Randerscheinung und das gemeinsame Aufteilen von Arbeit, Haushalt und Kindern zur Regel. Höchstwahrscheinlich wird sich dieses Modell immer mehr in den Köpfen der Menschen verankern, womit ein gesellschaftlicher Wandel einhergehen wird, dessen Anfänge wir jetzt schon beobachten können.

> In Zukunft wird das „Ein-Ernährer-Modell" zur Randerscheinung und das gemeinsame Aufteilen von Arbeit, Haushalt und Kindern zur Regel.

Warum aber wird das gleichberechtigte „Wir-teilen-uns-Haus-Kind-Arbeit"-Modell bisher nur so zaghaft von Eltern umgesetzt? Der in der Studie am häufigsten genannte Grund ist, dass das Gehalt dann zu niedrig wäre. Diese Antwort zeigt, wie wichtig es ist, guten Lohn für gute Arbeit zu zahlen und auch gleichen Lohn für gleiche Arbeit, egal ob diese von einem Mann oder einer Frau geleistet wird.

Neben diesen Wünschen für die eigene Lebens- und Arbeitsgestaltung, wünschen sich die befragten Eltern, ein stärkeres Engagement vom Staat für benachteiligte Familien. Politisch sollten diese Familien stärker unterstützt werden sowie generell bessere Bedingungen geschaffen werden.

...

Es bedarf somit eines gesellschaftlichen Wandels. Unternehmen haben für eine stärkere Familienfreundlichkeit zu sorgen und die Sozialpolitik für andere Rahmenbedingungen, insbesondere für Frauen. Doch warum tut sich auf diesen Gebieten so wenig? Ist das politisch, wirtschaftlich und gesellschaftlich nicht gewollt? Oder traut sich nur niemand, Partei für Kinder zu ergreifen?

In Berlin betreuen wir rund 1000 Kinder, die zu uns in die Archen kommen. Kinder wie Lisa und Ben. In der Arche erlebten die beiden ein Stück weit, wie ihnen die dort angebotenen Rahmenbedingungen Perspektive, Annahme und Lebensmut schenkten. Der Umzug nahm ihnen all das. Übrig blieb der staatlich existenzsichernde Rahmen von Hartz IV und vom Pädagogischen her fokussierte man nur ihren Leistungsabfall und steckte sie in eine Förderschule. Ihre Mutter war trotz ihrer vielen Zeit so gut wie nicht zu erreichen – ähnlich wie die anderen 849 Mütter der Kinder, die zu uns kommen. Sie haben keinen Job und sind immer zu Hause. Aber ihnen fehlt der Blick, sich um ihre Kinder zu kümmern. Sie haben es nicht gelernt und dieses Nichtwissen geben sie auch an ihre Kinder weiter. Gerade mal 150 Mütter erreichen wir, um über ihr Leben und das ihrer Kinder zu sprechen.

> Dass in Deutschland jedes fünfte Kind von Sozialleistungen, in Brennpunktstadtteilen sogar jedes zweite von Sozialhilfe lebt, ist ein Problem zunehmender Größe.

Wie gelingt es uns, bei Müttern und Eltern, die wir bislang nicht erreichen, neue Rahmenbedingungen zu installieren, dass Kindern Chancengleichheit, Perspektive und Lebensbefähigung widerfahren?

Dass in Deutschland jedes fünfte Kind von Sozialleistungen lebt, in Brennpunktstadtteilen sogar jedes zweite von Sozialhilfe, ist ein Problem zunehmender Größe.

Was machen wir mit all diesen unzufriedenen Kindern? Mündet ihre Unzufriedenheit in Gewalt? Oder werden unzufriedene Kinder unmotivierte Schüler und enden in der Arbeitslosigkeit? Wenn wir jetzt nicht eingreifen, wo enden wir dann?

KAPITEL 6

EINE BESSERE WELT FÜR KINDER SCHAFFEN
WARUM DER WEG ZU EINEM NEUEN SOZIALSTAAT TROTZ UNTERSCHIEDLICHER REGIERUNGEN EINE STOLPERFALLE IST

Deutschland hat sich angesichts seiner sozialstaatlichen Herausforderungen vor allem neu auf Kinder auszurichten. Für diese Neuordnung hatten wir bereits ein Bild gebraucht: den Garten für Kinder. Bevor wir unsere Vorstellungen von diesem näher erläutern, haben wir uns zunächst den Weg dorthin anzuschauen, genauso wie sein Umfeld und den um ihn gesteckten Rahmen. Wir wollen danach fragen, in welche bereits existierende Umwelt die neu geschaffene Welt für Kinder zu pflanzen ist. Denn selbst diese bildlich eher extern gelagerten Faktoren bedingen, obwohl sie sich noch vor den Beeten, Rasenflächen, Bäumen und Sträuchern abspielen, maßgeblich die Atmosphäre, inwieweit Kinder in diesem Garten zum Leben befähigt werden.

AUF DER STRASSE DES SOZIALSYSTEMS IN DEN GARTEN DER KINDER

Nähern wir uns dem Garten also zunächst, indem wir den Weg dorthin beschreiten. Er besteht aus einzelnen Steinen unterschiedlicher Größe, die gemeinsam unser Sozialsystem ausmachen. Zusammengehalten, mittels Fugen und Mörtel, wird das Ganze als sozialer Staat. Diesen Weg beschreiten Kinder, wenn sie Glück haben an den Händen beider Elternteile bzw. an einer Hand, meist der Mutter. Andere werden von der Arche und ihren Helfern begleitet. Rechts und links der Straße verlaufen parallel die Bürgersteige. Auf einem steht „Chancengleichheit", auf dem anderen „Fairness".

Im ersten Halbjahr dieses Jahres führte die IG Metall die Befragung „Arbeit: sicher und fair" unter ihren Beschäftigten durch[51]. Über eine halbe Million Arbeitnehmer beteiligten sich an der Umfrage zu verschiedenen betriebs-, arbeits- und gesellschaftspolitischen Schwerpunkten. Das Ergebnis ist klar und deutlich: Den Arbeitnehmern ist ein starker handlungsfähiger Sozialstaat besonders wichtig. Er dient als Fundament für eine gerechte und solidarische Gesellschaft.

Noch zählt das Sozialsystem in Deutschland zu den besten der Welt. Allerdings fragen sich viele Bürger wie lange noch. Denn in der Vergangenheit haben Politiker aller Parteien das Sozialsystem stark belastet, insbesondere den großen Stein des Rentensystems mit Fremdleistungen. Die Folge: Der Stein im Gefüge der Straße hat sich gelöst, ein Schlagloch ist entstanden. Und wenn sich dieses ausweitet, wird irgendwann die gesamte Straße in Mitleidenschaft gezogen. Der Anfang des Sozialabbaus ist die Folge. So haben Experten längst errechnet, dass die Zahl jahrzehntelanger Beschäftigter, die nun von einer Hungerrente leben müssen, in den nächsten Jahren zunehmen wird. Doch dieses Loch ist nicht das einzige, das die Straße in eine buckelige Strecke verwandelt. Auch der Belag rund um das Loch des Gesundheitssystems franst weiter aus. Gesundheit wird zukünftig eine Sache des Geldes sein, so wie in den amerikanischen, südamerikanischen und ostasiatischen Staaten – angesichts stark auftretender Pharmakonzerne, teurer Versorgungsleistungen für Patienten und Politiker, die scheinbar tatenlos zusehen und ihre Maßnahmen, wie die damals viel umstrittene Praxisgebühr nach acht Jahren Experimentierphase, einfach als gescheitert erklären. Ein soziales Leistungssystem innerhalb eines Staates ist nur dann funktionsfähig, wenn Politiker, die Industrie und Wirtschaft, aber vor allem auch die Menschen in einem Staat den sozialen Gedanken leben und nicht nur reden.

---

51 Saarbrücker Zeitung: „Umfrage-Ergebnis: Arbeitnehmer wollen starken Sozialstaat", 22. August 2013 – www.saarbruecker-zeitung.de/karriere/saarwirtschaft/art356632,4909368

Der Streit um den Sozialstaat spaltet. Millionen von Menschen in unserem Land fragen sich, ob Gewerkschaften und Globalisierungskritiker recht haben oder doch die Regierenden? Können wir mit diesem System von heute, dieser Straße, noch morgen den Weg in die Zukunft beschreiten? Mit viel Pathos und Empörung werden Diskussionen darüber geführt, wie Löcher am besten geflickt werden sollten. Nur eins gelingt den Beteiligten nicht, den Blick freizubekommen auf die Zustände in unserem Land und somit die gesamte Wegstrecke in Fokus zu nehmen, samt ihren Bürgersteigen.

> Der Streit um den Sozialstaat spaltet. Millionen von Menschen in unserem Land fragen sich, ob Gewerkschaften und Globalisierungskritiker recht haben oder doch die Regierenden?

WAS IST SOZIALE GERECHTIGKEIT?

Soziale Gerechtigkeit steht als Forderung und Wert einer überwältigenden Mehrheit daher ganz oben. Rund drei Viertel aller Deutschen, so eine Forsa-Umfrage[52], halten allerdings die Maßnahmen der Bundesregierungen der letzten beiden Legislaturperioden für ungerecht. Christ- wie Sozialdemokraten kürzten, überspitzt gesagt, alten Mütterchen die Rente, verlangten Eintritt beim Arzt und verjagten Langzeitarbeitslose aus ihrer Heimat, wenn es dort keine Jobs gab. Sieht so soziale Gerechtigkeit aus? Oder muss ein Sozialstaat Geld den Reichen nehmen und es den Armen geben, wie es verschiedene, auch weltweit organisierte Bewegungen glauben? Oder funktioniert es noch immer nach dem alten Prinzip Otto von Bismarcks, des Erfinders der Sozialversicherung, der versuchte, die arbeitenden Klassen zu gewinnen?

Gigantische Summen werden von Staat und Sozialversicherung gesammelt und zum großen Teil später umverteilt. Jeder dritte in

---

52 Stern.de: „Sozialstaat – Die Lüge von der sozialen Gerechtigkeit", 1. April 2004 – www.stern.de/politik/deutschland/sozialstaat-die-luege-von-der-sozialen-gerechtigkeit-522155.html

Deutschland erwirtschaftete Euro, insgesamt 700 Milliarden Euro, geht durch die Sozialmühlen. Das müsste nicht verwerflich sein, wenn das Verteilen des Geldes nach vernünftigen Kriterien betrieben würde. Oft jedoch scheint eine Lotterie dahinterzustecken oder ein Kampf verschiedener Interessengruppen, mit dem Ergebnis: chaotisch, ungerecht und erst recht nicht auf ein gemeinsames Ziel hin ausgerichtet.

SOZIALE GERECHTIGKEIT HAT SICH ANZUPASSEN

Über 120 Jahre ist unser Sozialstaat gewachsen. Nichts davon sollte man leichtsinnig über Bord werfen, das meiste war ein wirklicher Fortschritt. Angefangen bei der bismarckschen Kranken-, Unfall- und Arbeitsversicherung, den Reformen über die Arbeitslosenversicherung aus der Weimarer Republik bis hin zu den Segnungen, die in den guten und fetten Jahren der Bundesrepublik hinzugekommen sind: umlagefinanzierte Rente, die flexible Altersgrenze, Lohnfortzahlung, Bildungsurlaub und vieles mehr.

> Ein sozialer Staat hat sich den Lebensbedingungen seiner Menschen anzupassen.

Allerdings macht der nagende Zahn der Zeit selbst vor einer gut gepflasterten Straße nicht halt. Manche der Steine leiden seit dem ersten Tag daran, dass sie nicht gut eingefasst wurden, beim Einbau anderer hat man sogar willentlich ein Auge zugedrückt und Kompromisse hingenommen. Andere Stellen haben den Zenit ihrer Zeit überschritten, sie müssten längst ausgetauscht werden. Jetzt aber, wo die fetten Jahre vorbei sind, wird deutlich, welche Probleme lange verschwiegen und mit neuen Wohltaten einfach additiv zugeteert wurden. Auch wenn es sich seltsam anhören mag, vieles spricht dafür, dass für das beharrliche Durchhaltevermögen des Systems, das alles andere als gerecht ist, ausgerechnet die Sehnsucht nach sozialer Gerechtigkeit verantwortlich ist. Doch das darf nun nicht so verstanden werden, dass sich derjenige an der Gerechtigkeit vergeht, der den Sozialstaat antastet. Das Gegenteil ist der Fall.

Viele Bücher auch als
eBook erhältlich.

adeo

Unterwegs. Sein.

Es muss im Leben mehr als Alles geben!

Birgit Kelle
Dann mach doch die Bluse zu
Gebunden
Mit Schutzumschlag
13,5 x 21,5 cm · ca. 192 Seiten
€ 17,99
ISBN 978-3-942208-09-3

Gegen den Gleichheitswahn.

Als der „Fall Brüderle" in ganz Deutschland zu einer Sexismus-Debatte führte, ergriff die Journalistin Birgit Kelle mit ihrem Artikel „Dann mach doch die Bluse zu" das Wort. In ihrem gleichnamigen Buch macht sie deutlich, dass der Alt-Feminismus à la Schwarzer die Mehrheit der Frauen nicht vertritt. Und sie steht auf gegen den „Gleichheitswahn": Männer und Frauen sind unterschiedlich – und das ist auch gut so!

Leseproben dieser Bücher finden Sie unter www.adeo-verlag.de.

Wenn wir es nicht tun, werden die Verhältnisse immer ungerechter. Ein sozialer Staat hat sich den Lebensbedingungen seiner Menschen anzupassen und das tut er zurzeit sicherlich nicht.

SOZIALSTAATLICHE STELLVERTRETERLÖSUNGEN

Flächendeckend schüttet der Staat Gelder aus, ohne darüber nachzudenken, ob damit eine sinnvolle Nachhaltigkeit bei den Menschen geschaffen werden kann oder nicht. Sozial zu sein, bedeutet, diese Überlegung mit einzuschließen, zu „ermöglichen" statt einfach nur Gelder zuzusprechen. Warum also müssen Menschen neben ihren Sozialabgaben Zusätzliches leisten, damit andere Menschen ein würdevolles Leben führen können? Warum gründen sich immer mehr private Schulen, wenn doch die Bundesländer und Kommunen verpflichtet sind, ihren Kindern flächendeckend Bildung zu vermitteln? Und warum nimmt die Zahl der Archen zu, wenn der Sozialstaat das leistet, was er eigentlich leisten müsste?

In Deutschlands Sozialsystem sorgen immer mehr Einrichtungen und Dienstleister sowie Menschen stellvertretend für Lösungen, die eigentlich dem sozialen System obliegen sollten. Ein Prinzip, das sich eingeschlichen und etabliert hat, aber ein genaues Hinsehen erfordert. Ein Beispiel: Zurzeit diskutieren wir in Deutschland darüber, junge Menschen aus Griechenland, Spanien, Zypern, Portugal und anderen Ländern anzuwerben, um genügend kreative Arbeitnehmer für die Zukunft unseres Landes zu haben.

> In Deutschlands Sozialsystem sorgen immer mehr Einrichtungen und Dienstleister sowie Menschen stellvertretend für Lösungen, die eigentlich dem sozialen System obliegen sollten.

Wie aber fördern wir gezielt Hunderttausende von Kindern aus bildungsfernen Schichten, die unter Hartz-IV-Bedingungen aufwachsen? Ihre Eltern erhalten zwar gießkannenartig Geld vom Staat, um es in die

89

Bildung ihrer Kinder zu investieren. Nur wie kommen diese Kinder in ihrer Entwicklung weiter, wenn sie die eigentliche Zielsetzung dieses Geldes gar nicht erleben? Was tun wir dagegen bzw. für diese Kinder?

Was sie wirklich brauchen, sind Menschen außerhalb ihrer Familien, die sich um sie kümmern. Pädagogen an Schulen wie im Alltag, die Zeit für sie haben und ihnen das vermitteln, was ihre Eltern nicht wollen oder können. Statt diese Form eines intelligenten Investments anzugehen, setzen wir in Deutschland bislang auf die Eigenverantwortung der Eltern und entlassen damit die nächste Generation in eine ungewisse und düstere Zukunft, an deren Ende sie womöglich wieder durchs Sozialsystem subventioniert werden. Insofern zahlt unser System dreifach drauf: Einerseits unterstützen wir junge Menschen aus anderen Ländern, um wirtschaftlich zu überleben. Andererseits haben wir auch die staatliche Unterstützung einer heranwachsenden wie später erwachsenen Generation zu tragen. Unsere Kinder zu verschwenden, indem wir sie schlecht oder gar nicht ausbilden und ihre Kapazitäten stellvertretend ersetzen, ist nicht durchdacht und kostet den Staat letzten Endes ein Vielfaches mehr.

> Unsere Kinder zu verschwenden, indem wir sie schlecht oder gar nicht ausbilden und ihre Kapazitäten stellvertretend ersetzen, ist nicht durchdacht und kostet den Staat letzten Endes ein Vielfaches mehr.

GEWEITETE LÖCHER IM SOZIALEN NETZ

Immer weiter Staatsschulden anzuhäufen, kann und darf zu Recht kritisiert werden. Letztlich müssen diese zurückgezahlt werden, heute oder von einer späteren Generation. Unsere Kinder sind aber nur dann in der Lage zu zahlen, wenn wir sie heute für ihre Zukunft befähigen. Ebenso haben wir uns parallel dazu Gedanken darüber zu machen, wie unser System zu finanzieren ist, und zwar so, dass es nicht als Last auf dem Rücken einer zukünftigen Generation landet. Dazu gehört die Diskussion über das Steuersystem. Außerdem müssen wir natürlich darüber nachdenken, ob der Staat sein Geld für die Rettung von „Zocker-Banken" verschwenden darf, eventuelle Rückzahlungsmodalitäten eingeschlossen. Auch dürfen wir die Frage stellen, wieso und warum Familien mit einem überdurchschnittlichen Einkommen Kindergeld benötigen. Oder warum es Zuschüsse für Häuslebauer gibt, wenn sie ohnehin schon besser verdienen.

Die Liste überflüssiger Sozialleistungen ist allem Anschein nach lang. Wir wollen sie nicht alle aufzeigen, aber dahinterliegende Handlungsweisen deutlich machen. So ist der Sozialstaat mit der Agenda 2010 nachhaltig in Verruf geraten. Hatte man in den Blütezeiten des deutschen Wirtschaftswunders und der Vollbeschäftigung den Staat als lückenloses Netz der sozialen Sicherheit gepriesen, wird er heute vielfach als soziale Hängematte diffamiert, in der sich manche auf Kosten der Gesellschaft ein Faulenzerleben einrichten.

Vonseiten der Politiker indessen wird das frühere Aushängeschild guter wohlfahrtsstaatlicher Politik als einziges Standorthindernis betrachtet. Dass die Löhne in Deutschland im Vergleich zu anderen Ländern zu hoch seien, hört man seit Jahren. Aus diesem Grund sei Deutschland ein Standorthindernis und der jetzige Status als Sozialstaat in den Augen zahlreicher Unternehmer nicht mehr länger finanzierbar. Insofern hat die Politik ein Loch nach dem anderen in das soziale Netz geschnitten bzw. in die Straße gehauen. Mit Leistungskürzungen sowie mit diversen Maßnahmen, die Lohnnebenkosten zu begrenzen, hat der Staat zunehmend seinen Haushalt und die Unternehmerschaft von den als unnötig deklarierten Unkosten der sozialstaatlichen Betreuung der Gesellschaft befreit. Stattdessen hat er diese Lasten den Betroffenen und ihren Familien

> Hatte man in den Blütezeiten des deutschen Wirtschaftswunders und der Vollbeschäftigung den Staat als lückenloses Netz der sozialen Sicherheit gepriesen, wird er heute vielfach als soziale Hängematte diffamiert.

selber aufgebürdet. Ein Beispiel dafür oder besser das Meisterstück des Umbaus vom „Wohlfahrtsstaat" zum aktivierenden Sozialstaat bildet die unter „Hartz IV" bekannt gewordene Zusammenlegung von Arbeitslosen- und Sozialhilfe, in deren Zuge ca. drei Millionen Langzeitarbeitslose auf Sozialhilfeniveau gesetzt wurden. Ein entscheidender Schritt, einen Billiglohnsektor zu schaffen, mit dem ganzheitlichen Ergebnis: Kinder dieser Familien wachsen nicht nur in Armut auf, sondern „erlernen" auch eine gewisse soziale Verwahrlosung. Und noch etwas ist zu beobachten: Nicht mehr Familien des Bildungsbürgertums weisen die stärksten Geburtenzahlen auf. Ein sehr großer Teil der Kinder, über ein Drittel, wird in Familien mit prekärem Hintergrund geboren. Diese Kinder, alleingelassen von der Gesellschaft, lernen Hartz IV.

STIGMA HARTZ IV

Der Wandel des Sozialstaats hin zu einer neuen Welt, die wir mit dem Garten der Kinder beschreiben wollen, bietet eine einmalige Chance: Die Bedeutung von „Sozialstaat" sich für das Heute zu vergegenwärtigen und seine Zwecke, gestern wie heute, zu hinterfragen. Wir möchten das an einem Beispiel zeigen:

Hartz IV bedeutet in unserer Gesellschaft mittlerweile vor allem eins: den Anfang vom Ende. Was 2005 als Reform des Arbeitslosengeldes startete, ist als Hartz-IV-System oder – aus Sicht der Betroffenen gesagt – „Hartz-IV-Diktatur" gescheitert. Bis heute streitet Deutschland über die Reform der damaligen Bundesregierung und darüber, was man Arbeitslosen zumuten kann. Vor allem mutet man ihnen ein Stigma zu: Hartz IV – wer nur einmal in die Mühle dieses Bereichs des Sozialsystems gefallen ist, kommt nur sehr schwer wieder heraus. Nichtbeschäftige, ob aus wohlsituiertem oder anderem Milieu, „verlernen" das Arbeiten über die Jahre – physisch, vor allem aber relativ schnell psychisch. So verleiht nur ein gewisser Bildungsgrad den meisten Mut und Stehauf-Kraft, aus dem Sarg der Nichtbeschäftigung wieder emporzusteigen – sofern sie nicht zu lange arbeitslos waren. Es ist wichtig, Menschen rasch wieder in den Arbeitsprozess zu integrieren. Und gerade deshalb ist es so wichtig, dem vorzubeugen, indem man Kindern ärmerer Familien wie allen anderen die gleichen Startbedingungen zuteilwerden lässt.

Die deutschlandweite Umfrage der IG Metall „Arbeit: sicher und fair" unter 500.000 Beschäftigten hatte ergeben, dass Chancengleichheit in der Bildung neben dem Erhalt und der Stärkung des sozialen Sicherungssystems die größten Erwartungen der Beschäftigten an die Politik sind. Das kommt nicht von ungefähr. Schließlich ist Bildung wissenschaftlich erwiesen der Schlüssel zum Erfolg, chancengleich für das Leben befähigt zu werden.

> Bildung ist wissenschaftlich erwiesen der Schlüssel zum Erfolg, chancengleich für das Leben befähigt zu werden.

Was aber tun wir, wenn weder die Familien es schaffen, dem nachzukommen, noch Kommunen die nötigen Mittel für gut ausgebildete Sozialarbeiter haben? Treten dann nicht Kinder fast automatisch in die Fußstapfen ihrer Eltern? Wie gelingt es also, Chancengleichheit, Bildung sowie Erhalt und Stärkung sozialer Leistungen politisch durchzusetzen?

Bislang belässt der Staat alles beim Alten. Der Mangel an fähiger Kompetenz auf dem Arbeitsmarkt wird durch die Akquise von Arbeitskräften im Ausland kompensiert. Höhere Löhne und Aufwandsentschädigungen eingeschlossen, sonst würden die gewollten Fachkräfte ja nicht kommen. Insofern verwaltet der Staat die gesellschaftspolitische Unterschicht unseres Landes nur und stimuliert den Bedarf durch gießkannenartig ausgeschüttete Leistungen. Oder anders gesagt, um im Bild unserer Straße zu bleiben: Es werden Leistungen, wie Kiesel, in zu große Löcher gelegt, und dann wird ordentlich beigefugt, um die Straße einigermaßen befahrbar zu machen. Nur konkrete Überlegungen, wie man es passend macht, wie man Menschen ganzheitlich neu für den Wiedereinstieg in den Job stärkt, geht man bisweilen nicht an. Insofern versacken

Dauerarbeitslose weiter bei sinnlosen Maßnahmen wie Mal- und Bastelkursen, die mitunter Comedy-Charakter haben.

Mit der Hartz-IV-Reform und dem Zusammenlegen von Sozial- und Arbeitslosenhilfe wurde sehenden Auges der neue sozialrechtliche Status des Langzeitarbeitslosen geschaffen. Dieser beruht darauf, dauerhaft Millionen unbeschäftigter Arbeitnehmer vom Markt und ihre Berechtigung, Lohnersatzleistungen zu beziehen, ausgegliedert zu haben. Systematisch erklärte man den bisherigen Lebensstandard dieser Arbeitslosen zum Luxus, gerade im Hinblick auf Wohnungen. Arbeitsagenturen verfügten über den massenhaften Umzug in „angemessene", den sozialstaatlichen Kostensenkungsbedürfnissen entsprechende preiswerte Wohnunterkünfte. Dass Menschen in einer solchen Art und Weise auf einen „Friedhof der Lebenden" ausgelagert werden, hatte und hat mit einer gesunden Sozialpolitik nichts zu tun. Sozial wäre es, diesen Menschen in einem ganzheitlichen Sinne zu helfen, sich wieder ins Arbeitsleben zu integrieren. Alleine schafft das nur ein kleiner Teil der durch Hartz IV stigmatisierten und gesellschaftlich ausgegrenzten Menschen.

...

Mit der Arbeitsmarktreform haben Ex-Bundeskanzler Gerhard Schröder und seine rot-grüne Regierungskoalition sicher eine einzigartige Erfolgsgeschichte geschrieben. Der damaligen Bundesregierung ist es gelungen, die Ausgaben für die Alimentierung der Arbeitslosen erheblich zu reduzieren. Zugleich etablierte sie einen Niedriglohnsektor, der innerhalb der EU-Staaten seinesgleichen sucht. Im Laufe der vergangenen Jahre ist der deutsche Niedriglohnsektor rasant gewachsen. Mittlerweile arbeitet, je nach Definition, bis zu einem Fünftel der deutschen Arbeitnehmer in diesem Bereich. Diese Entwicklung wird hart und kontrovers kritisiert, von verschiedenen Interessengruppen und Koalitionen, denn was nützt einem Menschen ein solcher Arbeitsplatz, mit dem er seine Familie nicht ernähren kann.

Es ist nicht zu leugnen, dass die Hartz-Reformen dafür sorgen, dass sich Hunderttausende von Arbeitskräften auf dem Billigmarkt anbieten müssen, um wieder in Lohn und Brot zu kommen. Wir finanzieren also mit unseren Sozialgeldern Billiglohn-Arbeitskräfte und verkaufen das als Erfolg, wenn ein Hartz-IV-Empfänger einen solchen Arbeitsplatz ergattern kann, während der Rest Arbeitswilliger aus der Hartz-IV-Kaste einen Ein-Euro-Job bekommt. Ist so etwas als Sozialpolitik zu bezeichnen? Nein! Ein System geht moralisch kaputt, wenn wir fast ein Drittel unserer Bürger vergessen.

WEG MIT DER GIESSKANNE!

Kommt also unser Staat, gemäß Grundgesetz, seiner Sorge nach, Mindestvoraussetzungen für ein menschenwürdiges Leben zu schaffen? Mit Sicherheit nein. Wir als Hilfseinrichtung Arche kennen allein in Berlin einige Hundert Fälle, wo Kinder vom Staat benachteiligt werden. Deutschlandweit dürfte die Zahl in die Hunderttausende gehen. Bei der Weitergabe von Werten und Bildung verlässt sich der Staat noch immer auf die Eltern. Doch es ist ein Trugschluss, dass sie sich kümmern. Viele Kinder müssen aufgrund von Apathie, Unvermögen oder schwierigen Lebensumständen im Elternhaus darauf verzichten, ohne dass ihnen selbst die Dimension des langfristigen Mangels und Schadens im Hinblick auf ihre eigene Lebensführung bewusst wäre. Warum das so ist, kann man nur erahnen. Den amtierenden Bundesregierungen gelingt es immer wieder, mit kurzfristigen angeblichen Verbesserungen der Lebensbedingungen für Kinder, wie zum Beispiel kleinen Hartz-IV-Erhöhungen oder dem Bildungspaket, kurzfristig zu punkten. Langfristig angelegte Neuerungen, wie zum Beispiel die Abschaffung von Sonderschulen, überdauern Legislaturperioden, da diese Maßnahmen erst nach Jahren greifen. Der sich einstellende Erfolg ist binnen vier Jahren selten messbar. Auch in neue Lehrer oder Sozialarbeiter zu investieren, die in den Familien arbeiten, sind solche langfristig angelegten Maßnahmen. Ihre Wirksamkeit im Hinblick auf Chancengleichheit und Lebensbefähigung ist allerdings unbestritten und wissenschaftlich erwiesen. Aus diesem Grund sehen wir in unseren Archen in den vielen Mitarbeitern sowie in den regelmäßig mit den Kindern arbeitenden Ehrenamtlichen die wichtigste Kraft.

Aus unserer Erfahrung als Kinderhilfswerk fordern wir daher die Politik dazu auf, ein gießkannenartiges Verteilen von sozialen Leistungen einzustellen und abzuschaffen. In dieser Weise sind Milliarden an Sozialausgaben sinnlos investiert. Hartz IV war der Startschuss von alledem und ist aus Sicht vieler Arche-Eltern eine sinnlose Bürokratiemaschinerie, die beweisen sollte, dass unter Einhaltung gewisser Auflagen angeblich Dinge möglich gemacht werden können. Nur Hartz IV ermöglicht weder Kindern noch Eltern eine Zukunft. Zwar hat sich seitdem ein Aufschwung für manche eingestellt, aber für Millionen von Bürgern ist er eine inhaltslose Statistik, ja eine Lüge.

> Fordern wir daher die Politik dazu auf, ein gießkannenartiges Verteilen von sozialen Leistungen einzustellen und abzuschaffen.

Schönfärberei überdeckt oft die grausame Wirklichkeit: Die Arbeitslosenstatistik wird mithilfe von Maßnahmen und Minijobs beliebig nach unten und oben korrigiert. Das sogenannte Jobwunder begründet sich durch die Zeitarbeitsfirmen, die Zigtausende von Arbeitnehmern zu Dumpinglöhnen auf den Markt werfen und wieder herausnehmen.

Wir positionieren uns nicht grundsätzlich gegen Zeitarbeitsfirmen. Sicherlich hat das Konzept den Unternehmen über die letzten Krisenjahre geholfen, um mit den Schwankungen im Markt umzugehen. Aber dieses System darf nicht benutzt werden, um Lohnkosten zu senken. Dann geschieht Symptombekämpfung, statt die Ursache zu beheben. Wenn aber das Ganze zum System wird, fehlt es an gut bezahlten Arbeitsplätzen, mit deren Hilfe man seine Familien ernähren kann. Wir brauchen daher Änderungen bei den Ursachen, um heute und in Zukunft erfolgreich zu sein. Nur greift weder die Politik ein noch fordern es die Bürger und derweil macht es sich die Wirtschaft sehr einfach. Erst wenn wir nicht mehr Symptome bekämpfen, sondern Ursachen, kann unser Land wieder durchatmen und auf eine gute Zukunft hoffen.

Es wären die ersten Meter auf dem Weg in den Garten der Kinder, hinein in eine Welt mit einer neuen Sozialfunktion, und zwar auf einem gepflasterten sicheren Weg, einer guten Straße. Ohne Flickschusterei, hervorstehende Steine oder Schlaglöcher.

KAPITEL 7

EIN NEUER GARTEN IM GLOBALEN UMFELD
KINDER ZWISCHEN KOMPLEXEN STRUKTUREN UND DEN „INTERESSEN" EINER ANGEBLICHEN „SOZIAL-INDUSTRIE"

In den vorigen Kapiteln haben wir die Situation des Sozialstaats aus der Sicht eines Bürgers, vor allem aus der Sicht des Kindes, einer Mutter und aus der von Familien beschrieben. Auch haben wir unsere Erkenntnisse und Erfahrungen aus der Arche mit einfließen lassen. Weder haben wir versucht die Sachlage schönzureden noch schlechtzumachen. Es ging darum, Tatsachen zu schildern. Jeder Leser dieses Buchs darf anhand seiner eigenen Erfahrungen das vorgestellte Bild komplettieren und gewichten. Er sollte aber dabei offen sein, neue und andere Aspekte der Situation wahrzunehmen, denn es handelt sich um eine Bestandsaufnahme, deren Bewertung von unserer Seite außen vor bleibt. Wir wollen nicht den gleichen Fehler begehen, den aus unserer Sicht Politiker, Staat und wahrscheinlich viele Bürger machen. Dass wir versuchen, die Komplexität der Situation aus Sicht einer Interessengruppe, der eigenen Betroffenheit, der eigenen Sicht zu bewerten. Eine komplexe Situation, die in unsere Umwelt eingebettet ist und von ihr auch sehr oft, ja manchmal auch sehr stark, beeinflusst wird, können wir nur mit unseren eigenen Augen wahrnehmen. Sie ist unvollständig oder gefärbt von Interessen und Meinungen, wie auch viele Studien und Statistiken und Analysen, die wir recherchiert haben. Für ihren Bereich und Ausschnitt sind sie richtig und gut, aber sie decken eben nur einen Teilaspekt ab und nicht den gesamten Zusammenhang. Insofern bedeutet das: Parteien und Politiker, Interessengruppen und Wissenschaftler sowie alle, die den Anspruch haben, die Situation klar und ganzheitlich unter Berücksichtigung aller Sichtweisen analysieren zu wollen, können das gar nicht erfüllen.

Wenn aber die Politik, die Gesellschaft und somit auch der Staat von einer nicht ganzheitlichen Sicht und einer nicht gemeinsam vereinbarten Situation ausgehen, wie gut können dann Lösungen für Probleme entwickelt werden? Wie qualifiziert sind diese dann für unser Land?

Wir gehen davon aus, ohne eine gemeinsam vereinbarte Situationsanalyse ist es gar nicht möglich, die richtigen Schlüsse ziehen zu können und folglich zu ganzheitlichen Lösungen zu kommen. Maximal sind Teillösungen mit vielen Kompromissen möglich. Doch die Grunddilemmata, die unsere Gesellschaft umtreiben, bleiben damit völlig unsichtbar und unbearbeitet.

Schauen wir uns daher zunächst an, in welches Umfeld der Garten unserer Kinder eingebettet ist. Um sich das vor Augen halten zu können, müssen drei Dinge definiert werden: eine *ganzheitliche* Situationsaufnahme, eine *gemeinsame* Beurteilung der Umgebung sowie eine *klare* Zielsetzung des sozialen Staates.

EIN GARTEN IM GLOBAL-LOKALEN HANDELN

Deutschland ist wie jeder andere Staat in Europa, selbst die Schweiz und andere Nicht-EU-Staaten, in das politische, gesellschaftliche und ökonomische Umfeld Europas eingebettet. Jeder Staat steht somit in einer gewissen Abhängigkeit zu den anderen und muss mit deren Stärken und Schwächen umgehen, ob er will oder nicht. Lokale und kulturelle Unterschiede erhöhen die Komplexität dieser Sachlage. Aus Angst, Nachteile davonzutragen und mit der Komplexität nicht umgehen zu können, tun wir aber so, als ob dem nicht so ist und wir gute Lösungen für uns und das Ganze finden würden, wenn wir Abhängigkeiten und Effekte weglassen. Oft wird das dann auch noch ausgenutzt, um politisch zu gefallen oder zu polemisieren. Wir betrachten somit alles in Einzelteilen. Doch führen die vielen Einzelleistungen insgesamt wirklich zum Ziel oder widersprechen sie sich? Können so wirklich die richtigen Schlüsse gezogen werden?

Unternehmen, gerade global agierende, kennen die Problematik, Einzelteile zu einem Ganzen zusammenzuführen. Großunternehmen genauso wie Betriebe des Mittelstands. Doch auch Kleinunternehmen stehen heute schon und morgen noch viel stärker vor dieser Herausforderung. Sie alle müssen für ein gutes Gesamtresultat ganzheitliche Lösungen finden, über Bereiche, Regionen, Länder, Märkte und Produkte hinweg. Getreu der aristotelischen Erkenntnis: „Die Summe des Ganzen ist mehr als ihre Einzelteile." So fragen sich Unternehmer angesichts dieser Herausforderung beispielsweise: Wie kann unser schwäbisches Unternehmen sicherstellen, Lösungen zu implementieren, die nach „Pars pro Toto"-Prinzip der ganzen Unternehmung helfen, gleichzeitig aber auch den jeweiligen Bereichen, Abteilungen und Regionen gerecht werden? Dass beispielsweise am Ende einer langen Produktionskette in Japan das Unternehmen immer noch erkennbar ist als ein „schwäbisches". – Erfolgreiche Unternehmen haben Fähigkeiten entwickelt, um mit dieser komplexen Sachlage umzugehen. Haben das in Deutschland auch Politik, Staat und Gesellschaft?

> Unser heutiges Umfeld, das über Europas Grenzen hinausreicht, verlangt, dass Politik und Staat Lösungen entwickeln können, die im globalen Umfeld zu integrieren und einzubringen sind und gleichzeitig unsere Probleme vor Ort lösen.

Die Aufgabenstellung ist im Grunde die gleiche, nur spielt sie sich in einem anderen Kontext ab. Mit komplexen Strukturen umzugehen, ist eine Anforderung unserer Zeit, in allen Bereichen. Wer diese Aufgabenstellung reduzieren will, wird nur Teillösungen und Kompromisse erzielen. Der Umgang mit ihr muss daher schon frühzeitig entwickelt werden.

Unser heutiges Umfeld, das über Europas Grenzen hinausreicht, verlangt, dass Politik und Staat Lösungen entwickeln können, die im globalen Umfeld zu integrieren und einzubringen sind und gleichzeitig unsere Probleme vor Ort lösen. Dieser Anspruch birgt zwei Dilemmata:

Wie können wir lokal Lösungen finden, die „Pars pro Toto", als Teil für ein Ganzes, funktionieren? Und wie können übergreifende Lösungen für den jeweiligen thematischen Aspekt gefunden werden?

IN ZEITEN DER KOMPLEXITÄT UND DES WANDELS BRAUCHT ES PARTIZIPATION

Wir brauchen also Lösungen im Staat, welche alle Aspekte und die verschiedenen Teilnehmer einbinden. So wird auch die nächste Generation an Entscheidungen partizipieren. Überall auf der Welt zeichnet sich diese Entwicklung ab. Menschen engagieren sich nicht mehr nur über ihre Wahlstimme, sondern stärker als vor Jahren durch Meinungsäußerungen, Proteste und Netzwerke.

Wir müssen uns bewusst machen, dass die geoklimatischen und geoökonomischen Voraussetzungen der Länder in Europa heterogen sind und dass Industrialisierung nicht der einzige Weg zu Wohlstand ist. Demokratieentwicklung sollte immer mit Industrialisierung einhergehen und soziale Entwicklung immer mit Wirtschaftsentwicklung. Politik, Wirtschaft und Wissenschaft haben allerdings in diesem komplexen Gefüge noch zu wenige Verknüpfungen. Die Regierbarkeit und die Regierungsweise sind bestimmt durch Komplexität und Geschwindigkeit des Wandels, wobei die Ziele sozialer Friede und Wohlstand nie künstlich oder systemisch getrennt werden dürfen. Wir tun oft so, als wäre sozialer Friede ein für sich selbst herstellbares Gut. Um ihn zu bewerkstelligen, braucht es aber die Verbindung der drei Säulen Ökologie, Ökonomie und Soziales.

Könnte dies als Basis herhalten, um einen gerechten Sozialstaat aufzubauen, eine neue Sozialpolitik zu etablieren und den Garten der Kinder in unserer Gesellschaft zu positionieren?

Unsere Gesellschaft hat im vergangenen Jahrhundert in praktisch jedem Bereich des Lebens Entwicklungen mitgemacht. Allem Anschein nach sind wir aber inmitten der sich ausbreitenden

Komplexität in Sachen staatlicher Organisation stehen geblieben. Um jedoch eine ganzheitliche Sicht auf die Situation, welche mit Komplexität und Innovation in allen Bereichen unseres Lebens umgeht, entwickeln zu können, braucht es Toleranz, Demokratie, Friedensfähigkeit und den Zusammenschluss von Regierung und Bürgern. Diese Werte und Voraussetzungen bedingen die Regierbarkeit des Staates. Erst dann kann eine gemeinsame und auf eine klare Zielsetzung fokussierte Situationsaufnahme erreicht werden.

Sind sich Politik und Bürger dieser Situation bewusst? Schaffen wir und die Politiker diesen Wandel?

...

Der Garten der Kinder befindet sich somit in einem globalen Umfeld, das sich heute viel stärker im Wandel befindet als vor 50 Jahren. Diese Dynamik führt auch zu Unsicherheit. Infolgedessen wächst der Anspruch, mit Komplexität umzugehen. Dieses Gefüge wirkt sich unmittelbar auf uns aus, wie auch auf unsere Kinder und ihren Garten. Sie stehen vor erhöhten Anforderungen, mit mehr Ausbildung, mehr Konkurrenz, mehr Leistungsdruck und nötiger Anpassungsfähigkeit.

> Der Garten der Kinder befindet sich in einem globalen Umfeld, das sich heute viel stärker im Wandel befindet als vor 50 Jahren.

Um Herr der Lage zu bleiben, also diese zunehmende Komplexität bewältigen zu können, ist eine Sache von entscheidender Bedeutung: Wir brauchen mehr Möglichkeiten, als Änderungsanforderungen auf uns zukommen. Das heißt, um mit Komplexität fertigzuwerden, brauche ich als Individuum mehr Gestaltungsspielraum, als es Anforderungen gibt. Gerade Kinder brauchen das, um überhaupt eigene Erwartungen entwickeln zu können. Doch können sie genügend davon entwickeln? Ermöglichen wir den Kindern genug Freiraum? Oder verharren sie angesichts all der Anforderungen nur in einem Schema F?

DEN NATÜRLICHEN UMGANG
MIT KOMPLEXITÄT WIEDERENTDECKEN

Wir wollen also, wie schon erwähnt, gar nicht die Situationsanalyse machen, weil dies nur alle Beteiligten und Betroffenen gemeinsam machen können, und zwar mit einem gemeinsamen Ziel. Das mag zunächst utopisch klingen. Wie soll so etwas aussehen, alle Beteiligten einzubinden? Geht das überhaupt?

In Unternehmen funktioniert so etwas über Bereiche, Regionen oder die ganze Organisation hinweg nur schwer oder gar nicht. Sicherlich wäre es möglich, in einer Firma alle Angestellten zusammenzubringen und ein gemeinsames Verständnis zu entwickeln, aber dieser Prozess würde lange dauern. Zu lange. Womöglich wäre die angefertigte Situationsanalyse längst schon wieder, angesichts ihrer Dauer, durch eine neue Situation überholt und man stände bei Fertigstellung des Prozesses wieder am Anfang. Es fordert heraus, alle Beteiligten an einen Tisch zu bringen – doch arbeiten wir schon an dieser Herausforderung?

Es gibt in manchen Groß- und Mittelstandsunternehmen schon Lösungen, wie sie als Unternehmen in der Lage sind, komplexe Sachverhalte ganzheitlich darzustellen. Inspiriert werden die Manager dabei von ganz natürlichen, aber höchst komplexen Gefügen, beispielsweise durch biologische Wirkungsweisen und Zusammenhänge im menschlichen Körper. Und wenn diese Transferleistung von der Biologie in die Wirtschaft funktioniert, warum sollte sie dann nicht auch bis in die Politik reichen? Wir haben nur diesen Schwenk in unserer Denke zu vollziehen, um durch ein anderes Herangehen neue Resultate zu erreichen.

EINE UNKLARE ZIELSETZUNG DES SOZIALSTAATES BEZAHLEN LETZTLICH DIE KINDER

Eine gute Lösung braucht eine klare Zielsetzung, eine gemeinsame Sicht auf die Situation und einen gemeinsam vereinbarten Weg, wie das Ziel erreicht wird. Das ist eine grundlegende Voraussetzung dafür, etwas optimieren zu wollen. Uns müssen aber noch zwei weitere Dinge klar sein: Wir wollen ein komplexes Gebilde namens Staat in dem dynamischen europäischen wie globalen Umfeld optimieren. Und es geht dabei um das höchste Gut unserer Gesellschaft: die Kinder.

Da aber die Zielsetzung unklar ist, werden gute Ansätze schnell zerredet. Und dass es eine gemeinsame gäbe, davon sind wir noch weiter entfernt angesichts verschiedenster Sichtweisen auf die Situation und unterschiedlicher Parteiprogramme, die seitens der Politiker „verkauft" werden müssen. Eine bislang unheilige Mischung für Lösungen und den Garten der Kinder.

Die Zeche dieser unklaren gemeinsamen Zielsetzung, um es mal ganz hart zu formulieren, zahlt in jedem Fall das Kind. Kinder armer Eltern genauso wie Kinder aus sehr wohlhabenden Familienverhältnissen. Letztere sind betroffen, weil sie beispielsweise in einer Art Paralleluniversum, in einem Internat, distanziert von der eigenen Familie, sozialisiert werden. Dass ein Kind in einem solchen Umfeld auf gesunde Weise zum Leben befähigt wird, kann durchaus schiefgehen. Nach dem Leben in dieser „Blase" kann es mitunter viel Mühe haben, sein Leben ausgewogen zu gestalten. In der Statistik wird das später weniger auffallen als bei Kindern aus armen Verhältnissen. Denn ein ehemaliger Internatsschüler kann sich aufgrund gehobener Bildung und Positionen meist einen Ersatz für seine Mankos leisten bzw. erkaufen. Nur Defizite, wie fehlende Werte, Sozialkompetenz o. Ä., werden im gesellschaftlichen Gefüge genauso auffällig sein. Immer wieder mal schlagen solche jungen oder älteren Persönlichkeiten bei uns in der Arche auf. Sie wurden seitens der Eltern oder Universität animiert, im Rahmen einer „Visite" sich ein soziales Praxisprojekt anzuschauen. Sie sollen die „andere", die reale Welt, außerhalb ihres Fokus kennenlernen. Geht es aber dabei nicht letztlich auch um sie und ihre eigene Sozialkompetenz?

REDET SICH DIE „SOZIAL-INDUSTRIE" DIE SITUATION NUR SCHLECHT?

> „Zehn Prozent fallen doch immer aus dem System."

Auch erleben wir immer wieder Menschen, quer durch alle Gesellschaftsschichten, die behaupten, eine Situationsanalyse sei nicht nötig, da doch alles im Lot sei. „Zehn Prozent fallen doch immer aus dem System", errechnen sie für sich und mutmaßen sie vermeintlich unternehmerisch. Nur ist der Gedanke, dass es immer „ein bisschen Schwund" gibt, weder bei einem Unternehmen noch beim Staat angebracht. Weil ein Unternehmen nun mal nicht als System, sondern als Organisation aus Menschen besteht. Und beim Staat reden wir von einer Gesellschaft.

Vielleicht menschelt in einer solchen Aussage die Angst vor dem sozialen Abstieg durch, aber selbst in Oberschichten nimmt man sie wahr. Ein Beispiel:

Ein Freund von mir (Martin Danz) nimmt öfters an Veranstaltungen teil, bei denen sich markante Unternehmer aus Deutschland treffen. Einmal traf er eine Lokalpolitikerin, aus einfachem Haus, deren Lebenspartner ein sehr bekannter Unternehmer ist. Beim Kaviar essen und Champagner schlürfen hatte mein Freund diesen Unternehmer angesprochen, einer sozialen Organisation zu helfen. Er erklärte ihm Sinn und Zweck der Organisation und natürlich auch, wie sich die Arbeit bei den Kindern auswirkt. Für solche Anfragen war sein Gegenüber, der schon eine ganze Reihe Projekte unterstützt, immer sehr offen und er stellte interessiert Rückfragen. Als sich dann plötzlich seine Partnerin, eben jene Lokalpolitikerin, an seine Seite stellte, behauptete sie, dass so etwas doch gar nicht sein könne. Weder bei ihr würden Menschen durch das Sozialsystem fallen noch in Deutschland.

Eine Behauptung, die andere auch schon vor sieben Jahren, als wir „Deutschlands vergessene Kinder" herausbrachten, aufstellten. Zahlen, beispielsweise von der Caritas veröffentlicht, werden dann einfach als falsche Berechnung abgetan.

So viel zu einem gemeinsamen Verständnis der Situation. Die Lokalpolitikerin behauptete aufgrund ihrer Erfahrung, es fielen keine Menschen durch das Raster Sozialsystem, und wenn sei eine kleine Menge durchaus akzeptabel. Und weiter führte sie aus, dass diese sogenannte „Sozial-Industrie" sich ja gerne die Situation schlechtredet, um sich das Geschäft nicht kaputtzumachen. Schließlich würde mit Kindern ja Geld verdient. Und die anderen seien selber schuld, da sie ja nicht versuchen, eine Arbeit zu finden, und sowieso lieber zu Hause sitzen. Hartz IV sei ihnen lieber, als für ein paar Euro am frühen Morgen aufzustehen. Man sehe das ja auch immer im Fernsehen, wie die Hartz-IV-Empfänger mit einem Flachbildfernseher zu Hause sitzen und ihr Geld für Alkohol oder sonst was verprassen.

Ja, sie hat recht.

Wie immer im Leben gibt es Ausnahmen. Es gibt solche Beispiele von „Sozial-Industrie" und schmarotzenden Hartz-IV-Empfängern, nur sind sie die Regel oder die Ausnahme?

Kennen Sie das japanische Sprichwort „Armut ist schlimmer als Krankheit"? Ich (Martin Danz) möchte nicht wissen, wie ich mich verhalten würde, wenn ich ein Jahr arbeitslos wäre. Wüssten Sie es von sich?

Ohne ein die Sozialleistungen ausnutzendes Verhalten entschuldigen zu wollen – ein oder mehrere Jahre zu Hause zu sitzen und überall gesellschaftlich als Mensch der untersten „Kaste" angesehen und behandelt zu werden, führt vermutlich absehbar dazu, sich auch als Mensch irgendwann gehen zu lassen.

...

Leider sind immer noch viele der Ansicht, es sei doch alles gut, wir machen doch alles, wir geben doch schon so viel, das reiche doch. Ja, aber es reicht nicht für das gewünschte Resultat.

Wir haben weder eine *ganzheitliche* Situationsaufnahme noch Grundlagen für eine *gemeinsame* Beurteilung der Umgebung und erst recht keine *klare* Zielsetzung. Aber: Wir als Arche unterstützen seit sieben Jahren, seit unserem letzten Buch, immer mehr Kinder aus unteren Schichten und mussten dafür immer mehr Einrichtungen bauen. Und wir hoffen, dass wir mit diesem Buch deutlich machen können, dass weder Kinder noch Mütter, egal, ob alleinerziehend oder innerhalb der Familie, die richtigen Rahmenbedingungen erhalten, um Lebensbefähigung zu erleben. Genau diese Rahmenbedingungen sind der Kernpunkt eines Gartens für Kinder.

> Unsere Kinder dürfen nicht die Zeche des sozialen Staats zahlen!

Zurzeit sind noch immer die Kinder die Leidtragenden. Das dürfen wir nicht weiter akzeptieren! Weder in Prozentzahlen, erst recht nicht in „Ein-bisschen-Schwund-ist-immer"-Gedanken noch in Ausnahmen! Unsere Kinder dürfen nicht die Zeche des sozialen Staats zahlen!

Wir haben unsere Verantwortung neu wahrzunehmen, Kinder ernster zu nehmen und ihnen eine Stimme zu geben. Und wenn wir diesbezüglich von einem Garten der Kinder sprechen, sprechen wir von einer Zielsetzung, was wir Kindern künftig ermöglichen wollen, welche Rahmenbedingungen notwendig sind. Für eine nachhaltige und tragfähige Lösung haben wir ein gemeinsames Verständnis zu entwickeln. Gelingt uns das?

KAPITEL 8

DIE KINDER SIND DIE BRÜCKE ZUR ZUKUNFT! DAS POTENZIAL DER KINDER ENTDECKEN UND SIE BEFÄHIGEN, IHR LEBEN ZU FÜHREN – DIE RAHMENBEDINGUNGEN DES GARTENS

In vielen Ländern der Erde, beispielsweise denen im persischen Raum, wird Kindern durch eine besonders blumige Sprache Wertschätzung zuteil. Man sagt dort, sie sind „das Schwarze im Auge". Bei allem, was man betrachtet und sieht, sind sie im Blick.

Auch eine Weisheit König Salomos aus dem jüdischen Talmud besagt, dass alle Entscheidungen, die wir treffen, sogar für die nächsten sieben Generationen vorteilhaft sein sollen. Und selbst im sonst so vermeintlich kinderfeindlichen und „ein-Kind-Politik-getriebenen" China geben Schriftzeichen einen besonderen Rahmen, das Schöne und das Kostbare 好 (Hao) an Kindern zu betonen. Laut dem etymologischen Hauptwerk zu den chinesischen Schriftzeichen[53] setzt sich dieses Zeichen „Hao", was „gut" bedeutet, aus 女 (Niu) Tochter und 子 (Zi) Sohn zusammen. Warum Töchter und Söhne als gut oder schön beschrieben werden, kommt aus der Kultur des alten Chinas. Eltern lieben ihre Kinder und betrachten sie als ein von ihnen erschaffenes Werk. Ihre Liebe ist unabhängig davon, ob das Kind nun brav oder rebellisch, fleißig oder faul, schön oder hässlich ist. Ohne Vorbehalte finden sie ihre Kinder gut und schön. Und von Geburt an werden die Kinder für gutherzig gehalten.

Eine andere Erklärung besagt, dass eine Familie, in der Söhne und Töchter vorkommen, gut ist, da die Kinder den Fortbestand und das Glück der Familie verkörpern. Seit jeher legen Chinesen sehr viel Wert auf die Familie und auf die Sippe, was sich auch im

---

53 Epoch Times: „Chinesische Schriftzeichen: Hao – gut, schön" – www.epochtimes.de/
ETD-ARTICLESArchiv/ETD-ARTICLESChina/%E5%A5%BD_Hao%E2%80%93_gut_
schoen-a226554.html

Ahnenkult widerspiegelt. Das ist mit einer der Gründe dafür, warum sich viele Chinesen nicht mit der Ein-Kind-Politik des Regimes anfreunden.

Haben wir in unseren Breitengraden Kinder ähnlich wertschätzend im Blick, als Priorität in all unseren Lebensbereichen? Nehmen sie eine zentrale Rolle ein, in unserem Denken und Tun? Wertschätzen wir sie als unser Schwarzes im Auge?

RAHMENBEDINGUNGEN FÜR DEN GARTEN

Kinder leben, wie wir festgestellt haben, in einer komplexen und dynamischen Welt. Diese Umgebung rund um den Garten ist interessant und birgt viele Möglichkeiten. Sie steckt allerdings auch voller Gefahren und Überforderung. Außerdem sind die Straße und Bürgersteige, die zum Garten führen, holprig. Hier müsste einiges grundlegend ausgebessert bzw. vollkommen erneuert werden, sodass auch wirklich jeder Zugang zum Garten erhält und nicht nur diejenigen dorthin gelangen, die ein geeignetes Fahrzeug haben oder die Zeit und das Geld, um ihre Kinder sicher in den Garten zu begleiten und auf sie aufzupassen.

Würden wir nun in ähnlicher Weise an die Ausstattung des Gartens herangehen, wie bislang in Deutschland die Straße und die beiden Bürgersteige unseres Gartenbildes geflickt werden, würden alle im Garten wieder nur herumirren. Jeder würde aus seiner Sicht, nur nicht aus Sicht der Kinder, versuchen, das Beste aus der Situation zu machen. Es würde wieder ein Flickenteppich an Leistungen entstehen, denn ein üppiges Budget für „Spielgeräte" ist ja vorhanden. Nur wären voraussichtlich die Anschaffungen nicht wirklich aufeinander und auf die Kinder abgestimmt. Auch gäbe es noch niemanden, der sich Zeit nimmt, sich verantwortungsvoll um den Garten zu kümmern. Höchstens jemanden, der immer wieder über das Budget spricht und die neusten Geräte liefert, egal, ob sie gebraucht werden oder nicht. Kinder in einem solchen Garten alleine und mit ruhigem Gewissen spielen lassen zu können, ist nicht gegeben, außer die Eltern sitzen die ganze Zeit mit am Sandkasten, betreuen ihre Kinder und bringen praktisch alles von zu Hause mit. Wäre ein solcher Garten attraktiv?

Will nun beispielsweise eine alleinerziehende Mutter in diesen Garten, wird es ihr eventuell gar nicht möglich sein, da sie ihn vielleicht gar nicht findet. Sollte sie ihn aber finden, wird es ihr voraussichtlich nicht möglich sein, den Garten nach ihren Möglichkeiten zu nutzen, weil sie einerseits Zeit mit ihrem Kind verbringen möchte, aber diese und wahrscheinlich auch das Geld nicht hat, um es zu tun. Sie müsste jemanden anstellen, der nach ihrem Kind schaut, was sie sich aber nicht leisten kann. Mutter und Kind werden somit bislang in einem Dilemma belassen.

Abhilfe leisten hier beispielsweise Unternehmen, die bereits für Mitarbeiter und deren Kinder eine Betreuung während der Arbeitszeit anbieten. Sie ermöglichen als Bindeglied zwischen Eltern, Betreuungsstelle und eigenen Interessen, das Dilemma für Alleinerziehende auf eine neue und ganzheitliche Weise zu lösen.

Inwiefern haben Eltern, Wirtschaft, Politik also gemeinsam die Kinder im Blick, sodass im Garten das Beste für Kinder (und Eltern) entsteht?

WERDEN DIE KINDER GESELLSCHAFTLICH SICHTBAR?

Beim Garten der Kinder reden wir mehr vom Soll-, also der Zukunft, als vom Istzustand. Wir haben heute die Weichen in Richtung Zukunft zu stellen. Denn Kinder *sind* unsere Zukunft.

Wir haben das Schwarze im Auge zu behalten, denn Kinder, die heute im Garten spielen, werden morgen die Positionen als Mitarbeiter, Unternehmer, Politiker bekleiden und die ältere Gesellschaft tragen. Insofern müssen wir stärker als bisher über die Zukunft, Ziele und Erfolge sprechen. Und auch darüber, wie wir als Gesellschaft gemeinsam, jeder mit seinen Potenzialen und Möglichkeiten, zu dieser Diskussion vorstoßen. Denn wie wir als Gesellschaft im Garten der Kinder mit den Kindern umgehen, bleibt die zentrale Frage und definiert letztlich auch gesellschaftliche Werte. Wir müssen uns daher fragen: Nehmen wir Kinderschutz wirklich ernst? Gibt es Chancengleichheit für Kinder? Befähigen wir sie zum Leben?

Wie wir mit unseren Kindern im Garten umgehen, beginnt bei der Frage, wie der Fokus, Kinder als Schwarzes im Auge bei allen Unternehmungen zu behalten, gesellschaftlich sichtbar und greifbar wird. Fußballvereine oder gesund geführte Unternehmen fokussieren sich beispielsweise darauf, erfolgreich zu sein. Für Außenstehende mag es eher danach aussehen, als ob sie sich darauf ausrichten würden, möglichst viel Geld zu verdienen. Nur, Geld zu verdienen, ist eine Voraussetzung, um nachhaltig Erfolg zu haben. Es ist allerdings nicht der höher geordnete Fokus. Das Ziel eines Unternehmens ist mehrdimensional.

> Wie wir als Gesellschaft im Garten der Kinder mit den Kindern umgehen, bleibt die zentrale Frage und definiert letztlich auch gesellschaftliche Werte.

Erfolg kann aber auch dazu führen, mehr Geld zu verdienen, z. B. wenn ein Fußballverein durch Titel oder einen oberen Platz in der Liga erfolgreich geworden ist. Letztlich definiert sich aber Erfolg durch das Erzielen und Erhalten von Lebensfähigkeit. Wenn ein Unternehmen es schafft, mit der Zeit zu gehen, innovative Produkte für den Kunden auf den Markt zu bringen, eine gesunde Fürsorge für seine Angestellten zu betreiben und als vorbildlicher Betrieb gilt, wird dieses Unternehmen in vielerlei Hinsicht als erfolgreich angesehen. Unternehmen, die sich im hart umkämpften Markt halten können und Fußballvereine, die ihren Platz in der Bundesliga behaupten, werden als erfolgreich wahrgenommen.

LEBENSBEFÄHIGUNG ALS KERNZIEL
DER RAHMENBEDINGUNGEN

Alles zu tun, um ein Unternehmen, einen Fußballverein oder Kinder lebensfähig zu machen, ist daher ein Kernziel, um erfolgreich zu sein. In einem Fußballklub drückt sich das aus durch die Nachwuchsarbeit und in einem Unternehmen durch die Potenzialentwicklung der Auszubildenden, Beschäftigten und ganz speziell der jungen Führungskräfte – weil diese Anstrengungen den Erfolg von morgen sichern. Doch Unternehmen und Fußballvereine ziehen die Grenze ihres Engagements nicht an ihren eigenen Zäunen. Sie wissen, dass auch ein gesellschaftliches Engagement in Sachen Kinder, sie zu fördern und zu fordern, eine ökonomische Notwendigkeit ist. Denn zum Leben befähigte Kinder werden die nächsten fähigen Mitarbeiter, Kunden, Fußballer. Insofern sorgt das gesellschaftliche Engagement ganzheitlich für gesunde Rahmenbedingungen.

> Alles zu tun, um Kinder lebensfähig zu machen, ist daher ein Kernziel, um erfolgreich zu sein.

Wenn Kinder ein solch gesundes Umfeld erleben, hat das Auswirkungen. Sie werden inspiriert und ermutigt, eines Tages selbst als Innovatoren und Unternehmer zu fungieren und nicht als „Abzocker" oder profitagierende Manager. Gerade Kinder mit einem ungeraden Lebenslauf und speziellen Erfahrungen haben dieses Potenzial, man braucht nur in das Leben des verstorbenen Apple-Gründers Steve Jobs zu schauen, der als Adoptivkind aufwuchs.

Es ist also ganz wichtig, welche Rahmenbedingungen wir unseren Kindern geben und welche Rahmenbedingungen wir Mitarbeitern geben. Dies ist viel wichtiger als gemeinhin angenommen. Denn verhaltensökonomische Studien der Uni Zürich belegen, dass Kinder altruistisch, also zunächst uneigennützig sind. Sie zeigen aber auch, dass Kinder unter schlechten Rahmenbedingungen ab dem achten Lebensjahr sehr rasch zu einem egoistischen bis hin zu einem asozialen Verhalten wechseln. Wenn also Eltern, Lehrer,

Erzieher oder wer auch immer einem Kind schlechte Rahmenbedingungen gibt, müssen wir uns nicht wundern, dass sich dieses Verhalten später über Jahre auswirkt.

Die Sozial- und Ökonomiestudien beweisen auch, dass neben dem Verhalten auch das Lernvermögen sehr stark von den Rahmenbedingungen abhängt. Man kann in dieser beider Hinsicht also vom Prinzip des „Vererbens" sprechen.

> Zum Leben befähigte Kinder werden die nächsten fähigen Mitarbeiter, Kunden, Fußballer. Insofern sorgt das gesellschaftliche Engagement ganzheitlich für gesunde Rahmenbedingungen.

Zwei Beispiele: Vor einiger Zeit baute Indien in einer Stadt, unterstützt durch Gelder, neue Schulen und stellte mehr Lehrer ein. Die Lehrkräfte aber erschienen nicht zum Dienst. Vermutlich hätten sie auch nicht das geforderte Engagement und Herzblut gezeigt, denn wie sich später herausstellte, waren sie einfach nicht bereit, Kinder einer niedrigeren Kaste zu unterrichten. Niemand maßregelte ihre Weigerung, obwohl sie dazu angestellt waren, Kinder verantwortungsvoll auszubilden.

In Afrika gab es eine ähnliche Situation. Auch dort wurden Schulen gebaut und Lehrer eingestellt, nur waren es dieses Mal die Kinder, die nicht zum Unterricht erschienen. Man fand heraus, dass viele Kinder zu Hause geblieben waren, weil sie krank waren. Wegen eines Befalls durch Bandwürmer war den Kindern der Weg in die Schule nicht möglich gewesen. Nachdem sie mit Medikamenten behandelt wurden, besuchten alle Kinder ausnahmslos die Schule.

Rahmenbedingungen können so unterschiedlich sein. Mit „Kastendenken" oder „Bandwurmbefall" sind wir in unseren deutschen Breitengraden glücklicherweise nicht konfrontiert, nichtsdestotrotz haben auch wir genauso Verhältnisse, die verhindern, dass Kinder zum Leben befähigt werden. Sie heißen: „fehlender Fokus" und „Mangel an Möglichkeiten" – kurz: Perspektivlosigkeit.

KINDER ZWISCHEN PERSPEKTIVLOSIGKEIT UND MANGELNDEN ERWARTUNGEN

Perspektivlosigkeit ist eine psychische Last, die erdrücken kann. Einen Einzelnen wie eine gesamte Generation. Ist Letzteres der Fall, bedroht, wenn nicht gar zerstört, sie die Gesellschaft.

Ebenso verheerend kann es sein, keine Erwartungen an sein eigenes Leben und keine Ziele vor Augen zu haben. Dies unterscheidet sich von Perspektivlosigkeit, denn in der Regel ist es doch so, dass ein Mensch, der für sich keine Perspektiven sieht, durchaus ein Ziel im Leben hat, nur weiß er nicht, wie er sein Ziel unter den gegebenen Umständen noch erreichen soll. Menschen allerdings, die kein Ziel im Leben haben, nehmen vielleicht gar nicht wahr, in welcher Situation sie stecken. Ihr Leben empfinden sie nicht als verbesserungswürdig, weil sie einfach nicht darum wissen, was sie alternativ erreichen könnten.

Bei vielen Kindern, die unsere Archen besuchen, verhält es sich jedoch eher so, dass sie genau wissen, was sie vom Leben zu erwarten haben. Sie nehmen für ihr Leben als Grundlage, was sie bei ihren Eltern erleben. Voraussichtlich werden die meisten von ihnen auch dieses Leben führen. Da sie nichts anderes kennen, erwarten sie auch nichts anderes. Sie haben keine Vorstellung davon, was alles möglich wäre. Hinzu kommt, dass die wenigsten von den Eltern oder der Gesellschaft Respekt oder Liebe erfahren. Folglich trauen sie sich selbst weniger zu. Ein Fußballspieler beispielsweise, der nur als Trainingsspieler dient, bei Spielen durchweg auf der Reservebank sitzt und von seinem Trainer keinerlei Bestätigung erfährt, verliert ebenfalls irgendwann sein Vertrauen in sich selbst und seine Fähigkeiten. Wenn dann noch das Umfeld, also Familie, Freunde, Nachbarn, Lehrer, die allesamt durchaus wissen, was man im Leben erreichen kann, diesen Kindern nichts mehr zutrauen und infolgedessen auch nichts mehr von ihnen erwarten, verschärft sich die Lage ins Extrem: Die Kinder werden nicht mehr gefordert und gefördert. Das ist es, was die Kinder abstumpfen lässt:

- Wenn Eltern nicht wissen, was ihre Kinder alles erreichen können oder sie der Meinung sind, ihre Kinder müssten sich im Leben nicht anstrengen, weil aus ihnen selbst ja auch nichts geworden ist, ...
- Wenn weder Eltern noch Menschen im Umfeld auf die Idee kommen, die Kinder zu fördern und zu fordern, ...
- Wenn die Kinder selbst keine Erwartungen mehr haben, ...
- Wenn ihnen keiner mehr zeigt, was es heißt, sich für eine Sache anzustrengen, etwas zu planen oder Probleme anzugehen und zu lösen, ...
- Wenn ihnen keiner vorlebt, eine Sache von vorne bis hinten durchzuziehen, ...

> Kinder brauchen Rahmenbedingungen, die ihnen vermitteln, dass es mehr gibt als das Umfeld, in dem sie groß werden.

... dann werden sie erwartungslos nur vor sich hin vegetieren. Die Kinder im Garten brauchen daher Rahmenbedingungen, die ihnen gerade in den ersten Jahren, aber auch danach, vermitteln, dass es mehr gibt als das Umfeld, in dem sie groß werden. Geschieht dies nicht, ist es schwer, diese verlorene Prägung wieder zurückzuholen, wenn nicht gar unmöglich, oder wir als Gesellschaft haben sie später womöglich sehr teuer zu erkaufen.

ALTERNATIVE SICHTWEISEN AUFS LEBEN ENTWICKELN

In den Archen versuchen wir, mit den Kindern Rahmenbedingungen zu gestalten, die sie fordern und fördern. Wir stellen sie vor Herausforderungen und motivieren sie, diese anzunehmen und durchzuhalten. Wir wollen ihr Potenzial herauskitzeln, ihren Blick weiten und ihnen Möglichkeiten aufzeigen. Erst wenn das geschieht, erkennen sie selbst, aus ihrem Leben mehr machen zu können. Sie stellen dann irgendwann fest, ihrem bisherigen Leben fehlte etwas. Die Reaktionen fallen meist verschieden aus: Einige

Kinder entwickeln tatsächlich Erwartungen und Ziele für ihr Leben und beginnen, an sich selbst zu arbeiten. Andere wiederum verfallen in Perspektivlosigkeit. Sie wissen nun, was sie erreichen könnten, glauben aber nicht, dies erreichen und aus ihrem bisherigen Leben herauskommen zu können. Nicht selten wird dann nach einer Zuflucht gesucht, die das eigene Kapitulieren kompensieren soll: Fernsehen, Internet, Alkohol, Drogen.

In den Archen machen wir die Erfahrung, dass manchmal schon ein kleiner Moment reicht, um im Leben eines Kindes etwas zu verändern – wie in dem Ausflugsbeispiel in unserer Einleitung. Plötzlich erleben die Kinder, was Arbeit, Verantwortung und Verlässlichkeit ist, aber auch, was Familie bedeuten kann, und entwickeln eine andere Sicht auf ihr jetziges Leben. Nach unserer Erfahrung gelingt das aber nur mithilfe zweier ganz elementarer Rahmenbedingungen: dem Kind Liebe zu geben und mit ihm eine Beziehung aufzubauen.

...

Jugendliche und junge Erwachsene, die sich komplett aufgegeben haben, sind allerdings ein noch weitaus vielschichtigeres Thema. Angesichts mangelnder Erwartungen an ihr Leben haben sie die Schule abgebrochen, keine Ausbildung oder Arbeit gefunden und lungern nun den ganzen Tag in den Straßen unserer Städte herum oder liegen zu Hause bei ihren Eltern auf dem Sofa.

Sie werden „NEETs" genannt – „Not in Education, Employment or Training", Menschen, die weder schulisch noch beruflich oder in anderer Ausbildung unterwegs sind. Zu ihnen zählt man unter anderem freiwillige Arbeitslose, also Menschen, die sich beispielsweise eine Auszeit nehmen. Auch sind es die demotivierten Menschen, die sich völlig vom Arbeitsmarkt abgekehrt haben[54]. Diese

---

54 Presseurop: „NEETs, eine Generation vor dem Nichts", 28. Dezember 2012 – www.presseurop.eu/de/content/article/3 088 561-neets-eine-generation-vor-dem-nichts

abgehängten Menschen, die NEETs, müssten uns als Gesellschaft alarmieren, denn oft sind sie sozial isoliert, haben kein Vertrauen in die Gesellschaft und in Institutionen, rutschen öfter in die Kriminalität ab und werden auch öfter krank. Ihre Perspektivlosigkeit kann auch in Protest umschlagen, sofern sie sich und ihr Leben noch nicht völlig aufgegeben haben. Sie kämpfen und sie wehren sich. Dieses Phänomen gibt es in der ganzen Welt, es wird aber insbesondere in Europas wirtschaftlichen Krisenstaaten zur gesellschaftlichen Zerreißprobe, da hier eine ganze Generation betroffen ist. Denn wächst eine solche Gruppe innerhalb einer Gesellschaft, wächst damit auch das Risiko, dass sich die Gesellschaft entfremdet.

Verglichen mit einem Unternehmen würde man von den Menschen sprechen, deren Verhalten sich in der Zunahme von Fluktuation, Krankheitsstand oder innerer Kündigung niederschlägt. Ein Unternehmen kann ein solches Verhalten eine gewisse Zeit lang schönreden, doch solche Zustände sind nicht einfach nur ungesund, sondern Anzeichen eines kranken Betriebs. Insofern sollte die Zunahme von NEETs innerhalb der Gesellschaft einen Staat alarmieren, zumal diese Gruppe dauerhaft erhebliche Kosten verursacht.

Die Europäische Stiftung zur Verbesserung der Lebens- und Arbeitsbedingungen hat errechnet, dass die NEETs die EU-Mitgliedsstaaten im Jahr 2011 153 Milliarden Euro gekostet haben, wobei die Kosten durch Kriminalität und Krankheit nicht eingeschlossen wurden. Eine horrende Zahl, die zunimmt, wenn dieses Thema nicht angegangen wird, zumal es mittlerweile nicht nur die jungen Menschen betrifft, die schlechte Startbedingungen hatten, sondern auch die, die trotz guter Ausbildung keine Arbeit finden.

PERSPEKTIVLOSIGKEIT AUF HOHEM NIVEAU

Auf der anderen Seite gibt es auch eine Perspektivlosigkeit „auf hohem Niveau", nämlich aufgrund des enormen Leistungsdrucks in unserer heutigen Gesellschaft. Nichts scheint mehr gut genug zu sein. Junge, gut ausgebildete Menschen fragen sich, was sie noch alles zu leisten haben, um dem Anspruch seitens Universität, Berufsschule und Arbeitgeber gerecht zu werden. Viele junge Menschen lernen heutzutage nicht mehr, wie man früher so schön sagte, „für sich und für das Leben". Schüler, Berufsschüler und Studenten lernen für Prüfungen. Sie „ziehen sich den Stoff rein", ergattern hoffentlich gute Noten und vergessen alles wieder, was sie gelernt haben, denn in zwei Tagen steht bereits die nächste Prüfung an.

Längst sind es allerdings nicht mehr nur die Noten, die vorgewiesen werden müssen. Das Beherrschen von Fremdsprachen wird genauso vorausgesetzt wie Auslandsaufenthalte und erste Berufserfahrungen durch Praktika. Zudem muss man für den Arbeitgeber möglichst mobil sowie flexibel einsetzbar sein.

Sicher kann man die Meinung vertreten, dass unsere Gesellschaft so schnelllebig und leistungsorientiert ist und dies erfordert. Nur, ist dieses Denken, wer da nicht mithalten kann, ist eben nicht gut genug, richtig? Wollen Unternehmen wirklich nur Mitarbeiter mit guten Abschlüssen, einem „sauberen" und „klaren" Lebenslauf, mit Ressourcen und Leistungsdaten? Und was passiert mit den Menschen, die so etwas nicht vorweisen können, aber ein Original mit Potenzial und Fähigkeiten sind?

Mir (Martin Danz) ist ein Unternehmen bekannt, das als Zulieferer technischer Produkte für Autos in der Vergangenheit üblicherweise nur Diplom-Ingenieure eingestellt hat. Vor einiger Zeit hat der Inhaber allerdings einen Physiker eingestellt. Warum? – Weil er die Dinge und Themen aus einer ganz anderen Sicht gesehen hat. So entstanden Innovationen, die das Unternehmen auf lange Sicht erfolgreich gemacht haben. Dies geschah nur, weil der

Inhaber den Mut hatte, einen anderen Typ Mitarbeiter als Potenzial zu sehen und mit ihm gemeinsam Perspektiven zu entwickeln. Letztlich entstand daraus eine „Win-win-win"-Situation. Das Unternehmen hat gewonnen, der Mitarbeiter und noch wichtiger der Kunde. Ist es nicht an der Zeit, in dieser Weise umzudenken?

Wenn wir in Europa zukünftig erfolgreich bleiben wollen, müssen wir lernen, Perspektiven und Potenziale zu entwickeln. Sie sind der Same für neue vielversprechende Innovationen. Und was in solcher Art in Unternehmen gelingt, lässt sich auch auf den Rahmen von Gesellschaft und den Staat sowie die Lebensbefähigung von Kindern anpassen.

> Wenn wir in Europa zukünftig erfolgreich bleiben wollen, müssen wir lernen, Perspektiven und Potenziale zu entwickeln.

Wenn wir also von Rahmenbedingungen im Garten der Kinder sprechen, sind es genau diese, die wir als Gesellschaft, als Wirtschaft, als Väter und Mütter für unsere Kinder gewährleisten müssen. Setzen wir dafür die richtigen Prioritäten? Sind wir bereit, uns zu investieren, um Erwartungen und Perspektiven, auf welchem Niveau auch immer, zu entwickeln? Koste es, was es wolle?

INVESTMENT IST EINE FRAGE DER PRIORITÄTEN

Um das zu beantworten, möchten wir zwei kleine Anekdoten erzählen: Ein Mann, in feinem maßgeschneiderten Zwirn, spaziert in München durch den Englischen Garten. Er kommt an einem Weiher vorbei, auf dem es sich Enten und Schwäne angesichts des Frühlings gut gehen lassen. Der Mann bleibt am Ufer stehen, schaut sich interessiert die Schwäne an und genießt das herrliche Panorama. In diesem Moment fällt ein Kind in den Weiher. Der Weiher ist für Erwachsene nur knietief, doch ohne lange zu überlegen läuft der Mann sofort ins kalte Wasser und fischt das Kind heraus. Seine 700 Euro teuren Lederschuhe aus Italien hatte er in der Eile nicht ausgezogen.

Vermutlich haben weder seine Schuhe noch Socken, geschweige denn der Anzug, das Wasser schadlos überstanden. Ohne lange nachzudenken, hat der Mann mehr als 700 Euro quasi als Sachspende „ausgegeben". Es war gut investiertes Geld, denn er hat es für das Leben eines Kindes hergegeben. Und es war ganz einfach, denn die Priorität war für ihn klar. Doch es stellen sich die Fragen: Würde er die Summe auch in Form von Geld oder persönlichem Engagement einem bedürftigen Kind geben? Und weiter, aber weniger offensichtlich: Für was gibt er in Zukunft kein Geld aus?

Dass es entscheidende Auswirkungen hat, worin Prioritäten gesetzt werden, erlebte auch ein junger Unternehmer aus dem Bekanntenkreis der Arche. In den USA hatte er für eine deutsche Firma eine Produktionsstätte errichtet. Als diese zu alt und zu klein wurde, wechselte der Sitz in einen anderen Bundesstaat. Bei einem Empfang fragte ihn dort der Gouverneur, ob er denn zufrieden sei mit den hiesigen Bedingungen. Der Unternehmer antwortete, dass die Ausbildungssituation in dem Staat nicht so besonders sei, wie er sie für das Rekrutieren von Mitarbeitern erwarten würde. Worauf der Gouverneur antwortete, er wisse das schon, aber leider habe er zu wenig Geld dafür. Darauf antwortete ihm der Unternehmer, dass die Bildung in dem Bundesstaat, wo er vorher produzierte, sehr gut war, aber die Straßen viel schlechter waren.

Ein Staat hat vielen Bedürfnissen und Forderungen gerecht zu werden. Wichtig ist, dass er im Auge behält, wie und wo die Prioritäten gesetzt werden. Gleiches gilt auch in einer immer komplexer werdenden Welt für die Gesellschaft, also jeden Einzelnen von uns.

WAS NEUE RAHMENBEDINGUNGEN BEWIRKEN KÖNNEN

An verschiedenen Stellen haben wir bereits einen Vergleich zwischen Wirtschaft und Staat hergestellt. Nun möchten wir aufzeigen, wie die Wirtschaft gerade in puncto Rahmenbedingungen dazu beitragen kann, ursächlich und nachhaltig soziale Probleme zu beheben. Anhand des Beispiels der Mikrokredite möchten wir drei Voraussetzungen aufzeigen, die unseres Erachtens notwendig sind, um gesunde und wohlpriorisierte Rahmenbedingungen für den Garten der Kinder in einem Sozialstaat zu schaffen.

NAWISO – NATUR, WIRTSCHAFT UND SOZIALES VERBINDEN

Mikrokredite sind ein entwicklungspolitisches Instrument. Bei dieser Maßnahme werden Kleinstkredite an Personen oder Einrichtungen vergeben, vornehmlich in Entwicklungsländern, um ihre Entwicklung und wirtschaftliche Selbstständigkeit zu fördern. Vorrangig werden Mikrokredite Frauen zuteil, da man sich erhofft, dass Frauen darüber einen Lebensunterhalt für sich und ihre Kinder bestreiten können. Mit dem Kauf einer Nähmaschine beispielsweise wird die Frau zu einer Unternehmerin, die sich durch das Nähen von Stoffen oder Flicken von Kleidern einen Lebensunterhalt verdienen kann. In der Folgezeit bezahlt sie dann in kleinen Raten den Kredit wieder zurück.

Diese Urform des Bankengeschäfts und Solidaritätsprinzips entwickelte 1976 der bangladeschische Wirtschaftswissenschaftler Muhammad Yunus weiter. Sieben Jahre später ging daraus die Grameen Bank hervor, mit der Yunus 2006 für sein Bemühen, „wirtschaftliche und soziale Entwicklung von unten"[55] zu fördern den Friedensnobelpreis verliehen bekam. Mikrokredite sind eine Form des Wirtschaftens, die es Armen ermöglicht, ihr Potenzial in die eigene Hand zu nehmen und sich aus der Armut selbstständig herauszuarbeiten. Und man stellte fest, dass dieser psychologische Effekt viel größer und nachhaltiger ist als bei herkömmlichen Maßnahmen zur Bekämpfung von Armut.

> Der psychologische Effekt der Mikrokredite ist viel größer und nachhaltiger als bei herkömmlichen Maßnahmen zur Bekämpfung von Armut.

---

55 Wikipedia.de: „Mikrokredit" – http://de.wikipedia.org/wiki/Mikrokredit

Übrigens noch ein Gedanke zum Thema Potenzial entwickeln: Die Mikrokredit-Idee wurde entwickelt von einem Mann, der nicht in einer führenden westlichen Wirtschaftsnation aufwuchs, sondern in einem der ärmsten Länder der Welt.

VON DEN MIKROKREDITEN FÜR EINEN NEUEN SOZIALSTAAT LERNEN

Uns geht es nicht darum, Mikrokredite als Lösung der Armutsprobleme in unseren Breitengraden in den Vordergrund zu stellen. Allerdings können sie ein Mittel sein, gerade alleinerziehenden Müttern mit Talenten Möglichkeiten zu eröffnen, die sie sonst nicht hätten. Als Arche wissen wir um alleinerziehende Mütter, die weder vom Vater des Kindes noch von den eigenen Eltern unterstützt werden. Wer einmal miterlebt hat, was diese völlig auf sich allein gestellten Mütter alles leisten müssen, weiß, vor wem er den Hut zu ziehen hat. Sie könnten die Unterstützung beim Staat einklagen, allerdings scheuen die meisten das aufwendige Verfahren und die zeitintensiven Besuche bei Ämtern. Eine der Mütter hatte vor der Schwangerschaft als Teilzeitangestellte in einem Produktionsunternehmen gearbeitet. Mit dem Kind, aber ohne finanzielle oder praktische Hilfe der Eltern, war es ihr nicht mehr möglich, Arbeit und Kind unter einen Hut zu bringen. Sie rutschte zunächst in die Arbeitslosigkeit ab und wurde später Empfängerin von Sozialhilfe. Allerdings hatte sie immer ein Interesse und Talent in Sachen Mode, Kleider, Farben. In ihrer Not, in der sie sich selbst Kleider nähte, eignete sie sich immer mehr Wissen darüber an. Per Fernausbildung bildete sie sich sogar als Stilberaterin fort. Ein Mikrokredit hatte das möglich gemacht. Und diese Investition in ihr Talent und Faible wurde für sie zum Sprungbrett. Sie machte sich als Stil- und Typberaterin selbstständig, baute sich ein eigenes Geschäft auf und berät bis heute Kunden im Bereich von Banken und Versicherungen. Und ihr Sohn geht inzwischen schon einer Ausbildung nach. Was lernen wir daraus?

1. VERANTWORTUNG GEBEN UND VERTRAUEN SCHENKEN

Dem Betroffenen müssen Verantwortung und Vertrauen geschenkt werden. Wie unsere Kinder in der Arche muss der Betroffene spüren, dass er es wert ist, Verantwortung übertragen zu bekommen. Er ist und darf nicht einfach nur Empfänger einer Leistung sein. Ihm muss klar werden, dass er verantwortlich ist, seine Sache in die Hand zu nehmen.

Womöglich mag nun der Vorbehalt auftreten, dass manche Empfänger gar nicht imstande sind, die Verantwortung wahrzunehmen. Das mag zutreffen, nämlich dann, wenn wir Menschen immer erst entmündigen, sodass sie ihrer Verantwortung gar nicht mehr nachkommen können, weil sie mittlerweile in der Abwärtsspirale ganz unten angekommen sind. Doch müssen wir es so weit kommen lassen?

Warum produzieren wir mit unserem Verhalten erst „Verlierer" und gehen anschließend zu ihnen hin, um verantwortungsvolles und engagiertes „Sich-selbst-am-Schopfe-Packen" einzufordern?

Jemandem Verantwortung zu geben, heißt, dass derjenige für sich autonom entscheiden darf. Jemand, der einen Mikrokredit in Anspruch nimmt, kann, muss und darf selber entscheiden, wofür er die Unterstützung einsetzen möchte. Verantwortung heißt insofern, dass der Geber den Nehmer unterstützt, wie es im Wort Verantwortung wörtlich verankert ist, Antworten auf seine Lebenssituation geben zu können. Vorbehaltlos muss dem Empfänger Unterstützung widerfahren. Bislang aber machen wir genau das Gegenteil. Wir fordern die Verantwortung ein, wir treffen die Entscheidungen, und wenn Fragen auftauchen, lassen wir die Menschen alleine.

> Vorbehaltlos muss dem Empfänger Unterstützung widerfahren. Bislang aber machen wir genau das Gegenteil. Wir fordern die Verantwortung ein.

Menschen von Beginn an Verantwortung zu übertragen, funktioniert gut – das erleben wir auch immer wieder in der Arche oder bei jungen Leuten in Unternehmen. Wenn allerdings versucht wird, Menschen, die entmündigt wurden, wieder an Verantwortung heranzuführen, ist das immens schwer. Vor allem, wenn sie die Prinzipien aus dem Leben in der Entmündigung in der zweiten Generation vererben.

Bei einem Mikrokredit geht es allerdings nicht nur um die Verantwortung, das Geld den Betroffenen bereitzustellen, sondern sie auch vorbehaltlos zu unterstützen. Dass Fragen, die die Verantwortung betreffen, nah und direkt beantwortet werden können. So wie Kinder der Arche das auch aus einer Hand tagein, tagaus erleben dürfen. Die Realität ist heute leider noch so, dass der Empfänger einer Geldleistung zu vielen verschiedenen Stellen rennen muss, bis er bei seinen Fragen unterstützt wird. Mitunter braucht er so viel Zeit, die richtigen Antworten zu erhalten, dass er sich auf das Eigentliche gar nicht mehr konzentrieren kann.

Wundert es uns, dass es nicht funktioniert?

Die Beispiele sowie die Erfahrungen aus der Arche zeigen, dass neben Kredit und Geld auch immer ganz nahe und adäquate Rahmenbedingungen benötigt werden, um einen Menschen, sei es ein Kind, Jugendlicher oder junger Erwachsener, erfolgreich zu machen. Geld alleine ohne die richtigen Voraussetzungen und Rahmenbedingungen führt nicht zu einem erfolgreichen Resultat.

2. SOLIDARISCHES INVESTMENT

Des Weiteren liegt in der Idee der Mikrokredite der Gedanke des Investments in einen Menschen, in seine Vision und den Glauben daran, dass etwas Gutes daraus entsteht. Diese Kernidee ist eine Grundsäule sozialen Verhaltens. Man begegnet dieser Solidarität beispielsweise auch im Mikrokosmos eines Kibbuz. Kein Mitglied dieser Gesellschaft bleibt ohne die Unterstützung der Gemeinschaft. Sie ist für alle eine zentrale und tragende Säule. Vermutlich würde es ohne dieses Prinzip den Literaturnobelpreisträger Amos Oz, der in einem Kibbuz groß wurde, gar nicht geben, hätte die

Gemeinschaft der Einrichtung ihn nicht unterstützt, also in seine Fähigkeiten investiert, als er noch ein Niemand war. Später wurde er zu einem finanziellen wie geistlichen Träger der Gesellschaft dank des in ihn zuvor gestifteten Investments durch die Gemeinschaft.

Wir sind heute immer noch sehr stark darauf fixiert, dass sich jemand erst beweisen muss, ehe er „würdig" ist, einen Kredit, Vorschuss oder eine Unterstützung zu erhalten. Ein sehr erfolgreicher Unternehmer, der mittlerweile 93 Jahre alt ist und seine Firma erfolgreich übergeben hat, antwortete mir (Martin Danz) einmal auf die Frage, mit welchem Kapital er denn gestartet sei: „Früher wollte mir die Bank keine 10.000 Franken geben, heute ruft sie mich jede Woche an, ob ich vielleicht noch 100.000 brauchen könne."

> Wir sind heute immer noch sehr stark darauf fixiert, dass sich jemand erst beweisen muss, ehe er „würdig" ist, einen Kredit, Vorschuss oder eine Unterstützung zu erhalten.

Investment hat teilweise mehr mit Glauben als mit Wissen zu tun. Damit geht für den Gläubiger auch die Bedingung einher, Verantwortung zu übernehmen für die Entscheidung, das zu Investierende freizugeben.

Hinzu kommt, dass wir in einer Gesellschaft leben, in der es mittlerweile üblich ist, Verantwortung abzugeben, weiterzureichen und auf mehrere Schultern zu verteilen, statt sie zu übernehmen. Viele scheuen sich vor dieser wichtigen Aufgabe. Doch lebt die Idee einer sozialen Gesellschaft nicht davon, Menschen Hilfe anzubieten, anstatt Hilfe erst erfragen oder gar erbitten zu lassen? Hermann Hesse beantwortet dies in „Das Glasperlenspiel" treffend: „Wenn wir einen Menschen glücklicher und heiterer machen können, so sollten wir es in jedem Fall tun, mag er uns darum bitten oder nicht." Sollte das also nicht auch und erst recht für eine soziale Gesellschaft gelten?

3. ZEIT GEBEN

Letztlich, aber nicht weniger wichtig, brauchen die Menschen auch noch das einfachste, aber wohl teuerste Gut unserer Welt: Zeit. Eine Vision, ein Geschäft, eine neue Perspektive, die durch einen Mikrokredit gefördert wird, braucht Tage, Wochen, Monate, vielleicht Jahre, sich zu entfalten. Und es ist wichtig, dass Betroffenen diese Freiheit, Zeit für gewisse Dinge zu haben, auch zugestanden wird. Weder ausufernd noch pauschal, aber die Individualität eines jeden Menschen muss dabei berücksichtigt werden. Wir haben den Menschen insofern über das System zu stellen – in Unternehmen wie in der Gesellschaft. Tun wir das nicht, werden wir zu Sklaven unserer eigenen Systeme und Regeln.

Warum also hat ein Mitarbeiter einem bestimmten Prozess zu folgen, obwohl er aus dem Kontext anders entscheiden würde?

Warum hat ein Jugendamt bestimmten Auflagen und Regeln zu folgen und orientiert sich nicht an den Fakten und Bedürfnissen des Kindes?

Ist es wichtiger, Regeln einzuhalten oder Resultate zu erzeugen?

Für den Erfolg einer Unternehmung bzw. eines Unternehmens ist es entscheidend, ob einfach nur gewissen Vorgaben zu folgen ist oder ob der einzelne Mitarbeiter im Umgang mit seinem Potenzial verantwortungsvoll und gestalterisch entscheiden darf. Diese Freiheit bietet einen wertvollen Gestaltungsspielraum.

DAS DILEMMA DES ZUGESTEHENS

Wenn wir etwas in unserem Sozialstaat verändern wollen, brauchen wir gewisse Rahmenbedingungen und Voraussetzungen. Nur Geld zu geben, reicht nicht aus. Anhand des Beispiels der Mikrokredite wird deutlich, dass der Zugang zu dieser Hilfe wie die finanzielle Unterstützung selbst niederschwellig ermöglicht werden muss. Außerdem konnten wir folgende drei Erkenntnisse gewinnen: Wir haben Verantwortung zu übertragen, in Menschen solidarisch zu investieren und dem Ganzen eine gewisse Zeit zu geben, sodass auch individuell auf Bedürfnisse reagiert werden kann.

> Wir haben Verantwortung zu übertragen, in Menschen solidarisch zu investieren und dem Ganzen eine gewisse Zeit zu geben, so dass auch individuell auf Bedürfnisse reagiert werden kann.

Genau das beinhaltet aber auch Dilemmata, mit denen wir gesellschaftlich kämpfen bzw. die wir nicht lösen können. Wie verhalten sich Sicherheit und Vorschuss, Unterstützung und Eigeninitiative, Geben und Empfangen zueinander? Diese Fragestellungen wollen gelöst werden, nur: Politiker diskutieren sie nicht. Geschieht dies im Rahmen eines Unternehmens, dass Vorkehrungen für bestimmte unternehmerische Voraussetzungen nicht besprochen werden, schließt ein Unternehmensberater daraus, dass das Unternehmen nicht gesund aufgestellt ist. Gleiches gilt im Vergleich für den Staat.

Immer wieder echauffieren sich dann manche über die Leistungen von Sozialhilfeempfängern. Angesichts einer Vergabe möglicher Mikrokredite könnten ihre Stimmen Folgendes fordern: „Jetzt macht es den Sozialhilfeempfängern doch nicht so leicht. *Die* nutzen die Mikrokredite nur aus! Das ist doch der Grund, warum es so viele Sozialhilfebetrüger gibt. Die sind faul. Macht es denen nicht so einfach, unsereins muss auch arbeiten gehen! Es sollte endlich mal jemand die kontrollieren, dass die das Geld nicht einfach so beziehen können. Da muss jemand genau kontrollieren, dass die Hürden höher sind und das Geld nicht so einfach fließt. Und zu allem Überfluss fordern die auch noch, dass sie individuell Zeit bekommen. Das gibt es doch nirgends in der freien Wirtschaft, dass wir mehr Zeit bekommen. Die wollen das doch nur absichtlich in die Länge ziehen! Ich bekomme so etwas an meinem Arbeitsplatz auch nicht."

Haben diese Stimmen recht? Verhält sich das wirklich so? – Ja, wenn jemand die Möglichkeiten missbraucht. Und es gibt immer welche, die gut gemeinte Chancen missbrauchen, und sie finden meist auch Wege, es zu tun. Egal wie gut wir uns davor schützen.

In Unternehmen ist das nicht anders. Auch dort gibt es eine gewisse Anzahl Mitarbeiter, die mehr „Luft verdrängen", als dass sie im Sinne des Unternehmens wirtschaften. Sie tun eigentlich nicht ihre Arbeit und leben von der Leistung der anderen. Auch das ist eine Form von Betrug und Missbrauch. Es verstößt gegen die Grundsätze eines gesunden Unternehmens.

Es ist weder akzeptabel, dass Menschen in einem Unternehmen nur „Luft verdrängen", noch ist es akzeptabel, dass der Staat ausgenutzt oder betrogen wird.

Wenn wir aber die oben beschriebene Sichtweise beibehalten, definieren wir unsere Lösungen nicht bezogen auf ein Ziel, sondern durch das Verhindern und eine Kontrolle. Für ein Unternehmen ist der Ansatz ungesund, Kontrolle vor das Erfüllen der Zielsetzung, Regeln vor den gesunden Menschenverstand, die Absicherung vor das Erreichen der Ziele zu setzen, gemeinschaftliche Verantwortung vor individuelle Verantwortung zu stellen. Kein Unternehmen, das diesem Ansatz folgt, ist auf Dauer erfolgreich. Vielmehr produziert es ein immenses Volumen an administrativem Aufwand und schafft eine Kultur des Sichabsicherns, des Beharrens auf Regeln und Zurückziehens auf die Gemeinschaft – kurz des Misstrauens. Alles muss belegt und vom Controller oder Chef abgesegnet werden. All das ist ungesund in einem Unternehmen. Doch all das gibt es sehr oft in Ministerien und Ämtern.

Insofern ist es genauso inakzeptabel und ungesund, dass ein Unternehmen bzw. der Staat den Fokus auf das Kontrollieren und nicht auf das Nutzen von Potenzialen legt. Weder ist es sozial, ökonomisch noch rechtens.

NÄHE ZU DEN MENSCHEN

Die Archen versuchen deshalb mit ihren Mitarbeitern nah an den Kindern und ihren Familienverhältnissen dran zu sein, um ihr Potenzial zu entwickeln. Sie wollen die Menschen, die sie zum Leben befähigen, auch dazu befähigen, sich korrekt zu verhalten, um mehr und nachhaltig erfolgreich zu sein. Unterstützung ist dafür genauso vonnöten wie Korrektur. Leitplanken können aber nur dann menschlich, korrekt und fair gesetzt werden, wenn Kontext und Verhalten bekannt sind. Deshalb müssen die Mitarbeiter nahe am Geschehen sein, um die individuelle Befähigung weitaus nachhaltiger werden zu lassen, als es eine pauschal gehaltene Kontrolle je könnte.

Sehen wir es daher im Sozialstaat Deutschland als unsere Pflicht, Kinder nicht einfach nur zu kontrollieren, sondern sie ganzheitlich zum Leben zu befähigen? Mit ihnen Perspektiven zu entwickeln, ihr Potenzial zutage zu fördern und ihre Ideen in Gestalt zu bringen – statt sie bloß mit Wissen abzufüllen, zu kritisieren und zu maßregeln?

Wer jetzt der Meinung ist, die „Jugend von heute" sei schlimmer als früher und man müsse sie stärker korrigieren, dem sei folgender Satz des griechischen Philosophen Aristoteles ans Herz gelegt: „Die Jugend von heute liebt den Luxus, hat schlechte Manieren und verachtet die Autorität. Sie widersprechen ihren Eltern, legen die Beine übereinander und tyrannisieren ihre Lehrer."

Die Herausforderung, eine Generation zum Leben zu befähigen, hat sich also im Laufe der Jahrhunderte nur unwesentlich geändert. Ihr Umfeld mag sich zwar stark verändert haben, allerdings unterscheidet sich die Art und Weise, ihnen Korrektur und Unterstützung zu geben, nicht viel von damals: Zu maßregeln hat man, aber es darf nur gemacht werden von demjenigen, der die Menschen auch unterstützt und fördert, sonst wirkt Korrektur herablassend und nicht echt. Sie muss, wie schon Sokrates und Martin Buber wussten, auf dem dialogischen Prinzip basieren, in dem der Dialog die Basis des Zusammenwirkens ist und damit auch der Lehre. Buber sagte einmal: „Alles wirkliche Leben ist Begegnung" – das ist eine gesunde Basis für Befähigung.

...

Geld, Zeit und Ressourcen setzen wir oft ein, um Korrektur und Kontrolle, nicht aber um Ziele zu erreichen. Wundert es da, dass der Staat immer mehr kostet, sich aber immer weniger bezogen auf die Ziele leisten kann? Verantwortung für diese Schieflage will keiner auf sich nehmen, vor allem nicht wenn Wahljahr ist. Den Kindern der Arche wie allen anderen hilft so etwas gar nicht. Zwar leistet der Staat viel, nicht aber bezogen auf die Ziele unserer Zukunft. Dass sich infolgedessen Menschen im Staat ungerecht behandelt, nicht wahr- oder ernst genommen fühlen, ist wenig verwunderlich. Es sind die Ehrlichen, während diejenigen, die den Staat ausnutzen, sich die Hucke volllachen, wie nett der Staat trotz alledem reagiert.

DEUTSCHLAND ZWISCHEN KONTROLLE UND POTENZIAL

Die Frage also bleibt: Mit welcher Rahmenbedingung erreichen wir als Sozialstaat mehr? Mit Kontrolle oder dem Entwickeln von Potenzialen?

Natürlich mit Potenzialen.

Warum aber sind wir weiterhin fokussiert auf Kontrolle? Weil wir uns absichern wollen? Und wenn alles auf Kontrolle ausgelegt ist, warum dann nicht durchgängig? Also, überspitzt gefragt: Warum werden beispielsweise Jugendämter, die selbst Kontrolle ausüben, nicht kontrolliert?

Potenziale zu entwickeln, gelingt nur, wenn wir in Deutschland eine Kultur des gemeinsamen Befähigens entwickeln. Mitarbeiter oder Menschen einfach nur loszulassen, getreu der Attitüde: Mach mal – das wird schon! Ohne etwas vorzugeben, aber später Ergebnisse einzufordern, sie nachzuprüfen und Konsequenzen daraus zu ziehen, funktioniert weder in Unternehmen und erst recht nicht bei Kindern. Im Grunde funktioniert es nirgends. Und dennoch machen wir es bis heute im

> Potenziale zu entwickeln, gelingt nur, wenn wir in Deutschland eine Kultur des gemeinsamen Befähigens entwickeln.

Rahmen unseres Sozialstaats trotzdem, indem wir Leistungen vergeben und sagen: Macht mal!

Jemanden zu befähigen heißt, ihn zu unterstützen, zu begleiten, mit ihm Dinge zu entwickeln, ihn zu korrigieren, zu ermutigen und loszulassen. Vor allem aber bedeutet es, Verantwortung zu übernehmen für diesen Menschen. Gerade Menschen, die sich ehrenamtlich irgendwo engagieren, wissen darum. Sie investieren sich mit Zeit und Tat und übernehmen so Verantwortung.

Bundespräsident Joachim Gauck brachte dieses Befähigen im vergangenen Jahr in Schloss Bellevue während seiner Rede zur „Verleihung des Verdienstordens der Bundesrepublik Deutschland zum Tag des Ehrenamtes" gelungen zum Ausdruck:

Mir kommt es manchmal so vor, als seien die großen Gaben, die in unserer Bevölkerung stecken, verborgen. So wie manchmal die Schätze der Erde, das Gold, das Silber und all die kostbaren Dinge, tief unten im Erdreich sind. Sie müssen geborgen werden, um sie nutzen zu können. Eigentlich ist das, was Sie tun, ja keineswegs verborgen, sondern Sie tun es mit anderen und vor anderen. [...]

Sie sind angetreten, Ihr Menschsein nicht zu verbergen und zu verbuddeln und auch nicht in Tresore einzusperren, sondern Ihr Menschsein in der Lebensform der Zuwendung wirklich glaubwürdig zu leben. Damit haben Sie Menschen gerettet, damit haben Sie Menschen geholfen, zu finden, was in ihnen steckt. [...]

Warum machen das nicht alle Menschen? Ich weiß es nicht. Zum einen mag es die Prägung sein. Zum anderen die persönliche Lebenssituation, die uns unterschiedliche Lebensentwürfe nahelegt. Es gehört eine bestimmte Haltung dazu – eine Haltung zum Leben, zu unseren Mitmenschen und auch zu uns selbst. Wer diese Haltung nicht erlernt, der hat es schwer, Verantwortung zu begreifen.[56]

---

56 Bundespräsident.de: Rede zur „Verleihung des Verdienstordens der Bundesrepublik Deutschland zum Tag des Ehrenamtes", 3. Dezember 2012 – www.bundespraesident.de/ SharedDocs/Reden/DE/Joachim-Gauck/Reden/2012/12/121203-Verdientsorden-Ehrenamt.html

Sind wir in dieser Hinsicht bereit, uns von unseren bisherigen Mustern und Rahmenbedingungen im Sozialstaat Deutschland zu lösen? Wollen wir mit Priorität daran arbeiten, eine solidarische Nähe zu von Armut betroffenen Kindern und Familien aufzubauen, statt weiter wie bisher zwischen „wir" und „die da" zu unterscheiden? Und sind wir letzten Endes bereit, die Verantwortung dafür zu übernehmen, etwas Neues, einen neuen Garten der Kinder, schaffen zu wollen?

Fragen, die Politiker, Unternehmer, aber auch Sie als Leser dieses Buches zu beantworten haben.

KAPITEL 9

WILLKOMMEN IM GARTEN
WAS DER STAAT VON GESUNDEN UNTERNEHMEN LERNEN KANN, UM DIE GESELLSCHAFTLICHE VERANTWORTUNG ZUM WOHLE DER KINDER ZU STÄRKEN

Wir wissen nun, der Garten der Kinder bedeutet einen Wechsel der Sicht auf die Zukunft. Auch wissen wir, dass er mitten in der Gesellschaft seinen Platz hat und dass er bestimmte Rahmenbedingungen benötigt. Letztere haben wir bereits definiert, man könnte sie aber auch, zumindest aus der Sicht der Arche-Kinder, als Spielsachen bezeichnen.

Neben den materiell greifbaren Spielsachen bedeutet spielen für ein Kind der Arche vor allem, all die Dinge zu tun oder zu erleben, die ihm zu Hause nicht möglich sind: ein Frühstück zu bekommen, in Ruhe zu schlafen oder Hausaufgaben zu machen. Auch mit jemandem reden zu können oder einfach eine Bezugsperson zu haben, die ihm Aufmerksamkeit und Liebe schenken, gehören dazu. Wir haben das im Hinterkopf zu behalten, wenn wir Erwachsene von den Rahmenbedingungen sprechen.

> Unsere Verantwortung dürfte klar sein: mehr mit den Kindern im Garten zu spielen.

Kinder entwickeln mit diesen Spielsachen und durch das Erleben des Spielens, was es heißt, Perspektiven zu entwickeln. Unsere Verantwortung dürfte also klar sein: mehr mit den Kindern im Garten zu spielen.

Der fehlende Fokus und der Mangel an Möglichkeiten stellen nicht nur das Problem der Kinder dar, sondern sind auch der Schlüssel zur Lösung. Schließlich gilt nicht umsonst Deutschland als das Land der Optimierung. Wir sind gut darin, einen Mangel oder eine Limitierung zu überwinden – in allen Branchen.

Vielleicht ist es das, was auch ein „Made in Germany" ausmacht – dass wir bestrebt sind, es noch etwas besser zu machen. Wir optimieren, wo wir nur können. Folglich sollten wir bei unseren Kindern, speziell aus bildungsfernen Familien, nicht aufhören. Wenn sie im Garten der Fokus sind und ihnen nicht nur Geld, sondern auch die richtigen Rahmenbedingungen zuteilwerden, werden sie einen Garten vorfinden, in dem sie gerne spielen wollen.

Eine Arche ist auch nur die Spitze des Eisbergs der Kinder, die Hilfe brauchen. Wir dürfen also nicht davon ausgehen, dass schon alles gut ist! Der Garten der Kinder ist sehr unfertig und kann erst richtig gebaut werden, wenn wir ganzheitliche Lösungen geschaffen haben.

Wichtig für den Garten der Kinder ist auch, dass es keine Eintrittsgrenzen oder Hürden gibt. Jedes Kind, das in den Garten will, muss ihn auch betreten können und es muss sich sicher und wertgeschätzt fühlen. Denn nicht wir sind es, die Armut anhand eines Ausweises oder Bescheids definieren. Vielmehr ist es das Kind selbst, das nach seinem Verständnis von Armut fordert, den Garten betreten zu wollen oder dort unterstützt zu werden.

Das ist das, was wir unter einem Garten der Kinder verstehen. Er liegt mitten in unserer Gesellschaft.

DER SCHLÜSSEL DES PROBLEMS

Seit unserem Buch „Deutschlands vergessene Kinder" haben Unternehmen, private Unterstützer und Förderer, Freundeskreise und Ehrenamtliche es ermöglicht, dass Archen an 15 Standorten Kinder unterstützen. In den sieben Jahren sind deutschlandweit auch andere soziale Einrichtungen hinzugekommen, die Kinder in ähnlicher Weise unterstützen. Sie alle beweisen, dass es möglich ist, den Kindern einen Rahmen zu schenken, in dem sie zum Leben befähigt werden. In der gleichen Zeit haben alle Parteien und Koalitionen, die an der Macht waren, genauso wie die Ministerien und Ämter – letztlich der gesamte Staat – schmerzlich aufgezeigt,

dass von ihnen keine tragfähigen Lösungen für Kinder zu erwarten sind, auch hinsichtlich Bildungskultur und Bildungssystem.
Warum ist das so?

- Tut der Staat vielleicht Dinge, die er nicht tun sollte, und die Wirtschaft nicht das, was sie sollte?
- Könnte ein Weg darin liegen, das Dilemma des Nichtagierens auf der einen und des Engagierens auf der anderen Seite aufzulösen, indem die beiden Felder Wirtschaft und Staat für Kinder neu und anders aufgestellt werden?
- Welche Möglichkeiten würden sich ergeben, wenn Unternehmen mit den Kindern über die sozialen Träger zusammenarbeiten, um Geld zu generieren?
- Wäre das ein zu kultivierendes und zu förderndes Prinzip?
- Kann damit die Politik einen Schlüssel drehen? Den Schlüssel, Kindern das Tor zum Garten zu öffnen?

BEISPIEL ARCHE

Ein Besuch in der Arche erübrigt alles Erklären. Wer einmal verstanden hat, wie das Engagement von Unternehmen durch das Zur-Verfügung-Stellen von Mitteln Hand in Hand geht mit dem Enthusiasmus der Mitarbeiter, die Kinder motivieren, herausfordern und zum Lachen bringen, gewinnt selbst eine neue Perspektive auf die Probleme unseres Sozialstaates. Selbst unter ökonomischen Gesichtspunkten ist es interessant zu sehen, wie die Werte Motivation, Verantwortung oder Willenskraft ohne Umwege und mit viel Esprit zu den Kindern fließen und sie positiv beeinflussen. Dort kommt etwas zusammen, was zusammengehört.

Einem Unternehmen bietet diese Form des Sichinvestierens eine Möglichkeit, von den Kindern über die Kinder zu leben – im Sinne der zukünftigen Mitarbeiter, der zukünftigen Kunden. Soziales und Wirtschaft, die sich als Felder gegenseitig bedingen, schaffen eine Win-win-win-Situation, die nachhaltig ist, und zwar ohne

Reibungsverluste. Vor allem gewinnen unsere Kinder, aber auch wir selber. Es braucht dafür eine soziale Einrichtung, die quasi als eine Art Katalysator das unternehmerisch soziale Engagement in Lebensbefähigung umwandelt. Insofern ließe sich auch von einer Win-win-win-Situation sprechen, da alle drei Partner davon profitieren. Entspricht das nicht dem Kerngedanken einer gelebten sozialen Gesellschaft?

Besonders wenn wir auch die vielen ehrenamtlichen Helfer der Einrichtung mit einbeziehen, die durch ihr Engagement überhaupt erst die Tragfähigkeit gewährleisten. Sie sind es, die hauptsächlich dafür verantwortlich sind, die Lebensbefähigung einzubringen, sodass eines Tages die Kinder den Unternehmen und der Gesellschaft als Mitarbeiter oder Kunden zugeführt werden können. Das Ganze ist wie eine organische Einheit, die das Kind und seine Lebensbefähigung im Blick hat.

Ist das Zukunftsmusik? – Ja und nein.

Nein, weil nicht nur wir mit der Arche, sondern bereits sehr viele soziale Einrichtungen und Träger im Land dies realisieren. Und das stimmt sehr positiv.

Ja, wenn wir es als Konzept in unserem Land umsetzen bzw. auf unser System anwenden wollen. Unser System funktioniert bislang genau anders. Es verhindert Perspektiven wie Potenziale und ist kompliziert. Es ist nicht nur komplex aufgebaut, sondern setzt auch falsche Anreize. Außerdem wird es immer teurer und nimmt in seiner Wirkung ab. Es fordert, aber fördert nicht.

QUERDENKER, ANDERSDENKER UND INNOVATOREN FÖRDERN

Der Garten der Kinder will nicht nur Rahmenbedingungen schaffen, sondern will auch eine Kultur der Perspektiven und der Individualität ermöglichen. Daraus erwachsen Innovationen. Sie wiederum stehen in Deutschland, wie in Industrieländern allgemein, als zentraler Faktor für Erfolg. Wahrscheinlich in Zukunft noch mehr, denn Innovationen sind lebensnotwendig für Unternehmen. Vermutlich stellen wir in Deutschland nicht vergleichsweise günstige Produkte her, aber wir sind bekannt als Innovatoren und als Spezialisten für Qualität und Technik. In Zukunft haben wir diese Rolle noch stärker zu erfüllen. Etliche Unternehmen haben sich das bereits auf ihre Fahne geschrieben.

Eine Perspektive, die erst recht Kindern gelten sollte, speziell Kindern aus ärmeren Milieus. Sie müssen Teil dieser Innovationsbewegung werden. Sie müssen motiviert und mitgerissen werden. Wir haben dafür die Verantwortung. Denn gerade diese Kinder mit einem speziellen, schwierigen Lebenslauf sind prädestiniert, Quer- und Andersdenker, also Innovatoren, zu werden. Sie sollten deshalb nicht ausgegrenzt werden. Weder von uns noch von anderen eingekauften Potenzialen aus dem Ausland.

> Kinder aus ärmeren Milieus müssen Teil dieser Innovationsbewegung werden.

EIN SCHULTERSCHLUSS ZWISCHEN WIRTSCHAFT UND SOZIALEM

Der Garten der Kinder, besser gesagt der Garten der Perspektiven, fängt langsam an, Gestalt anzunehmen. Wir sollten aber noch darauf eingehen, warum das Verbinden von Wirtschaft und Sozialem so zentral und der Schlüssel ist.

Auch wenn wir und die Politik es immer wieder versuchen, Natur, Wirtschaft und Soziales dürfen nicht länger voneinander getrennt gesehen und behandelt werden. Seit der Industrialisierung haben wir gelernt, diese Bereiche voneinander zu trennen, was auch sehr erfolgreich war, um vieles zu automatisieren. Nur, heute und in Zukunft sind andere Parameter gefragt. Es geht um Agilität, sich beweglich einem Umfeld anzupassen, und um Adaptivität, auf Anforderungen gut zu reagieren, und zwar als Ganzes und nicht aufgesplittet in Teile. Das Potenzial liegt heute vor allem im Zusammenspiel des Ganzen. Sei es in einem Unternehmen, im Staat oder globalen Fragestellungen. Hinzu kommt, dass die Dynamik, wie schnell sich der andauernde Wandel auf uns auswirkt, ebenfalls stark zugenommen hat. Genau deswegen müssen wir NAWISO leben, also Natur, Wirtschaft und Soziales als Gesamtes bewegen.

Alles, was wir tun, nicht nur das Wirtschaftliche, muss als Leistung erst erbracht werden. Geld beispielsweise, das der Staat für Soziales ausgibt, wird von jedem von uns erwirtschaftet. Als Vehikel dafür benutzen wir die Unternehmen. Über sie erwirtschaften wir unseren Lebensunterhalt und den des sozialen Staates. Was nicht erwirtschaftet wird, kann und sollte nicht ausgegeben werden. Eine Verhaltensweise, die sich nicht von der einer Privatperson unterscheidet. Würde man stets über dem Limit leben, also mehr ausgeben als man hat, endet man unweigerlich im Defizit.

Als ein Beispiel lassen sich hier die USA anführen. Ihr Haushalt sorgte Anfang des Jahres weltweit für Aufsehen. Allein in diesem Jahr muss die Regierung 85 Milliarden US-Dollar (65 Milliarden Euro) einsparen. Das Resultat eines Lebens über dem Limit. Unweigerlich führt das zu schlechteren Ergebnissen im sozialen Bereich. Drastische Kürzungen erleben das Militär, Regierungsstellen, der soziale Bereich, vor allem Schulen. Allein in Los Angeles, dem größten Schulbezirk der USA, fielen nach Informationen der Washington Post 37 Millionen Dollar weg. Nach Angaben des zuständigen Schulinspektors John Deasy bedeute das einen bis eineinhalb Angestellte weniger pro Schule, die beispielsweise sozial benachteiligte Kinder unterstützen würden. „Das betrifft die Kinder am meisten, die in größter Armut leben", sagte Deasy[57].

> Wer ständig nur sparen muss, kann keine Perspektiven bereitstellen. Weder für sich noch für sozial Benachteiligte.

Wer ständig nur sparen muss, kann keine Perspektiven bereitstellen. Weder für sich noch für sozial Benachteiligte. Er hat sich vielmehr damit zu beschäftigten, Zinsen zu tilgen und das wenige zur Verfügung stehende Geld unter den vielen

---

[57] Sueddeutsche.de: „Wo es wehtun wird", 2. März 2013 – www.sueddeutsche.de/politik/nach-sequester-im-us-haushalt-wo-es-wehtun-wird-1 161 4022

Interessenten aufzuteilen. Ein Kampf, in dem sich nicht selten die größten und stärksten Lobbys durchsetzen.

Wie verhält sich diese Situation bei uns?

Es ist sicher keine Neuigkeit, dass Gelder, die der soziale Staat als Leistungen ausgeben will, zuvor erst erwirtschaftet werden müssen. Wie bereits erwähnt spielen Unternehmen dabei eine zentrale Rolle. Ökonomie steht nun mal als Tatsache in der heutigen Welt im Zentrum des Funktionierens und des Zusammenlebens. Positiv wie negativ. Wirtschaften wir ungesund, wird sich dies auf viele Bereiche auswirken, das Soziale, das Ökologische wie auch das Ökonomische. Darum ist es wichtig, dass wir von der Spitze weg gute und gesunde Strukturen schaffen. Wenn wir dafür Sorge tragen, dass gut ausgebildete Führungskräfte gesund ihre Unternehmen lenken, wird dies eine Strahlkraft haben über die Betriebsgrundstücke hinaus. Sie werden sich verantwortlich in die Gesellschaft investieren. Noch geschieht in dieser Wahrnehmung, den Denk- und Handlungsweisen zu wenig. Aber Ansätze zeigen positiv in eine gute Richtung. Wenn Kinder unser Fokus und unsere Zukunft sind, dann füllen Unternehmen die Rolle der Gegenwart aus. Sie sichern das Leben von heute, die jungen Menschen das Leben von morgen. Sie stehen im Zentrum des NAWISO- Kreislaufes von Natur, Wirtschaft und Sozialem. Doch dort sind wir zurzeit noch nicht. Weder mit der Politik noch mit unserem System.

UNTERNEHMERISCHE GESELLSCHAFTSVERANTWORTUNG ENTWICKELN

Auch mit gesund geführten Unternehmen stehen wir noch am Anfang. Es braucht dafür mehr als bloß ein ethisch orientiertes Handeln, das man sich zur Unternehmensleitlinie gemacht hat. Gesund zu wirtschaften bedeutet auch, über ökologisch relevante Aspekte bis hin zu den Beziehungen mit Mitarbeitern Nachhaltigkeit zu erzeugen, sodass ein Unternehmen den NAWISO-Kreislauf schließt. Dieses Feld betiteln Unternehmen heute als „Corporate Social

Responsibility" – unternehmerische Gesellschaftsverantwortung. Immer mehr Firmen geben diesem Thema in ihren Häusern Gewicht, allerdings in einer Weise, die noch sehr aufgesetzt wirkt. Denn eine Abteilung zu schaffen, die sich mit diesen Fragestellungen und unternehmerischen Maßnahmen auseinandersetzt, ist ein Leichtes. Das Denken allerdings in die gesamte Führungs- und Unternehmenskultur zu transportieren und zu integrieren, ist die eigentliche Aufgabe. Es muss sozusagen zur DNA des Unternehmens werden, damit das Ganze ins Leben kommt.

GESUNDE FÜHRUNGSKRÄFTE FÖRDERN

Auswüchse ungesunder Entwicklungen erleben wir immer wieder:
- Banken, die nicht mehr mit dem Verleihen von Geld ihr Geld verdienen, sondern mit Spekulationen und Wetten, ob ein Ereignis eintrifft oder nicht.
- Betriebe, die rücksichtslos nach Profit gieren.
- Lebensmittelhändler, die Gammelfleisch auf den Markt bringen.
- Globalseller, die Kleider von Kindern produzieren lassen.

All das ist nur die Spitze des Eisbergs. Es sind die Auswüchse ungesunder Entwicklungen – gesteuert durch ungesund aufgestellte Strukturen in Unternehmen und deren verantwortlichen Spitzen. Sich darüber zu empören, reicht angesichts der stetig wiederkehrenden Skandale heutzutage nicht mehr. Wir haben den Ursachen nachzugehen und diese zu behandeln. Handelt es sich etwa um Kriminelle? Womöglich ja, aber ein Großteil der Beteiligten hat nicht kriminell gehandelt, jedenfalls soweit es sich von außen beurteilen lässt, nicht aus Sicht des Rechts, wohl aber aus ethischer Verantwortung.

Was können wir tun, wenn sich ein solches Verhalten häuft, zu einem Muster wird, sich vielleicht sogar zu einer Kultur etabliert?

Vielleicht müssen wir die Frage aber auch anders stellen: Was haben wir versäumt angesichts sogenannter „Manager", die keine gesunde Kultur in Unternehmen aufbauen? Haben wir sie wirklich ganzheitlich ausgebildet in unseren Universitäten und gesund befähigt, gute Führungskräfte zu werden? Schließlich fallen Abzocker und ungesund agierende Manager nicht einfach vom Himmel. Sind sie vielleicht das Produkt eines schlechten Bildungssystems? Haben wir junge Menschen dahin erzogen? Wenn wir also irgendwo anzusetzen haben, dann an erster Stelle bei unserem Bildungssystem und unserer Bildungskultur.

Wir brauchen ganz wesentlich gesunde Unternehmen, denn diese wiederum stellen bei Universitäten und Fachhochschulen Anforderungen an die Studieninhalte und Ausbildung junger Menschen. Gemeinsam mit den Kindern stellen sie sozusagen die DNA des Staates dar. Wenn wir es also hinbekommen, dass gesund aufgestellte Unternehmen auf gesunde Weise in junge Menschen, bestenfalls schon Kinder, investieren, schließt sich ein Kreislauf, der viele Probleme lösen kann. Kinder und Unternehmen schaffen dann Werte, von denen wir immer reden. Sie lassen sich nicht herbeireden, einfordern oder durch Regeln bewirken. Insofern obliegt der Politik vielmehr die Aufgabe, ein Umfeld und Rahmenbedingungen zu schaffen, die gesund ausgebildete Kinder und gesund aufgestellte Unternehmen herbeiführen. Beides befähigt nicht nur das gesellschaftliche Leben als Ganzes, sondern befähigt auch das Leben jedes Einzelnen.

> Wenn wir es also hinbekommen, dass gesund aufgestellte Unternehmen auf gesunde Weise in junge Menschen, bestenfalls schon Kinder, investieren, schließt sich ein Kreislauf, der viele Probleme lösen kann.

DER STAAT MUSS SEINE POSITION ÄNDERN

Wenn Unternehmen in ihrer Schlüsselfunktion die Mittel bereitstellen, bedeutet das im Umkehrschluss, dass dem Staat letztlich die Rolle des Budgetverwalters zufällt. Der Staat fungiert also nicht als Verdiener. Genau genommen entfernt sich dieser Gedanke nicht weit von unserem Steuersystem. Politiker reden zwar davon, dass sie Steuern „einnehmen", aber erwirtschaftet und erarbeitet haben diese Gelder Unternehmen und deren Mitarbeiter. Vielleicht sollten wir unsere Sprachregelung dahingehend anpassen.

In England gibt es einen, wie wir finden, passenden und schönen Begriff für die Rolle des Staats und der Ämter. Ihre Leistungen und Angebote werden als „Public Service" bezeichnet, also frei übersetzt als Unterstützung für die Gemeinschaft.

Hierzulande herrscht gemeinhin eher das Gefühl, Bürger haben dem Staat zu dienen und nicht umgekehrt. Könnte uns das Prinzip des Public Service nicht zum Umdenken bewegen? Und wie könnte es gelingen, dass der Staat sich auch spürbar mehr auf Kinder, Eltern und Unternehmen ausrichtet, um das ganze Bild in den Fokus zu nehmen?

> Deutschland als Land, starke Wirtschaftsnation und engagierte Gesellschaft hat alle Anlagen und Fähigkeiten, eine neue Art von gesundem Wirtschaften auch global umzusetzen.

Deutschland als Land, starke Wirtschaftsnation und engagierte Gesellschaft hat alle Anlagen und Fähigkeiten, eine neue Art von gesundem Wirtschaften auch global umzusetzen. Die Basis dafür ist schon in den Anlagen vieler Unternehmer vorhanden, sie muss nur entwickelt und kultiviert werden. Jedes Unternehmen besitzt schon jetzt eine unglaubliche Kraft, im Rahmen seines Wirkungsfeldes, gemeinsam mit den Mitarbeitern etwas zu bewegen. In der Arche bekommen wir diese positiven Auswirkungen täglich zu spüren. Voraussetzungen dafür sind allerdings optimale Rahmenbedingungen durch die Politik. Um Kindern diese optimale Unterstützung zukommen zu lassen, muss sich die Politik anders verhalten, weg von der eigenen Interessenwahrung hin zu kompatiblen Lösungen für das Ganze. Dabei hat sich der Staat auf seine Kernfunktion zu konzentrieren, Rahmenbedingungen und Voraussetzungen ins Leben zu rufen, zu synchronisieren und Möglichkeiten zu schaffen, dem Wohl der Kinder, Eltern und Unternehmen durch das richtige Verständnis von Public Service zu dienen.

WAS WIRTSCHAFT FÜR DIE ARCHE BEDEUTET

Die Wirtschaft spielt bei der finanziellen Ausrichtung der Arche eine große Rolle. Ohne das Engagement zahlreicher Unternehmen gäbe es die Arche nicht. Als 1995 die erste Arche, das erste christliche Kinder- und Jugendwerk, mit einem offenen Haus im Berliner Plattenbezirk Hellersdorf öffnete, strömten vom ersten Tag an Kinder in die Einrichtung und nutzten das neue Angebot. Vor allen Dingen hatten die Kids Hunger. Ihn zu stillen, kostete natürlich Geld. Damals war der Ansturm der Kinder durch uns kaum zu bewältigen. Zwar unterstützte der Bezirk nach langem Kampf die Arche mit einer Personalstelle, aber die eigentliche Not lag ganz woanders: Die Kinder wurden nicht satt. Und mehr Geld gab es nicht. Durch das engagierte Handeln vieler Ehrenamtlicher kamen wir einigermaßen über die Runden. Das nächste Dilemma ließ aber nicht lange auf sich warten. Oft waren unsere freiwilligen Helfer beruflich stark eingebunden und hatten selbst zu Hause ihre Kinder zu ernähren. Und wir wussten, dass die Kinder verlässliche und feste Ansprechpartner brauchten, die für sie rund um die Uhr erreichbar waren. So etwas zu bewerkstelligen, war nur durch fest angestellte und gut ausgebildete Mitarbeiter möglich. Doch auch dafür benötigten wir Geld und neben den großen und kleinen Spenden auch Partner aus der Wirtschaft. Beides erhielten wir.

Die Kinder der Archen und auch ihre Eltern sind, durch welche Umstände auch immer, in Not geraten und verdienen, von der Gesellschaft unterstützt zu werden. Nur eine Minderheit nutzt den Sozialstaat aus. Deshalb muss der Grundsatz „Fördern und Fordern" ihnen auch zukünftig gelten. Alle Politiker kündigten an, dass die soziale Gerechtigkeit bei ihnen ganz oben auf der Agenda steht. Aber trotz dieser angeblichen Solidarität mit den Leistungsschwächeren werden immer mehr Menschen mit ihren Familien alleingelassen.

AUSWIRKUNGEN SOZIALEN ENGAGEMENTS

Seit Bestehen der Bundesrepublik wollen wir ein Mehr an sozialer Gerechtigkeit und gleichen Startchancen, scheitern aber an der Umsetzung. Dadurch sind Millionen Kinder in Deutschland durch das Netz der sozialen Gerechtigkeit gefallen und haben schweren Schaden genommen. Sie stehen am Rand der Gesellschaft und können sich als Erwachsene nicht mehr ins Leistungssystem integrieren. Folglich ist das Ziel der gleichen Bildungschancen gescheitert. Etwas, das wir jeden Tag in unseren Archen, von Berlin bis nach München, erleben.

> Seit Bestehen der Bundesrepublik wollen wir ein Mehr an sozialer Gerechtigkeit und gleichen Startchancen, scheitern aber an der Umsetzung.

Mit der Arche wollen wir seit dem ersten Tag ihres Bestehens aufzeigen, dass man etwas unternehmen und diese Lage vor allem verändern kann. Solche gesellschaftlichen Veränderungen geschehen allerdings nicht, ohne das nötige Geld dafür in die Hand zu nehmen, und zwar jetzt und heute. Kinder brauchen diese Förderung sofort und nicht erst in kommenden Legislaturperioden. Voraussichtlich wird dann die Politik auch keinen Etat dafür zur Verfügung stellen. Deshalb legten wir mit der Arche den Finger in die Wunden unserer Gesellschaft und berichteten öffentlich über unsere Arbeit. Medien spielen eine große Rolle dabei, wenn etwas verändert werden soll. Heute vergeht kein Tag, an dem nicht in irgendeiner Zeitung oder Zeitschrift, im Rundfunk oder Fernsehen, über das Thema Kinderarmut berichtet wird. Dadurch ist die Öffentlichkeit sensibler geworden und gleichzeitig erhöht sich der Druck auf die Politik. Und noch etwas hat sich verändert, was allerdings nicht so häufig in den Medien auftaucht: Immer mehr Unternehmer und Firmen rufen bei uns direkt an und erkundigen sich: „Was können wir auf freiwilliger Basis tun, um euch zu helfen und die Situation der Kinder zu verbessern." Etliche bringen sich mit sehr viel Geld wie auch Manpower oder

Sachleistungen in unsere Arbeit ein. Darauf sind wir sehr stolz. Mit manchen haben wir sogar Häuser für die Kinder gebaut. Natürlich versuchen wir den Unternehmen auf Augenhöhe etwas zurückzugeben. Unser Ziel ist es, die durch sie geförderten Kinder starkzumachen, sie für das Leben zu befähigen, dass sie gesellschaftlich ein eigenständiges und erfolgreiches Leben führen können.

Die regelmäßigen Besuche der Unternehmer in unseren Archen verdeutlichen, dass sie das glücklich macht.

DAS FREIWILLIGE UND GESELLSCHAFTLICHE ENGAGEMENT DER WIRTSCHAFT

Ganz wichtig für Unternehmer ist aber auch das gesellschaftliche Engagement ihrer Mitarbeiter. Bei Kinderfesten im Sommer, in Feriencamps oder zu Weihnachten helfen sie mit und unterstützen die Arche-Mitarbeiter. Dadurch gibt es eine hohe Identifikation der Mitarbeiter mit ihrem Unternehmen wie auch mit der Arche.

Ein Beispiel: 2012 haben Mitarbeiter der Online-Redaktion der Bild-Zeitung die Arche-Turnhalle in Berlin-Hellersdorf renoviert und gestrichen, den Hof entrümpelt und Weihnachtsgeschenke eingepackt. Rund 80 Bild-Mitarbeiter haben dafür einen ganzen Arbeitstag investiert. Für uns war das eine Riesenersparnis und zugute kam das gesparte Geld natürlich unseren Kindern. Die Mitarbeiter hatten großen Spaß an dem Aktionstag, und es stand direkt fest, dass die Bild-Leute auch ihren nächsten „Social-Day" wieder bei uns in der Arche verbringen wollen.

Anfangs warnten uns viele Skeptiker aus der „Sozial-Industrie" vor zu großem Einfluss, den die Unternehmer auf die Arbeit der Arche durch ihr finanzielles Engagement nehmen würden. Das haben wir bisher noch nie so erlebt. Vielmehr engagiert sich die Wirtschaft in der Arche, weil sie sich mit unserer Arbeit identifizieren kann. Und das Ganze hat nicht nur eine finanzielle Auswirkung auf die Kinder, sondern auch eine emotionale. Kinder bekommen so eine Aufmerksamkeit, sie sehen und erleben live, wie sie von der Gesellschaft unterstützt und gefördert werden.

> Zwei Drittel der Unternehmen in Deutschland setzten sich für die Gesellschaft und Soziales ein und gaben dafür im Jahr 2011 mindestens elf Milliarden Euro aus.

Über dieses freiwillige Engagement der Wirtschaft gibt es inzwischen auch offizielle Zahlen. Zwei Drittel der Unternehmen in Deutschland setzten sich für die Gesellschaft und Soziales ein und gaben dafür im Jahr 2011 mindestens elf Milliarden Euro aus. Vor allem leisteten die Unternehmen Hilfe und Unterstützung in ihrem direkten lokalen Umfeld – in erster Linie für Kinder- und Jugendeinrichtungen, Schulen, aber auch für Freizeit- und Sportvereine sowie für die Kunst und Kultur.

Im Auftrag des Bundesfamilienministeriums erfasste das Institut der deutschen Wirtschaft Köln (IW) das gesellschaftliche Engagement der Unternehmen in Deutschland erstmals empirisch. Dafür wurden von März bis Mai 2011 rund 4400 Unternehmen befragt. Die Studie zeigte, dass sich besonders Unternehmen mit mehr als 500 Mitarbeitern für das Gemeinwohl engagieren.

Dass sich mehr große als kleine Firmen in das Gemeinwohl investieren, hängt unter anderem mit der Unternehmensstruktur zusammen: Konzerne haben meist eine eigene Abteilung für „Corporate Social Responsibility" (CSR). In kleineren Firmen muss sich der Inhaber meist persönlich darum kümmern und es fehlt dazu oft die Zeit. Gemessen am Umsatz legen sich aber die kleineren Unternehmen in puncto soziales Engagement mehr ins Zeug als Großunternehmen. Fast die Hälfte der Unternehmen mit weniger als 50 Mitarbeitern gibt mindestens 0,3 Prozent ihres Umsatzes für bürgerschaftliches Engagement aus. Von den Firmen mit mehr als 500 Beschäftigten sind das nur rund 16 Prozent. Für die Umsetzung suchen sich die Betriebe häufig spezialisierte Partner wie zum Beispiel die Arche. Insofern sind 60 Prozent aller Kooperationen verbunden mit Vereinen und Freiwilligenorganisationen.

Nicht mehr ganz so häufig werden Partnerschaften mit internationalen Hilfsorganisationen eingegangen. In erster Linie wollen viele Unternehmen direkt vor ihrer Haustür helfen.

Im Wesentlichen engagieren sich Unternehmen in drei verschiedenen Bereichen. Sie helfen mit Geld-, Sach- und Produktspenden, weiter stellen sie Mitarbeiter für den Dienst an der Gesellschaft frei oder sie kooperieren fest mit einem Partner.

Am Ende profitiert aber nicht nur die Einrichtung von der Unterstützung. In der Arche haben wir es schon oft erlebt, wie freigestellte Mitarbeiter durch ihre Arbeit bei uns für ihr Leben profitiert haben. Frauen und Männer unterschiedlichen Alters entfalteten neue Potenziale und erweiterten ihre Kompetenzen. Angespornt und entfesselt durch ihr freiwilliges Engagement bildeten sie sich weiter, entdeckten neue berufliche Perspektiven, verbesserten Sprachkenntnisse oder knüpften soziale Kontakte. Durch ihre ehrenamtliche oder auch durch ihre vom Arbeitgeber freigestellte neue Tätigkeit konnten sie bei uns Entwicklungen beeinflussen oder etwas mitgestalten, manchmal aber auch nur über den „Tellerrand" schauen.

Aber auch die sozialen Einrichtungen stehen vor Aufgaben, den Garten der Kinder zu gestalten. Es gilt, die Sozialarbeit zu professionalisieren. Verantwortliche Sozialarbeiter haben zu begreifen, dass sie neue Wege der Finanzierung suchen und auch gehen müssen. Die Zeiten des Wartens auf einen halbjährlichen Scheck aus den Büros der Kommunen nähern sich dem Ende. Sozialarbeiter haben sich stärker als bisher auf die Bedürfnisse und vor allem das Denken der Wirtschaft einzustellen. Vieles kann nur dann auf lange Sicht finanziert und möglich gemacht werden, wenn es einen Schulterschluss zwischen der Wirtschaft und den sozialen Einrichtungen geben wird.

> Sozialarbeiter haben sich stärker als bisher auf die Bedürfnisse und vor allem das Denken der Wirtschaft einzustellen.

DIE KERNFUNKTION DES STAATES

Im Garten der Kinder haben also soziale Organisationen die Rolle übernommen, gesellschaftliche Funktionen auszuüben, die sie brauchen, um gesund zu werden. Manche finanziert der Staat, andere, wie die Arche, finanzieren sich zu hundert Prozent durch die Unterstützung von Helfern und Unternehmen. Einerseits bedeutet das, dass sich die Wirtschaft neben ihrer Abgabe von Steuern nochmals aus eigener Motivation sozial engagiert. Andererseits zeigt es auch deutlich, dass Leistungen und Unterstützung bei Kindern fehlen, deren Mangel aus Sicht der Bürger und Gesellschaft wahrgenommen wird.

Hier zeigt sich im Staat eine Entwicklung, die erfolgreiche Unternehmen vor einiger Zeit schon in Angriff genommen haben. Sie haben sich auf ihre Kernfunktionen konzentriert und haben andere Funktionen, die komplex, aufwendig und adaptiv sind, an Partnerunternehmen vergeben. Sie haben sich sozusagen fit gemacht und gleichzeitig ihre Schwächen mit Spezialisten unterbaut. Fast kein Autobauer würde heute selber eine Kupplung bauen, wenn er diese hochprofessionell von einem Partner genau abgestimmt für sein Auto einkaufen kann.

> Der Staat sollte aufhören, eine Kupplung bauen zu wollen, wenn sein Geschäft das Auto ist.

Ähnlich müsste der Staat in Zukunft handeln. Er müsste sich entwickeln, sich entschlacken und sich auf seine Kernfunktion konzentrieren. Dabei gilt es ausführende Funktionen von kompetenten Partnern ausführen zu lassen. Der Staat sollte also aufhören, um im Beispiel zu bleiben, eine Kupplung bauen zu wollen, wenn sein Geschäft das Auto ist.

Die Kernfunktion des Staates ist vor allem die Synchronisation und Koordination, das Schaffen der Rahmenbedingungen und Voraussetzungen, nicht aber die Ausführung der Funktionen. Das ist keineswegs eine neoliberale Sicht, vielmehr geht es darum, wie grundsätzlich in einem komplexen System Funktionen verteilt werden sollten, sodass der gesamte Prozess effizient und effektiv durchgeführt werden kann.

Letztlich hat sich der Staat also Gedanken darüber zu machen, welche Art des Handelns er künftig an den Tag legen will sowie die Art und Weise wie er sich organisiert. Für die Zukunft, wie auch im Garten der Kinder, sollte er nicht weiter versuchen, „Kupplungen zu bauen", sondern diese Funktionen auslagern und bei anderen Partnern im Wirtschaftssystem integrieren.

KAPITEL 10

DIE KREISLÄUFE WIRTSCHAFT UND SOZIALES VERBINDEN
VERLÄSSLICHE VORBILDER GESUCHT! ES GILT, DEN KREISLAUF WIRTSCHAFT UND SOZIALES ZUM ZIELE DER LEBENSBEFÄHIGUNG VON KINDERN MITEINANDER ZU VERBINDEN

Wenn wir die Tür zum Garten für unsere Kinder aufstoßen, brauchen wir als Erstes die Fähigkeit und die Kultur, Fragen neu zu denken. Wer wirklich Innovation haben will, sei es in einem Staat oder einem Unternehmen, benötigt eine Kultur, die Dinge neu denken zu dürfen, ohne dass sie schon im Keim erstickt werden. Innovationen sind auch gefragt in der Gesellschaftsforschung, der Organisation im Staat und in der politischen Lösungsfindung. Voraussetzung für das „neue Denken" ist allerdings, der Gesetzmäßigkeit von Ganzheitlichkeit und Ursächlichkeit zu folgen. Und im Fokus haben nicht Probleme zu stehen, sondern Lösungen, die klar bezogen sind auf das Ziel – in unserem Falle auf die Lebensbefähigung. Sie müssen transparent und nachvollziehbar sein. Diese Linie hört sich einfach an, aber dafür braucht es neue Fähigkeiten, u. a. zwischen Wirtschaft und Sozialem, die wir noch nicht aktiviert haben. Für uns stehen daher Herausforderungen an als Unternehmen, Staat, Führungskräfte und Mitarbeiter sowie als Bürger. Angesichts des vor uns Liegenden müssen wir uns deutlich vergegenwärtigen, dass wenn wir in Zukunft andere Resultate im Sozialstaat sehen wollen, wir Dinge anders zu machen haben als bisher. Sie müssen neu erdacht werden. Und ehe das geschieht, bedarf es eines grundsätzlichen Nachdenkens über die Dinge.

Das Verbinden der Kreisläufe von Wirtschaft und Sozialem soll diese Richtung beschreiben. Diese Gedanken sollen anregen mitzudenken und mitzubewegen. Wir wiederholen uns, aber wenn wir die vor uns liegenden sozialen Themen und Aufgaben nicht über die Interessengruppen, Parteien, Disziplinen, Bereiche, Länder und Kulturen hinweg verbinden können, werden wir diesen Garten für die Kinder nicht gestalten können. Die Politik hat da aus unserer Sicht den ersten Schritt zu unternehmen. Sie hat es als Aufgabe, unter den Parteien einen Schulterschluss herzustellen, der bewirkt, dass die politischen Fähigkeiten der Parteien nicht länger gegeneinander, sondern miteinander im Sinne der Lösung und des Ziels für die Gesellschaft verbunden werden. Dann würde nicht mehr über Worthülsen wie Neoliberalismus und soziale Marktwirtschaft, sondern über ganz greifbare Dinge diskutiert, wie Kinder befähigt und wie Unternehmen gesund aufgestellt werden können. Nicht über Dogmen oder Ideologien, sondern über das Verständnis von Nomenklaturen, Definitionen von Sachverhalten, Denkweisen, Handlungsweisen, Inhalten und Effekten auf das Resultat.

Vermutlich ist auch die Mehrzahl der Bürger in Deutschland an einer solchen gemeinsamen, vor allem aber tragfähigen Lösung interessiert, unabhängig der Couleur. Es dürfte ruhig bunt zugehen, ein bisschen Schwarz, ein bisschen Rot, ein bisschen Grün, ein bisschen Gelb und auch eine Piratenflagge dabei. Es geht am Ende nicht darum, wer was dazu beigetragen hat oder wer die Wahrheit für sich gepachtet hat, sondern einzig und allein darum, wie gut das Resultat ist. Das ist der Obolus, den die Politik der Ganzheitlichkeit schuldet. Genauso wie ihre Lobbyvertreter zu gewinnen, die fern sonst geltender Parteiprogramme mit an diesem Strang ziehen. Aber was ist dieser Obolus gegenüber ganzheitlichen Lösungen für den Sozialstaat, das Land und die Zukunft der Kinder? Sind die Politiker dazu bereit? Und auch wir als Bürger?

Kinder jedenfalls brauchen solche Lösungen, damit Nachhaltigkeit gewährleistet ist, sonst beschränken sich die Lösungen wieder nur auf eine Legislaturperiode, vielleicht auch eine weitere oder bis zur nächsten Reform. Auch für Konzerne und Unternehmen würden solche Lösungen sicher Anreize beinhalten. Zu lange hat man sich in der Vergangenheit mit Teillösungen oder gar nur Worthülsen abfinden müssen. Dass sich heute immer mehr Unternehmen wie auch einzelne Bürger im Kontext von sozialen Einrichtungen mit Kindern verbinden, entwickelt positive Kräfte, die in alle Richtungen eine Dynamik entfalten. Letztlich braucht dies aber, um weiter kultiviert werden zu können, die richtigen Rahmenbedingungen seitens der Politik.

Als Autoren dieses Buches könnten wir hier jetzt ganz konkrete Rahmenbedingungen fordern, nur damit würden wir in die Fußstapfen der Politik treten – einen Sachverhalt zu vereinfachen und aus einseitiger Wahrnehmung und Sicht einzufordern. Genau das ist es ja nicht! Wir wären schon glücklich, wenn die Politik ihre Sicht bezogen auf Parteiinteressen durch die Sicht auf eine ganzheitliche Lösung ersetzen würde. Das wäre ein erster Schritt in die richtige Richtung. Er müsste allerdings konkreter sein, als Diskussionen herbeizuführen, es müssten konkret Denkmuster verlassen und von der Politik und von der Regierung Handlungsmuster vorgegeben werden – ausgerichtet auf eine ganzheitliche Lösung.

> Dass sich heute immer mehr Unternehmen wie auch einzelne Bürger im Kontext von sozialen Einrichtungen mit Kindern verbinden, entwickelt positive Kräfte, die in alle Richtungen eine Dynamik entfalten. Letztlich braucht dies aber, um weiter kultiviert werden zu können, die richtigen Rahmenbedingungen seitens der Politik.

Am Beispiel der Kita-Betreuungsplätze zeigt sich, dass kein Thema mehr wirklich umgesetzt werden kann, wenn es nicht von allen Parteien definiert wie auch umgesetzt wird. Andernfalls erstickt es in internen Parteiquerelen sowie Vorwürfen zwischen Regierung und Opposition. Die Interessensicht einem größeren Ziel unterzuordnen, also das Gehacke um Positionen und Programme einzustellen für eine ganzheitliche Lösung, ist die konkrete wie größte Forderung. Nicht nur aus Sicht der Kinder und Unternehmen, sondern auch mit Blick auf die Zukunft ist sie unerlässlich.

GELUNGENE BEISPIELE AUS DER ARCHE

Dass wir bei all dem, wenn wir etwas Neues für Kinder erreichen wollen, Grenzen des bisherigen Denkens zu überwinden haben, möchten wir anhand dreier Mut machender Geschichten von Kindern zeigen:

Die Geschichte von Erik, der als begnadeter Sänger aus dem Schatten seiner Schwester trat, die Geschichte des afghanischen Jungen Omied, dessen wahres Potenzial entdeckt wurde, und die Geschichte von Justin, dem es ermöglicht wurde, Koch zu werden.

ERIK – GESANGSTALENT IM SCHATTEN DER SCHWESTER

Erik ist neun Jahre alt und seit über vier Jahren ein gern gesehener Gast in der Arche in München-Moosach. Er ist ein bisschen pummelig und fast so zerstreut wie ein alter Professor an einer Hochschule. Aber um dorthin zu gelangen, fehlt ihm noch einiges. Seit wir ihn kennen, stand er im Schatten seiner ein Jahr jüngeren Schwester Nicole. Nicole ist sehr sportlich, gut in der Schule und hat sehr viele Freunde. Sie ist, wie es so schön heißt, richtig auf Zack. Erik hingegen ist schüchtern. Zu seiner eigenen Sicherheit bleibt Erik fast immer im Schatten seiner beliebten Schwester. Er spielt das, was sie spielt, und er macht bei den Angeboten mit, die auch seine Schwester besucht. Man sieht die beiden fast immer zusammen, aber Nicole bestimmt das Geschehen und Erik macht einfach nur mit.

Nicole singt sehr gerne. Kürzlich sagte sie uns mit leuchtenden Augen und roten Wangen, dass sie ab sofort im Arche-Chor mitsingen möchte. Neben ihr stand Erik, und es war selbstverständlich, dass auch er mitsingen wollte.

Vor ihrer ersten Chorprobe standen die beiden mit großer Vorfreude ganz pünktlich und schrecklich aufgeregt vor unserem Musikraum. Als die Tür sich öffnete, stürmte das Mädchen auf die kleine Bühne und ihr größerer Bruder rannte ihr hinterher. Es war so wie immer. Unsere Musikpädagogin wollte anfangen und schlug den Mädchen und Jungs ein Lied vor, das fast alle Kinder kannten. Es ging los. Vor allem Nicoles Stimme war herauszuhören. Zu unserer Überraschung sang sie laut, aber schräg. Singen war mit Sicherheit nicht ihre Stärke – das konnte sogar ein Laie hören. Einige der kleineren Mädchen, die in der ersten Reihe standen und mitsangen, hielten sich die Ohren zu. Erik zappelte wie immer herum. Seine Stimme war kaum wahrnehmbar. Doch als wir genauer hinhörten, vernahmen wir eine sehr leise, kaum hörbare, aber helle und glockenklare Stimme. Und Erik kannte den Text auswendig. Wir stellten fest, dass wir ein großes Gesangstalent in unseren Reihen hatten.

Mit der Zeit wurde Eriks Stimme immer fester. Vor allem konnte sich Erik jeden neuen Liedtext auf Anhieb merken. Innerhalb der ersten Wochen entwickelte er sich zu einer festen Säule unseres Chors. Nicole merkte schnell, dass das Singen nicht ihre Stärke war. Sie verließ den Chor und wollte aus lauter Gewohnheit ihren Bruder mitnehmen. Doch der wehrte sich und trat zum ersten Mal aus dem Schatten seiner sonst so talentierten Schwester heraus. Sehr schnell wurde allen klar, dass Erik als Sänger im Chor zum ersten Mal seiner kleinen Schwester voraus war. Kein Wunder: Seine Stimme war mit jeder Probe klarer geworden, und sein Selbstbewusstsein hatte sich gleich mitentwickelt, denn wir lobten ihn nach den Chorproben.

Bis heute hat er noch nie seinen Text vergessen und findet immer den richtigen Einsatz. Es ist noch nicht lange her, da stand seine Mutter ganz aufgeregt und fast ungläubig vor der Bühne. „Ich wusste gar nicht, dass mein Junge so etwas kann."

Nach seinem ersten öffentlichen Auftritt bekam Erik viel Anerkennung von allen Seiten. An Selbstbewusstsein mangelt es ihm heute nicht mehr. Sogar seine Leistungen in der Schule sind besser geworden, und er merkte sehr schnell an sich selbst, dass er auch noch andere Stärken hat. Ein Lob von den Lehrern zu bekommen, macht ihn unheimlich stolz. Er begann jetzt sogar mit

Gitarrenunterricht, um sich selbst beim Singen zu begleiten. Die Gitarre dafür schenkte ihm ein sehr bekannter Popstar. Darauf ist er natürlich besonders stolz. Er erzählt es jedem, ob er es hören wollte oder nicht. Wir sind gespannt auf seine weitere Entwicklung.

OMIED – DER AFGHANISCHE JUNGE

In der Arche in Hamburg haben wir viele Kinder aus anderen Kulturkreisen und mit anderen Religionen. Einer dieser Jungen ist Omied, ein 14-jähriger afghanischer Junge, der schon seit fünf Jahren zur Arche kommt. Am Ende seiner Grundschulzeit konnten wir ihn nicht dazu motivieren, seine Hausaufgaben zu machen. Er hatte schon die Förderschule vor Augen, obwohl er uns immer den Eindruck gab, dass er mehr schaffen könnte. Sein Vater tat alles, um die Familie über Wasser zu halten. Er arbeitete nachts in einem Großmarkt und war somit tagsüber natürlich nur eingeschränkt für die Familie verfügbar. Die Mutter hat sich dadurch sehr alleine gefühlt. Auch hatte sie sehr zu kämpfen mit der deutschen Kultur und der Sprache. Sie war tagsüber zwar zu Hause, konnte aber Omied nicht wirklich unterstützen. Deshalb suchte sie in der Arche Unterstützung. Eine Mitarbeiterin begann, Omied zu begleiten. Dabei stellte sie fest, dass wohl auch gesundheitliche Probleme im Spiel sein mussten. Sie ließ Omied ärztlich untersuchen. Der Arzt stellte fest, dass Omied feinmotorische Probleme hatte, die sich allerdings durch eine Therapie behandeln ließen. Zudem bekam Omied in der Arche Einzelnachhilfe, die mit der Lehrerin abgestimmt und koordiniert wurde.

Nach einem Jahr konnten wir Omied vor der Förderschule bewahren. Omied hatte Großartiges geleistet. Durch die regelmäßige Nachhilfe wurde er schulisch immer stärker, sodass er nun sogar seinen Realschulabschluss machen kann. Aus dem anfänglich unorganisierten, unmotivierten Jungen ist ein Teenager geworden, der Ziele hat und der ein neues Selbstbewusstsein geschöpft hat. Sicher wird er seinen Weg machen.

JUSTIN – DER KOCH

Justin, ein 16-jähriger Jugendlicher, kommt nun schon seit sechs Jahren in die Arche München. Wegen einer Lernschwäche und gesundheitlichen Schwierigkeiten hatten ihn die Lehrer abgeschrieben bzw. hatten sie wohl an ihrer Schule nicht die Möglichkeiten, ihm die nötige Unterstützung zu geben. Dass Kinder, die sich benachteiligt fühlen, sehr speziell reagieren, kennen wir von unseren eigenen Kindern. Justin reagierte mit aggressiven „Ausrastern".

In der Arche begann er, Vertrauen aufzubauen und kam regelmäßig. Unter der positiven Zuwendung blühte er regelrecht auf. Diese Begeisterung trug er mit nach Hause, sodass sich in der Folge die gesamte Familie positiv veränderte und die schwerbehinderte Mutter anfing, neuen Mut zu schöpfen.

Justin entwickelte sich so toll weiter, dass er unbedingt einen Beruf erlernen wollte. Sein Traumberuf war Koch. Im vergangenen Jahr brachten wir ihn mit einem Unternehmen zusammen. Dort konnte er ein Praktikum machen. In dieser Zeit haben wir Justin dreimal die Woche intensiv mit Nachhilfe gefördert. Danach hat sich Justin völlig selbstständig eine Ausbildungsstelle in seinem Traumjob als Koch gesucht und auch gefunden. Heute geht er dort richtig auf. Wir wünschen ihm alles Gute, das Ziel der Lebensbefähigung ist erreicht.

GESUCHT: INNOVATOREN UND MODERATOREN DER LEBENSBEFÄHIGUNG

Wenn das Ziel die Lebensbefähigung von Kindern ist, braucht es Menschen, die den Kreislauf von Wirtschaft und Sozialem verbinden, sodass Möglichkeiten gegeben sind, wie in den drei Beispielen, den Kindern mehrdimensional, ganzheitlich, von verschiedenen Seiten und vor allem aus nächster Nähe zu helfen. Menschen, die einfach nah bei den Kindern sind. Unsere Gesellschaft und unser Land brauchen solche Menschen auf der

Politik- und Regierungsebene. Verantwortungsträger, die Zukunft und Wirklichkeit gestalten und kreieren und zugleich den Wandel moderieren können. Und denen es gelingt, ganzheitliche, ursächliche und nachhaltige Entscheide über transparente und nachvollziehbare Prozesse herbeizuführen. Genau diese Menschen haben wir in der Politik und auf der Regierungsebene zu wenig, in der Wirtschaft leider auch. Es genügt heute und in Zukunft weder in Unternehmen noch im Staat zu verwalten oder einfach nur Funktionen auszuführen. Moderne Führungskräfte müssen neue Wirklichkeiten gestalten können. In Ministerien beispielsweise sollten nicht nur Fachspezialisten ihren Dienst leisten, sondern ebenso Menschen mit mehr Führungs- und Moderationskompetenzen, die mit der größer werdenden Komplexität in einem dynamischen Umfeld umgehen können. Sie sollten ebenso adäquate Organisationsprinzipien umsetzen können. Ähnliches haben wir im Rahmen unserer Arche umgesetzt.

> Warum sollte der Staat also Dinge weiterhin tun, die jemand anderes viel effizienter, effektiver und dadurch auch kostengünstiger tun kann?

Diese Menschen können dann mittels neuer Formen die Ministerien so organisieren, dass sich auf die Kernfunktionen konzentriert werden kann. Um es zu verdeutlichen, wiederholen wir an dieser Stelle noch einmal unsere Frage: Warum sollte der Staat also Dinge weiterhin tun, die jemand anderes viel effizienter, effektiver und dadurch auch kostengünstiger tun kann?

Diskussionen gibt es hierüber etliche, gerade beim Thema Privatisierung von Bahn, Telekom etc., die als Unternehmen einerseits staatliche Aufgaben und Funktionen beinhalten, andererseits aber auch Funktionen ausfüllen, die ein Wirtschaftsunternehmen besser ausführen kann. Ähnliches gilt für den sozialen Bereich. Um dazu vorzustoßen, müssen Politik und Staat für die Funktionen im Staat neue Wertschöpfungskreisläufe definieren und auch umsetzen. Das geschieht aber leider nicht konzeptionell und strategisch für unser Land, sondern bisweilen nur parteipolitisch.

Viele Grundprinzipien, Erkenntnisse, Methoden, Modelle usw. aus der Wirtschaft könnten also in die Politik und in den Staat übernommen werden. Notwendig dafür sind Menschen, die über entsprechende Fähigkeiten verfügen.

EHER ZERSTÖRER ALS VORBILDER

Wenn wir die Wirtschaft und Unternehmen angesichts der heutigen komplexen Situation als Beispiel anführen, woran der Staat zu lernen hat, kommen wir nicht umhin, einen prüfenden und kritischen Blick auf die Wirtschaft zu richten. Zwar hat die Wirtschaft in den letzten Jahrzehnten zu vielen Erfolgen wie unserem heutigen Wohlstand und diversen Errungenschaften geführt, zugleich wurden sie allerdings in der Vergangenheit auch bekannt als Zerstörer der Natur. Etliche Konzerne und Firmen haben ihre Mitarbeiter nur als Ressource verstanden und ihren Maschinen gleichgesetzt. Ohne Skrupel sind Mitarbeiter entlassen worden, um Profit zu erreichen. Oft mit der Ausrede, die wirtschaftliche Situation des Unternehmens reagiere nur auf einen unberechenbaren Markt. Und das angelsächsische Verständnis von Ökonomie hat sein Übriges getrieben: Den Druck um Quartalszahlen, Wachstum und gute Zahlen haben wir in Europa scheinbar auf Druck des Marktes einfach übernommen. Doch eine solche Drucksituation ist die größte Geißel für ein gesund wirtschaften wollendes Unternehmen sowie für das Heranführen von Nachhaltigkeit. Druck hat zu vielen negativen Auswirkungen in unserem Wirtschaftssystem geführt. Dass zusätzlich der Markt von Spekulanten manipuliert wurde, machte die Situation bzw. die Wirtschaftskrisen nicht einfacher. Produkt all dessen wurde eine Gilde, die man „Abzocker" nennt und der etliche Manager zugeordnet werden. Sie personifizieren letzten Endes das Gegenteil eines gesund wirtschaftenden Unternehmens. Menschen, die in einer „Nach-mir-die-Sintflut"-Mentalität auf schnelles Geld und Ruhm aus sind – ohne zu berücksichtigen, ob das Unternehmen auch wirklich weiterbesteht und die Mitarbeiter weiterbeschäftigt werden. Eben ohne Nachhaltigkeit zu garantieren. Ihr „verdientes" Geld haben sie dann einfach für sich arbeiten lassen und es dadurch vermehrt, und zwar weit mehr, als ihre Arbeit es je getan hätte. Selbst manche Wirtschaftsstudenten in der Schweiz verdienen zu Unizeiten zuweilen mehr durch ihren Aktienhandel als mit dem durchschnittlichen Monatsgehalt ihres zukünftigen Berufs. Letztlich steht dahinter die Denkweise: Wer arbeitet, ein Unternehmen gründet, nachhaltig investiert und durch seine Führung Werte schafft, hat das Nachsehen, oder anders gesagt, der ist doof. Warum sollte ich mir all das antun, wenn ich doch viel schneller und einfacher am Pool sitzen kann?

...

Mit der Marktwirtschaft hat sich auch eine Finanzwirtschaft entwickelt, die sich vom eigentlichen Geschäft entfernt hat, nämlich Geld zur Verfügung zu stellen, damit Unternehmen reelle Werte schaffen können. Der Handel mit Geld ist für die Finanzwirtschaft lukrativer geworden in Zeiten, wo binnen eines Jahres ein Internetunternehmen wertvoller werden kann als ein etablierter Autohersteller mit Tausenden von Mitarbeitern. So schuf man zusätzlich zu den Aktien weitere Produkte, die noch einfacher mehr Profit ermöglichten.

Früher galt ein solches Verhalten als verwerflich. Die Ökonomen unter den Lesern erinnern sich vielleicht an MaxU (maximize Utility), den maximalen Nutzen, der jedem Ökonomen und Betriebswirtschaftler als Grundsatz gelehrt wird. „Maximiere den Nutzen, maximiere den Profit", heißt es da. Und genauso wurde sich finanzwirtschaftlich verhalten. Man hat Derivate und neue Produkte entwickelt, TÜV-geprüft, aber von Mathematikern und Beratern kaum verstanden. Sie wurden Menschen empfohlen. So wurde noch mehr Profit erwirtschaftet und wer für sein Geld popelige zwei Prozent bekam, war ein Loser, wenn doch 25 Prozent locker zu machen waren. Diese „Produkte" wurden von

Computerprogrammen bewertet, entwertet und gehandelt, ohne wirklich Nachvollziehbarkeit zu haben. Selbst für Berater in Banken war die Situation diffus. Wie können sie eine Empfehlung abgeben, wenn alles so komplex ist, dass es ein Leichtes ist, Vorgänge zu manipulieren. Und auch Staaten haben an dem Ganzen mitgewirkt, mit Rating-Agenturen, Banken haben den Libor-Zins falsch bewertet und Einzelpersonen konnten Milliarden verzocken.

In diesen „Systemen" wurden junge Menschen mit sehr, sehr viel Geld zu emotionslosen Tradern gemacht, die ein paar Jahre später zwar schon recht reich waren, aber auch krank vom System. Man braucht nur in die großen Städte wie Zürich oder Frankfurt zu gehen. Nicht dass die jungen Menschen, die vom System „verheizt" werden, auffällig wären, sie können sich schließlich Kokain oder andere Stimulanzien leisten. Und es wird deutlich: Weder die Unternehmen noch das System sind gesund.

> Wir sind Teil der Krankheit und steuern etliches zu einer ungesunden Entwicklung bei, manchmal mehr, manchmal weniger, manchmal bewusst, manchmal unbewusst.

Wir haben heutzutage Unternehmen, die diese Art typische Manager und Verwalter an der Spitze haben. Viele dieser Systeme haben wir uns selber geschaffen. Wir sind Teil der Krankheit und steuern etliches zu einer ungesunden Entwicklung bei, manchmal mehr, manchmal weniger, manchmal bewusst, manchmal unbewusst.

Alle gemeinsam haben wir dieses System geschaffen. Es hilft deshalb nicht, mit den Fingern auf jemanden zu zeigen, wir würden damit nur auf uns selber zeigen.

Mit zu dieser Entwicklung beigetragen haben wohl auch die negativen Aspekte des angelsächsischen Wirtschaftsverständnisses. In Europa haben wir diese Denk- und Handlungsweise zu lange einfach so übernommen oder aufgedrückt bekommen. Wir wussten alle von den falschen ökonomischen Grundprinzipien darin, auch von unseren eigenen, aber wir haben sie trotz der Krisen nie neu definiert. Letztlich haben wir uns von einer Kultur immer mehr entfernt, die in Deutschland stark angelegt war: der ehrbare Kaufmann bzw. der integre und innovative Unternehmer. Von diesem Typus haben wir uns nicht weiterentwickelt, sondern haben einfach den Manager-Typ übernommen. Seinen Anfang nimmt das bis heute in unseren Schulen und verstärkt sich in den sogenannten Eliteschmieden. Die Ursachen für diese Entwicklung gründen also schon in unserem Bildungssystem. Zudem scheinen die polternden Abzocker medial interessanter zu sein als ein im Hintergrund agierender ehrbarer Kaufmann. Jedenfalls wird über sie öfters berichtet.

DER EHRBARE KAUFMANN

Positive Beispiele ehrbarer Kaufleute gibt es in Deutschland viele. Leider sind die meisten eher weniger innovativ, aber dafür verlässlich und integer. Ins Scheinwerferlicht zu treten meiden sie. Lieber machen sie still ihre Arbeit. So bekommen diese Unternehmer nicht die übliche Aufmerksamkeit. Medien mögen lieber die Selbstdarsteller, die nach Reichtum und Aufmerksamkeit gieren. So tritt die gesund aufgestellte Schar der Führungskräfte, die wir als Vorbilder für junge Menschen und Unternehmer brauchen würden, gar nicht so häufig in Erscheinung.

Unter einem Unternehmer verstehen wir eine Führungskraft, die unternehmerisch handelt. Heute sind in vielen Unternehmen nicht mehr die Inhaber an der Spitze des Unternehmens, sondern die Top-Führungskräfte sind Angestellte des Unternehmens. Sie sollen aber genau so handeln wie Unternehmer. Nämlich *an* und *mit* der Organisation. Ich (Martin Danz) nenne einen sochen Unternehmer „e:preneur" – das „e" steht für Enterprise, also Unternehmen. „Preneur" wiederum als Abkürzung für Entrepreneur, also Unternehmer. Angestellt im Unternehmen denkt, handelt und führt er das Unternehmen wie ein Unternehmer, eben ein ehrbarer Kaufmann, eine integrere Führungsperson und ein innovativer Unternehmer.

Der Manager hingegen entspricht heute eher dem Bild eines Verwalters und allzu oft dem eines „Abzockers". Dieser Typ Führungskraft arbeitet *in* und *für* das Unternehmen. Zwar hat er oft besondere Ausbildungsstationen genossen, aber es genügt nicht, einfach nur Spezialisten zu erziehen. Wahrscheinlich haben wir mehr Manager in Deutschland, als uns eigentlich lieb ist. Sie funktionieren nur, während ein erfolgreicher e:preneur (Unternehmer im Unternehmen) von morgen (und das Morgen hat bereits heute begonnen) befähigt sein muss, ganzheitliche Sichtweisen in seiner Führung setzen zu können. Zudem sollten sie das Potenzial der Menschen schöpfen und mit Komplexität, Variabilität und der DNA eines Unternehmens umgehen können. Ich (Martin Danz) erlebe aber in meiner täglichen Arbeit als Unternehmensoptimierer und auch in der Zusammenarbeit mit der Arche viele der gesunden Unternehmer, Wirtschaftsführer und e:preneure. Sie engagieren sich über das Steuernzahlen hinaus privat und auch als und mit dem Unternehmen. Mit dem Ziel soziale Probleme zu lösen, ohne im Vordergrund den Profit zu sehen, sondern eben ganzheitlich und nachhaltig zu agieren. Sie sind weit weg von irgendwelchen Manager-Klischees, eben integre Kaufmänner.

> Der Unterschied zwischen einem Manager und einem Unternehmer ist, dass der Manager nur um kurzfristige Gewinne kämpft, während ein Unternehmer neben dem Fortbestand des Gewinns auch noch Spuren in der Gesellschaft hinterlässt.

Der Unterschied zwischen einem Manager und einem Unternehmer ist, dass der Manager nur um kurzfristige Gewinne kämpft, während ein Unternehmer neben dem Fortbestand des Gewinns auch noch Spuren in der Gesellschaft hinterlässt. Oder wie Einstein es nannte: „Try not to become a man of success but rather to become a man of value." – Man sollte nicht versuchen, ein erfolgreicher Mann, sondern ein Mann, der für seine Werte bekannt ist, zu werden.

DER BAUM IM GARTEN DER KINDER

Wir haben den Garten der Kinder nun schon von vielen Seiten beschrieben. Nur noch nicht von innen heraus, von seiner Mitte. Dort sehen wir einen Baum gepflanzt. Es ist ein fester Baum, der seine natürliche Funktion im Garten hat. Er bietet Schutz, bei sonnigen wie trüben Tagen, und einen Platz zum Anlehnen. Er lädt auch dazu ein, sich auszuprobieren, wenn die Kinder an ihm hochklettern.

In dieser Art stellen wir uns im Garten der Kinder gesunde Unternehmen vor, egal ob als Kleinunternehmen, Mittelständler oder als Konzern. Sie sind im Kern die Wirtschaft, weil sie nicht nur Geld erwirtschaften, sondern Arbeitsplätze schaffen, Wertschöpfung in Deutschland ermöglichen, Innovationen kreieren und zu Produkten machen, sich in der Gesellschaft engagieren und letztlich mit all dem das Geld generieren, von dem wir alle leben. Nach diesem Verständnis ist jeder, ob Arbeitnehmer, Lieferant, Staatsangestellter, Sozialarbeiter oder was auch immer, auch irgendwie Unternehmer, denn wir leben alle vom Auskommen, von einer Tätigkeit, in einem Unternehmen.

In dieser Sicht auf den Staat gibt es mehrere Dimensionen. Auf zwei soll kurz eingegangen werden. Die eine Dimension ist eine unternehmerische: Unternehmen wollen Sinn und Wert stiften, das bedeutet, dass etwas ermöglicht werden soll, das auch Geld einbringen muss.

Die zweite Dimension ist das unternehmerische Verhalten: Alles, was dieser sinn- und wertstiftenden Form zugehörig ist, muss vom Unternehmer organisiert werden, also das Schaffen von Innovationen, Nachhaltigkeit und ethisch verantwortlichem Handeln.

Ein Beispiel, um das Ganze zu verdeutlichen: Jeder Familienvater ist ein Unternehmer. Zusammen mit seiner Frau steuert er die Familie in Richtung Zukunft. Es werden Rahmenbedingungen geschaffen, die jedem individuell wie auch dem Wohle der Gemeinschaft gerecht werden sollen. Und das Einbinden in ein größeres

Umfeld wird ermöglicht durch Kontakte zu Großeltern, Verwandtschaft, zum Arbeitgeber, der Schule oder zum Sportverein. Organisationsabläufe für den Haushalt werden festgelegt, genauso wie Zeiten der Erholung. Mutter und Vater führen dieses Unternehmen in einer Doppelspitze. Das Ganze kann nun runtergebrochen werden auf den Sohn oder die Tochter, den Beruf, den man ausübt, oder ins Private. Die Grundsätze sind stets die gleichen – überall, wo etwas ermöglicht wird, wo etwas kreiert wird, was sinn- und wertstiftend ist, unternehmen wir etwas. Nur Inhalt, Kontext und Rollen wechseln.

Insofern sind alle Unternehmen, also alle, die Sinn und Wert stiften oder verantwortlich im Sinne eines Unternehmers agieren, der Baum. Sie liefern die Grundlagen zum Leben. Tragen so in den verschiedensten Kontexten und Rollen nicht nur das Unternehmen, sondern damit auch die Gesellschaft, die Kinder, Jugendlichen, Alten und die Schwachen. Wir erwirtschaften und ermöglichen es so dem Staat, seine Leistung zu erbringen. Dieser wiederum organisiert es lediglich für die Gesellschaft. Wir sind also alle Unternehmer oder sollten uns mindestens in unseren Rollen und Funktionen so verhalten.

Die Unternehmen, also die erwirtschaftenden Organisationen, sind das Werkzeug, Gesellschaft und Staat zu ermöglichen. Sie verbinden den NAWISO-Kreislauf, stehen darin verwurzelt und schaffen, wenn sie gesund ausgerichtet sind, von der Wurzel bis zur Krone, nachhaltige Werte in Unternehmen wie in der Gesellschaft. Ihr Wirken, ihre Funktion und ihr Platz im Garten der Kinder sichern und bewerkstelligen das Ineinandergreifen von Natur, Wirtschaft und Sozialem. Sie verbinden diese Felder. Insofern kommen die Früchte dieses Baumes direkt der Gesellschaft zugute.

GANZ NATÜRLICH: ANDAUERNDE VERERBUNG

Ein Baum in einem Garten – dieses Bild lässt in unserem christlich geprägten Kulturkreis erinnern an zwei andere Bäume, die jeweils in einem Garten standen. Beschrieben werden diese Gärten und Bäume in der Bibel. Es handelt sich um den Baum der Erkenntnis von Gut und Böse im Garten Eden und den Baum des Lebens im Paradies.

In beiden Fällen hat der Umgang mit den Bäumen dramatische Auswirkungen. Bei dem einen führt er zum Tode, bei dem anderen schenkt er Fortbestand und andauerndes Leben.

Ein Unternehmen kann zum Ungesunden bis gar Bösen geführt werden, es kann aber auch eine das Leben ermöglichende Funktion erfüllen. Anders als in der Bibel stehen beim Baum im Garten der Kinder Führungskräfte und die Gesellschaft in der Verantwortung, welche Frucht der Baum tragen soll.

Doch es geht nicht nur allein um das Gut, das seine Krone am Ende einer Handlungs- und Produktionskette ziert. Ein Baum an sich galt schon zu biblischen Zeiten in seiner Ganzheit als Wirtschaftsfaktor. Auch heute noch ist das so, denn er ermöglicht durch sein Holz Wärme, Mahlzeiten und Baumaterial für Haus und Hof. Ähnliche Dienstleister und Faktoren in Sachen Wirtschaft sind vergleichsweise die Unternehmen. Auch sie stellen den Großteil unserer Versorgung sicher. Zudem nimmt ein Baum aus seiner Umgebung Luft auf und stößt sie gesäubert wieder zurück. Angesichts manch rauchenden Schornsteins mag dieses Beispiel in Bezug auf Firmen nun vielleicht hinken, aber wenn wir Luft mit Wohlstand gleichsetzen, erarbeiten Unternehmen eben diesen, indem sie die Mittel dafür aus ihrer Umgebung aufnehmen und sie auch wieder in die Umgebung, in die Gesellschaft, abgeben. Verwurzelt ist der Baum dabei in der Mitte des Gartens, in der Mitte der Gesellschaft, und gleichzeitig im Boden der Natur. Ein gesund geführtes Unternehmen, was sich gemäß diesem Bild versteht, würde deshalb nie die Natur ausbeuten, schon gar nicht wegen der Rechenschaft der Umgebung gegenüber oder nur um Profit zu erzielen. Weder wäre das nachhaltig noch gesund. Ökologie darf nicht separiert von Wirtschaft verstanden werden, sondern ist stets enthalten in der Ökonomie.

Und wer schon einmal einen Baum in einen Garten gepflanzt hat, der weiß, dass vor allem auch etwas Sinn- und Wertstiftendes in diesem Vorgang liegt. Dabei geht es nicht um Erfolg, sondern um die Sorge für die Zukunft. Es geht darum, sich hier und heute weiterzuentwickeln, also ein Wertstiften der Gesellschaft durch soziales Investieren in die Zukunft zu gestalten. Im übertragenen Sinne also um Vererbung. Doch nicht das Vererben von Geld soll damit gemeint sein, sondern das Vererben von Dingen, die vermögend sind in der Hinsicht, dass sie etwas zu bewirken vermögen.

In der Konsequenz ist die Wirtschaft der Schlüssel zu unseren Lösungen. Sie sollte der Baum im Garten der Kinder sein, der uns alles ermöglicht, und den wir an unsere Kinder vererben wollen. Dementsprechend sollten wir den „Baum" pfleglich wie sorgsam behandeln – auch von außen. Wir als Gesellschaft haben daher, wie bei einem Baum Äste, die faul sind, oder Pilze, die sich am Stamm ansetzen, bzw. Efeu, das emporrankt, zu entfernen, damit der Baum nicht krank wird. Heute haben wir einen Baum, der von außen nicht gesund ist. Wir sollten aber nicht hingehen und einen womöglich von innen gesund gewachsenen Baum verdammen, sondern möglichst schnell beginnen, den Baum zu pflegen und von krank machenden Umständen zu befreien.

> In der Konsequenz ist die Wirtschaft der Schlüssel zu unseren Lösungen. Sie sollte der Baum im Garten der Kinder sein, der uns alles ermöglicht und den wir an unsere Kinder vererben wollen.

Das soll nicht bedeuten, dass Gesellschaft und Politik die Unternehmen zukünftig hofieren sollten. Gesund gewachsene Unternehmen würden nach so etwas auch nicht streben, aber sie brauchen Wertschätzung und Aufmerksamkeiten, die ihnen das Wachsen und Gedeihen einfacher machen, um als fester Stamm in einer Gesellschaft weiterzubestehen.

WIE UNTERNEHMEN VON IHRER UNTERSTÜTZUNG SELBST PROFITIEREN

Den NAWISO-Kreislauf, also Natur, Wirtschaft und Soziales, miteinander zu verbinden, hat viel mit Wertstiften zu tun, genauso wie mit Vererben. Die Frage, die daraus resultiert, lautet: Wie kann ein Unterstützer eines oder mehrerer Kinder den größtmöglichen Nutzen für das Kind oder den Jugendlichen bewirken, um als weiteren Effekt selbst davon zu profitieren?

Wenn sich Unternehmen sozial engagieren, wirkt sich das immer auch auf die Identifikation mit dem Unternehmen und Produkt aus. Einen viel stärkeren Effekt hat aber noch das persönliche Engagement von Führungskräften, z. B. wenn wir Firmenchefs mit den Kindern in der Arche zusammenbringen. Warum?

Die Anforderungen in Unternehmen werden immer anspruchsvoller, komplexer und dynamischer. Sie gilt es zu beherrschen, doch wachsende Komplexität bedingt eine höhere Sozial- und Führungskompetenz. Genau diese beiden Kompetenzen können Führungskräfte zusammen mit den Kindern der Arche erlernen.

Die Fragen, mit denen sie dabei konfrontiert sind, lauten recht einfach: Wollen die Kinder von mir geführt werden? Lassen sie sich von mir begeistern? Schaffe ich es, gute Beziehungen zu ihnen aufzubauen? Gelingt es den Führungskräften, die Kinder und Jugendlichen von sich zu überzeugen, werden sie viel für sich lernen, auch ihre Mitarbeiter derart zu begeistern, dass sie ihnen folgen wollen. Selbstverständlich zielen die Erlebnisse nicht nur auf den Beruf ab, sondern beeinflussen auch das Privatleben. Oft hören wir später, dass diese Erlebnisse prägend für das eigene Leben waren.

Es gibt für ein Unternehmen viele verschiedene Ebenen, sich mit einer sozialen Einrichtung zu verbinden und diese zu unterstützen – durch eine Firmenpartnerschaft, durch Sachspenden ihrer Produkte oder durch Projekte, indem beispielsweise in Sportangebote, Nachhilfe oder Renovierungsmaßnahmen investiert wird. Alle Ebenen verbinden den Kreislauf und wirken sich bei den Kindern aus. Doch was gelangt z. B. durch Sachspenden oder Patenschaften an Wirkung zu den Unternehmen zurück?

Als Arche versuchen wir im Sinne der Wertstiftung und des Vererbens auch Imagewirkung an Unternehmen zurückzuspielen. Mitunter nutzen sie dies medial. Selbstverständlich muss sichergestellt werden, dass alles, was in Zusammenhang mit den Medien passiert, in den normalen Betrieb in der Arche integriert werden kann und Persönlichkeitsrechte des Kindes wie der Familie gewahrt bleiben. Wir sehen all diese Aktivitäten nicht als eine Instrumentalisierung der Kinder, vielmehr wird so eine Situation geschaffen, die keine Verlierer hervorbringt oder sich nur einseitig gestaltet. Die Unternehmen dürfen profitieren wie zuvor die Kinder. Und letztlich hat die Gesellschaft auch noch etwas davon.

> Es gibt für ein Unternehmen viele verschiedene Ebenen, sich mit einer sozialen Einrichtung zu verbinden und diese zu unterstützen.

VERERBEN UND WERTSTIFTEN

Wie bereits erwähnt haben sich Unternehmen die „Corporate Social Responsibility" – die unternehmerische Gesellschaftsverantwortung auf die Fahne geschrieben. Wie auch immer dies benannt werden mag, was auch immer die Motivation dahinter ist, ob es „Gutes zu tun" ist oder eine Investition, wichtig ist, dass es nicht einmalig bleibt und man sich als Unternehmen und als Person damit identifizieren kann. Denn das bildet die Grundlage für Vererbung und Wertstiftung. Anhand einer Erfahrung aus dem Leben von Ralf Schneider, Vorstand unseres christlichen Kinder- und Jugendwerks Arche e. V., möchten wir gerne beispielhaft aufzeigen, was wir genau mit Vererben, Wertstiften und seiner doch eher langfristig angelegten Bedeutung meinen:

Gerade habe ich an einem Jugendcamp mitgewirkt. Ich hatte eine Gruppe Jugendlicher vor mir, die ich vorher nicht kannte, und bei denen ich im Einzelfall innerlich geschluckt habe. „Wie sollten die Tage wohl werden", fragte ich mich. Alle möglichen Facetten menschlicher Naturen waren auf einem kleinen Zeltplatz. Coole, krasse, derbe Typen genauso wie andere, die fast nicht sicht- und hörbar, zurückhaltend und schüchtern waren. Wir waren alle auf diesem Platz, ohne Dusche, mit nur einer Toilette, die man auch nicht rund um die Uhr besuchen konnte, bei strömendem Starkregen und nasskalten Nächten auf einer Luftmatratze im Zelt.

Mir fiel auf, dass ich keine zwanzig mehr war und wie kostbar doch ein guter Kaffee ist, insbesondere wenn morgens nur eine trübe Suppe in der noch schmierigen Tasse vorzufinden ist. Nach dem Camp war ich dankbar, wieder in meinem Bett zu liegen, und der morgendliche Kaffeeduft roch noch viel köstlicher, als er eh schon war.

Doch eine Sache habe ich noch viel stärker wahrgenommen. Es war schön und schmerzlich zugleich: Ich habe die Jungs vermisst. Bei der Verabschiedung hatten mich einige mit treuem, lieben und hoffendem Blick gefragt: „Ralf, kommst du das nächste Mal wieder mit?"

Die Zeit im Camp war unter anderem dadurch geprägt, dass es viel Zeit zum Kennenlernen und für Einzelgespräche gab. So öffnete sich nach einigen Tagen manch weiches und bedürftiges Herz unter der erst unnahbaren Schale, und ein kreativer und origineller Rapper kam auf einmal mit interessanten Gedanken zu Themen des Lebens daher, obwohl er einen vorher, aus welchen Gründen auch immer, nicht mal eines Blickes gewürdigt hatte.

Aus diesen Tagen habe ich enorm viel für mich gewonnen. Junge Menschen, die ich vorher nicht kannte, schenkten mir ihr Vertrauen und teilten mit mir ihre Sehnsüchte und Pläne in Bezug auf ihre Gegenwart und Zukunft. Sie erlaubten mir, an ihrem Leben teilzuhaben und drückten auf ihre Art aus, dass sie gerne von mir wissen wollten, was ich darüber dachte. Sie taten das, nachdem ich ihnen vorher aus meinem Leben berichtet hatte, und zwar nicht nur von erfolgreichen Momenten, sondern ich habe sie auch an meinen Niederlagen teilhaben lassen. Es lag dann allein in ihrer Hand zu entscheiden, ob sie mir ihr Vertrauen schenken wollten oder nicht.

Hier ging es nicht darum, jemanden emotional auszutricksen, sondern darum, Leben mitzuteilen bzw. zu teilen. Man gab und bekam. Nachher allerdings war ich reicher als zuvor. Darum ist Geben seliger als Nehmen, denn aus einem Haben zu geben mit dem Ziel, Gewinn zu „erwirtschaften" ist Ausdruck menschlicher und unternehmerischer Freiheit.

Reichtum und Armut sind relativ. Ich kann wenig finanziellen Spielraum haben, aber dennoch gewissenhaft, selbstständig in der jeweiligen Lebensphase glücklich leben, auch wenn ich meine finanziellen Grenzen deutlich zu spüren bekomme. Ich spreche aus Erfahrung. Dies geht nur, wenn ich meinen Selbstwert nicht vom Geld definieren lasse. Andrerseits kann sich ein Reicher arm fühlen, weil die Abhängigkeit der Wertschätzung in Form einer Währung ihn daran hindern wird, zur Ruhe, zu sich selbst, zu anderen oder zu Gott zu finden.

Ein gesunder Selbstwert ist die beste Grundlage dafür, mich wiederum in Unternehmungen zu investieren, denn ich weiß, wer ich bin, was ich habe – das benenne und gebe ich, das wird wahrgenommen und gehört werden und so lässt sich ein Lebenshaus bauen. Ich säe einen Teil von mir und darf ernten. So werden Beziehungen gebaut, Felder bestellt, Unternehmen gegründet und erhalten. Immer wissend, dass ich mich persönlich „gebe", „verschenke", „investiere", aber immer darauf achtend, mich nicht zu verkaufen. Ich bin es wert und diese Kinder sind es erst recht.

Wo sind die Vorbilder in unserer Gesellschaft, Politik und unseren Unternehmen, die nicht nur auf legitimen Gewinn aus sind, sondern auch bereit im Sinne von Win-win-win, Wertschätzung,

Wertschöpfung und Wertstiften zu verbinden, um somit einen Kreislauf zu betreten, bei dem es – mit einem Mindestmaß an Bereitschaft aller Beteiligten –nur Gewinner geben kann?

Jemanden zu fördern und fordern setzt voraus, dass man das, was man von anderen erwartet, vorlebt und aus Überzeugung weitergibt bzw. durch seinen Lebensstil vererbt. Kurz gefragt: Wer ist bereit, das Risiko einzugehen in Menschen zu investieren, um sie und damit ihre Fähigkeiten für eine gemeinsame Sache zu gewinnen und damit letztlich für alle Beteiligten Erfolg zu erwirtschaften?

Jedes Investment ist mit Risiko verbunden, denn um nachhaltigen Erfolg zu haben, gibt es vieles zu beachten und nicht alles liegt in unserer Hand. Dass es dabei zu Enttäuschungen kommen kann, ist völlig normal und gehört zum Leben dazu. Wer aber auf Wertschätzung und gegenseitige Anerkennung setzt, hat eine Basis des Vertrauens geschaffen, die Krisenzeiten nicht nur gut überstehen lässt, sondern daraus noch Nutzen für mehr Stärke und Zusammenhalt gewinnt. Die Finanzkrise ist das beste Beispiel dafür, wie Menschen andere Menschen ausnehmen können. Menschen missachteten die Lebensleistung anderer, und zwar in Form ihres Vermögens, durch pure Gewinnsucht und hinterließen Opfer in ungeahntem Ausmaß. Hingabe, Fleiß, Vertrauen, Mut, Beständigkeit, die sich im wahrsten Sinne des Wortes ausgezahlt haben, wurden dem aussaugenden gierigen Mammon geopfert.

> Tatsache ist, es liegt in unserer Hand, ob wir mit dem, was wir haben und sind, Segen oder Fluch kreieren. Genau hier liegt die Verantwortung der Wirtschaft.

Solche Vorbilder brauchen wir nicht, denn sie vererben nichts. Stattdessen fressen sie das Lebenserbe vieler Menschen auf.

Tatsache ist, es liegt in unserer Hand, ob wir mit dem, was wir haben und sind, Segen oder Fluch kreieren. Genau hier liegt die Verantwortung der Wirtschaft wie auch derjenigen, die in und mit Unternehmen durch ihre Wertorientierung Standards ein- und umsetzen.

BEZUGSPARTNER SCHAFFEN

Kinder sind von klein auf in eine Abhängigkeit hineingeboren. Sie sind darauf angewiesen, Vorbilder zu haben, die sagen, was sie tun, und tun, was sie sagen. Glaubwürdigkeit bedeutet insofern auch vom Leben und seinen Niederlagen zu erzählen und wie man damit umgeht. Niemandem fällt ein Zacken aus der Krone, wenn man sich für einen Fehler entschuldigt. Im Gegenteil, es ist eher wertschätzend, wenn man seine bisherige Sicht ändert und sein Gegenüber um Vergebung bittet – gerade wenn persönliche Grenzen überschritten wurden. Ein solcher Lebensstil schafft Vertrauen und Beziehungsfähigkeit, die es unseren Kindern ermöglicht, „laufen zu lernen". Gleichzeitig gewinnt er Teenagern und Jugendlichen Respekt ab, sodass sie sich ermutigt fühlen, in ebensolche Fußstapfen zu treten, weil sie merken, dass dieser Lebensstil echt ist. Sie brauchen sich dann nicht mehr zu verkaufen, weil sie in ihrer Identität wissen, wer sie sind – Überzeugungstäter.

...

Vor ein paar Monaten begrüßten Arche-Pressesprecher Wolfgang Büscher und seine Frau eine Gruppe junger engagierter Politiker in einer unserer Archen. Am Ende einer Diskussion stellte einer der jungen Männer etwas Bemerkenswertes fest: Alle Gäste, die gekommen waren, hätten sicher einen ähnlichen Lebenslauf – gutes Elternhaus, guten Schulabschluss, gutes Studium, ihr Leben war vorgezeichnet. Was der junge Mann ebenfalls sah, waren die in den Kindern schlummernden Potenziale für die Unternehmen und Gesellschaft. Ihre Lebensläufe waren im Vergleich zu denen der Politiker durch etliche Brüche gekennzeichnet, von daher anders, aber nicht minder gehaltvoll.

Jemand, der in gesunden Beziehungen aufgewachsen ist und ein großes Maß an Ur- und vielleicht auch Gottvertrauen mit auf den Lebensweg bekommen hat, darf dankbar sein und sich reich und vermögend fühlen. In Euros lässt sich so etwas niemals aufwiegen, denn Dutzende Menschen stehen dahinter, die ihr Leben geteilt haben zum Wohle eines anderen. Sie haben sich „vererbt". Mütter und Väter, Großeltern, Lehrer, Trainer, die ihr Bestes gegeben haben, mit all ihren Stärken, Eigenheiten und Schwächen, um einen kleinen Teil davon an ein Kind weiterzugeben.

Deutschland braucht mehr von solchen Menschen. Wir brauchen keine belehrenden Moralapostel, kognitiv ausgerichtete Bildungsfanatiker und erst recht keine kometenhaft vorbeiziehenden Stars und Sternchen. Was unser Land dringlichst braucht, sind verlässliche Beziehungspartner mit einer Vater- und Muttermentalität. Menschen, die für Kinder da sind, ihnen Perspektiven aufzeigen und den Kopf wieder ausrichten. Und die bereitwillig diejenigen unterstützen, deren Lebenslauf nicht dem der oben genannten Politiker entspricht. Wenn solche Kinder, deren Lebensläufe Brüche haben, ihren Platz mündig in der Gesellschaft einnehmen können, angeleitet durch die richtigen Menschen und Unternehmen, werden sie ihr lebensgeschichtlich geprägtes Potenzial einbringen, das im positiven Sinne nicht zu unterschätzen ist. Selbstverständlich bleibt ein gewisses Risiko, dass sich das Ganze auch zur anderen Seite, ins Negative, entwickelt, aber besitzt unsere Arbeitswelt nicht genug gesunde Mechanismen rechtzeitig einzugreifen? Ein solches Investment lohnt sich allemal, denn Profit, der sich nicht nur in Geld ausdrückt, gibt es für alle Beteiligten, denn Profit ist mehrdimensional. Es braucht aber auch Zeit. Denn in diesem Sinne erfolgreich zu „wirtschaften" nach dem Prinzip „Saat und Ernte" gelingt nur, wenn Zeit ins Land gehen darf. Erst dann wird der „Erfolg" messbar. Nichtsdestotrotz sichert die dahinterliegende Überzeugung die Zukunft. Diese Mentalität brauchen wir. Das ist Vererbung!

HILFE MUSS BEFÄHIGEN

Wir brauchen daher eine völlig neue Sicht auf die sogenannten „Verlierer" unserer Gesellschaft. Sie sind keine Verlierer. Es ist nur verpönt, in unserer Leistungsgesellschaft Schwäche zu zeigen oder zuzulassen. Wer gut sein will, darf sich keine Schwäche leisten. Wir sind oft getrieben von dem Gedanken: höher, weiter, besser! – Doch als wer? Wenn wir unsere Motivation aus dem Vergleich mit anderen ziehen, haben wir nicht gelernt, die eigenen Stärken so zu erkennen und einzusetzen, um aus einer Souveränität heraus das zu tun, was unserem Leistungsvermögen entspricht. Wir streben dann nur nach Höchstleistung, um Erfolg und damit persönlichen Ruhm und Ehre erreichen zu wollen. Lange werden wir so etwas nicht genießen können, da uns andere bereits wieder überholen wollen. Getriebene sind oft ärmer als manch Armer.

Schwachheit hingegen ist angewiesen auf und empfänglich für Hilfe. Wenn der Schwache die Demut aufbringt zu sagen, ich brauche Hilfe, ist das ein völlig normaler Vorgang. Nur, wir haben vielleicht verlernt „normal" damit umzugehen. Letztlich leben wir in einer Solidargemeinschaft, wir sind als Generationen aufeinander angewiesen, um uns zu unterstützen, zu ergänzen und voneinander zu profitieren. Nach diesem Verständnis hat Hilfe, wenn sie nachhaltig sein soll, immer das Ziel, den Hilfesuchenden zu befähigen, sein Leben wieder eigenverantwortlich gestalten zu können. Hilfe, die jedoch eine Abhängigkeit zementiert, wie manche Sozialleistungen es gegenwärtig tun, ist tatsächlich keine Hilfe, sondern eher ein Beschäftigungsprogramm für die scheinbar Hilfegebenden.

> Ziel muss es daher sein, Menschen zu befähigen, für sich selber sorgen zu können, dass sie wiederum anschließend auch Verantwortung für andere wahrnehmen können.

Ziel muss es daher sein, Menschen zu befähigen, für sich selber sorgen zu können, dass sie wiederum anschließend auch Verantwortung für andere wahrnehmen können. Das Gesetz von Saat und

Ernte ist in jeder Lebenssituation wirksam. Die Lebensbefähigung beinhaltet, so wie wir sie verstehen, nicht nur sein eigenes Leben zu gestalten, sondern auch das Vermögen zu vererben.

Der Hilfegebende muss letztlich daran arbeiten, sich abkömmlich zu machen. Dafür braucht er eine zusätzliche Sicht auf die Hilfssituation, eine Vision. Eine Mutter, die ihrem Kind das Laufen beibringen will, stellt sich innerlich bereits vor, wie das Kind einen Schritt vor den nächsten setzt. Fängt das kleine Kind an, selbstständig die ersten Schritte zu machen, wird die Mutter ihre unterstützenden Hände mehr und mehr zurücknehmen, aber trozdem dem Kind zur Seite stehen. Ähnlich haben wir zu verfahren bei einem älteren Kind und Jugendlichen. Ein Unterstützer muss in ihm etwas sehen, was der Betreffende sich vielleicht noch gar nicht zutraut, geschweige denn sieht. Das geschenkte Vertrauen, die Zuversicht und der Glaube an ihn werden ihn befähigen, die ersten Schritte zu machen. Und er wird vielleicht zum ersten Mal Erfolg in seinem Leben spüren. Weil andere etwas gesehen haben, was lange in ihm verborgen war. Diese Form von Hilfe ist ein entscheidender Schlüssel, der vieles grundlegend verändert, hin zum Wertstiften und zur Vererbung.

Aus eigener Erfahrung weiß beispielsweise unser Vorstandsmitglied Ralf Schneider, was in einem Menschen verschüttet ist, wenn man nicht gefordert wird:

Lange Zeit dachte ich, es nicht nötig zu haben, gefordert zu werden. Doch ein einfaches Gebet vor ca. 30 Jahren führte dazu, dass ich mich neu entdecken durfte. Nach einer langen Zeit innerer Stagnation und Hoffnungslosigkeit, verbunden mit der Frage, wofür ich eigentlich lebe, fing ich mich wieder an zu bewegen. Der Anfang war schwer. Es fühlte sich an, als hätte ich Rost angesetzt.

Eines Tages half ich meinem damaligen Pastor beim Umzug. An diesem Tag fragte mich in seinem neuen Domizil ein mir unbekannter Umzugshelfer, ob ich ihm beim Einbau einer Tür helfen würde. Gefragt, getan. Was ich nicht wusste, dieser Mensch war Chef einer Tischlerei und Innenausbau-Firma. Er sah, wie ich mit der Türzarge umging und fragte mich noch am selben Tag, ob ich nicht eine Tischlerlehre bei ihm beginnen wollte. Und wieder: gefragt, getan. Ich machte bei ihm meine Lehre und wurde gegen Ende der Zeit gefragt, ob ich nicht perspektivisch die Nachfolge einer Führungsposition in dem Unternehmen antreten wolle.

Das passierte alles, weil ein Unternehmer die Situation und die Gelegenheit erfasste, mir ein solches Angebot zu machen. Ihm war klar, dass er ein Risiko damit einging, schließlich war er lange genug im Geschäft. Erst im Nachhinein wurde mir bewusst, wie er mich damals beim Umzug und Türrahmeneinbau dezent über mein Leben ausgefragt hatte. Heute sehe ich es als großes Glück, damals am richtigen Ort, zur richtigen Zeit mit den richtigen Personen zusammen gewesen zu sein und die richtigen Entscheidungen getroffen zu haben. Wir haben davon alle profitiert.

Schließen wir den Bogen zu unserer Frage: Wie kann ein Unterstützer eines oder mehrerer Kinder den größtmöglichen Nutzen für das Kind oder den Jugendlichen bewirken, um als weiteren Effekt selbst davon zu profitieren?

Um diesen Effekt zu erreichen, müssen die Unternehmen, im Kern der Unternehmer, der e:preneur, mit dem sozialen Werk und mit den Kindern, Jugendlichen und jungen Erwachsenen verbunden werden. Diese Verbundenheit darf kein reines Betriebsprogramm bleiben, sondern muss als DNA im Unternehmen, also im gemeinsamen Verhalten, verankert werden. Und es braucht soziale Einrichtungen, die diesen Schulterschluss ermöglichen.

> Sich in diesen Kreislauf einzubinden, sollte an der Stelle passieren, wo man am meisten glaubt, Wirkung zu erzielen.

Sich in diesen Kreislauf einzubinden, sollte an der Stelle passieren, wo man am meisten glaubt Wirkung zu erzielen. Ob als Beirat, Vorstand, ehrenamtlicher Helfer oder Aushilfe – jeder kann da seinen eigenen Weg finden, sich mit seiner Geschichte und Funktion als Stifter, als Lehrer, als Netzwerker, der Personen zusammenbringt, als was auch immer, einzubringen. Der Fantasie sind keine Grenzen gesetzt. Es muss einfach dem Kreislauf dienen.

Wenn das geschieht, erzielt der Kreislauf Effekte in drei Richtungen – bei den Kindern, bei den Unternehmen und in der Gesellschaft. Und nicht selten stellt man fest, man geht trotz des engagierten Gebens und Investierens immer noch am Ende des Tages beschenkter nach Hause, als man gekommen ist.

KAPITEL 11

DER SCHWERE WEG ZUR LEICHTIGKEIT
DER SCHULTERSCHLUSS ALLER BETEILIGTEN *ODER* WARUM WIR EINE LOBBY FÜR DIE KINDER BRAUCHEN

Was ist uns ein Kind wert? Wie vermitteln wir ihm diesen Wert? Und wie kommt er beim Kind an? – Das sind einfache, aber sehr zentrale Fragen. Unser Buch will diese Fragen stellen. Und als Gesellschaft sollten wir diese beantworten können. Oder noch besser: Unsere Politiker, stellvertretend für uns alle, sollten dies tun. Sie sind es, die eine Diskussion über diesen Wert wie auch den Garten der Kinder zu moderieren haben. Nur ist diese Diskussion aufgrund ihrer Größe und Komplexität nicht mit Parteiprogrammen zu führen. So ist einer der Grundfehler der Politik, dass sie nicht einmal ansatzweise versucht, diese Fragen zu beantworten. Aber die Gesellschaft fordert die Diskussion auch zu wenig ein. Vielleicht, weil Kinder keine eigene Lobby haben – weder in der Gesellschaft noch in der Sozialpolitik?

> Wenn Probleme im Staat nur adressiert und ihre Lösungen nur eingefordert werden können, wenn eine starke Lobby dahintersteht, sollten wir endlich für Kinder eine Lobby einfordern.

Wenn Probleme im Staat nur adressiert und ihre Lösungen nur eingefordert werden können, wenn eine starke Lobby dahintersteht, sollten wir endlich für Kinder eine Lobby einfordern.

Als christliches Kinder- und Jugendwerk können wir nur eine kleine Stimme sein. Wir versuchen uns mit Büchern und Stimmen in der Presse in die Diskussion einzubringen. Aber wir stellen immer wieder fest, dass wir wahrgenommen und gehört werden und dass uns zugestimmt wird. Was würde also passieren, wenn sich noch mehr Menschen in die Diskussion einmischen? Wenn man sich als Bürger gemeinsam empören würde? Wenn sich zusammen eine große Stimme bilden würde, um etwas zu verändern?

Um diese Fragen weiterzuführen und die daraus resultierenden Aufgabenstellungen zielführend zu Ende zu bringen, bräuchte es immer noch eine Politik, die sich parteiübergreifend zusammenschließt. Nur sie kann ein nachhaltiges soziales Ergebnis schaffen für Kinder, das länger andauert als eine Legislaturperiode. Vielleicht müsste der Bundespräsident als objektive Position, die einen Ausgleich zwischen den Parteien schafft, dieses Thema federführend in die Hand nehmen und über alle Parteien und Interessengruppen hinweg moderieren. Zusätzlich hätte eine Gruppe unabhängiger Philosophen, Ökonomen, Pädagogen und Führungskräfte aus Sozialwerken in einem definierten und transparenten Prozess die Grundsätze und den Habitus dieser Fragen zu definieren. Diese Personen sollten keine Politiker sein, sondern Experten, die sich täglich damit beschäftigen, Menschen zu befähigen. Zudem bedürfen solche komplexe Fragestellungen definierter Analyse-, Lösungs- und Moderationstechniken. Methoden, wie sie heute bereits in zahlreichen Unternehmen angewandt werden, die allerdings sicherlich ohne Weiteres auch für komplexe politische Themenstellungen adaptiert werden können.

Fakt ist, die Lösungen müssen über die Parteiprogramme, Koalitionsvereinbarungen, Interessengruppen und Lobbys hinweg erarbeitet werden. Das gilt übrigens nicht nur die Kinder betreffend, sondern ebenso für ältere Menschen wie allgemein das Gesundheits- und Bildungssystem. Diese Felder bedingen sich gegenseitig und beeinflussen so unsere Zukunft.

Aufgabe des Staates ist es, den Kreislauf zu ermöglichen und zu fördern. Zurzeit werden allerdings nur Symptome und nicht Ursachen behoben. Gelder werden zwar verteilt, aber vieles nicht ermöglicht, es wird verwaltet, aber nicht organisiert, es stehen Parteiprogramme und Themen der Lobbyisten und nicht ganzheitliche Lösungen im Mittelpunkt. Wir brauchen daher dringend machbare Lösungen, die nahe an den Kindern und Jugendlichen sind.

Sie sollten die ursächlichen Probleme beheben und nachhaltig sein. Die Situation der Kinder in Deutschland erfordert es, dass die Kinder diese Lösungen heute und nicht erst in vier, acht oder zwölf Jahren brauchen. Inhaltlich sind sie aus unserer Sicht längst realisierbar, wie man an einem konkreten Beispiel aus der Arche München sehen kann:

HAUSAUFGABENHILFE ALS BEISPIEL FÜR GEMEINSAME LEBENSBEFÄHIGUNG

Die Hausaufgabenbetreuung war von Anfang an der Renner. Unser kleiner Raum bietet 13 Plätze, die gar nicht ausreichen, um alle Kinder unterzukriegen. Oft ist der Raum überfüllt, Kinder sitzen auf dem Notausstieg, um Hausaufgaben zu machen, oder müssen später wiederkommen, wenn ein anderes Kind fertig ist. Für viele Kinder ist die Hausaufgabenhilfe die erste und auch einzige Anlaufstation bei einem Arche-Besuch. Sie kommen oft gar nicht, um zu essen, zu spielen oder an der Kinderparty teilzunehmen. Sie kommen, um Hausaufgaben zu machen.

Ein Junge, der erst seit ein paar Wochen zu uns in die Arche kommt, nutzte zuerst auch nicht unsere anderen Angebote. Er machte seine Aufgaben und ging danach wieder nach Hause. Erst nach und nach eroberte er sich die Arche und lernte die anderen Kinder kennen.

Eine Mutter, die neu zu uns kam, sagte sogar, sie wolle jetzt ihre Kinder immer zu uns in die Arche schicken, da sie von anderen Eltern gehört habe, dass es hier mit den Hausaufgaben so gut funktionieren würde.

Woran liegt es, dass sich dieser Zweig der Arche-Arbeit so stark entwickelt hat? Es gibt wohl mehrere Gründe. Zum einen kommen viele unserer Kinder aus Migrationsfamilien. Ihre Eltern können nicht gut Deutsch und erhoffen sich unsere Hilfe bei den auf Deutsch gehaltenen Hausaufgaben. Zweitens wären viele Kinder sonst nachmittags allein zu Hause. Sie genießen ganz einfach die

Aufmerksamkeit, die ihnen während der Betreuung entgegengebracht wird. Und drittens sind sie sehr motiviert. Dies veranlasst uns wiederum zu überlegen, wie wir mehr Raum für die Hausaufgabenhilfe schaffen können, damit die Kinder noch besser lernen und auch andere Kinder, denen die Hausaufgaben nur eine leidige Pflicht sind, für das Hausaufgabenmachen begeistert werden.

Der Bericht veranschaulicht sehr klar, wie einfach Lösungen für Kinder aussehen können. Nur das Zusammenbinden und Fokussieren unserer Leistungen wäre noch vonnöten. Lösungsansätze existieren vermutlich bereits oft schon auf dem Papier oder in der Praxis in sozialen Einrichtungen und müssten nur adaptiert und als gemeinsamer Schulterschluss koordiniert werden. Nur, dafür müssten alle Beteiligten über ihren Schatten springen. Geht es wirklich darum festzuhalten, wer was leistet und welcher Name letzten Endes druntersteht? Sind das wahre Hinderungsgründe? Vielleicht schon, denn ein Mangel an Fokussierung, Priorisierung sowie das fehlende Verbinden von Kräften für Kinder sind die Resultate eines Systems der Interessen und Ideologien. Doch sind unsere Kinder es nicht wert, dieses (alte) System zu überwinden?

Was so ein Schulterschluss aller Beteiligten bewirken kann, zeigt die Geschichte von Lydia.

LYDIA – EINE ERFOLGSGESCHICHTE AUS DER ARCHE

Lydia ist heute 17 Jahre alt. Seit neun Jahren geht sie in eine der Berliner Archen, und zwar fast täglich. Lydia kommt aus einfachen und prekären Verhältnissen. Ihre Mutter hat hin und wieder einen neuen Freund, doch ein fester Partner war noch nie an ihrer Seite. Mit ihrer Mutter und drei weiteren Geschwistern, die alle jünger sind, wohnt Lydia in einer kleinen Wohnung einer Berliner Plattenbausiedlung. Ordentlich ist es in der Wohnung nie. Es sieht schlimm aus: In der Küche schimmeln Essensreste vor sich hin, gebrauchtes Geschirr sammelt sich tagelang ungewaschen in der Spüle, schmutzige

Wäschestücke liegen verstreut im Wohnzimmer, Schlafzimmer und Bad. In der Dusche stehen Putzutensilien, die so aussehen, als seien sie schon Jahre nicht mehr benutzt worden. Sie sind mit einer dicken Staubschicht überzogen. Geduscht hat hier schon seit Jahren keiner mehr. Auch die Toilette ist zugestellt mit Dingen, die niemand mehr braucht. Nur unter sehr schwierigen Bedingungen ist das „gute Stück" zu erreichen. Lydias jüngere Geschwister schaffen es nicht immer rechtzeitig dorthin und so sind die Spuren ihrer Toilettenbesuche deutlich auf der Sitzfläche und dem Boden zu sehen. Der Gestank ist unerträglich, da das Badezimmer fensterlos ist. Auf die Idee, hier einmal sauber zu machen, würde Lydias Mutter niemals kommen.

Anna, so heißt sie, weiß, dass sie niemals mehr aus der Hartz-IV-Falle herauskommen wird. Sie hat keine Ausbildung, und mit vier Kindern ist es natürlich schwer, einen Arbeitsplatz zu finden. Morgens, wenn sie ihre Kinder für die Schule fertig machen müsste, bleibt sie fast immer im Bett liegen. Inzwischen hat Lydia die Aufgabe übernommen, sich um ihre Geschwister zu kümmern. Nur nachmittags, wenn die Kinder aus der Schule kommen, kümmert sie sich um die zwei Mädchen und den kleinen Bruder von Lydia. Dann kann die „Große", so nennt die Mutter Lydia, in die Arche gehen und sich dort mit ihren Freundinnen treffen.

Lydia hat gerade den erweiterten Hauptschulabschluss geschafft, sich bisher aber noch nicht um einen Ausbildungsplatz bemüht.

„Wie soll ich das denn schaffen, wenn ich mich morgens um die Kleinen kümmern muss?", fragte sie kürzlich einen Arche-Mitarbeiter. „Mutti ist auch dagegen, bald bekomme ich sowieso Hartz IV und irgendwie komme ich damit schon zurecht."

Angesichts solcher Sätze sind wir immer wieder geschockt. Doch leider ist so etwas für die Arche-Mitarbeiter Alltag. Lydia ist eigentlich ein sehr intelligentes Mädchen. Wenn man ihr etwas erklärt, begreift sie die Dinge sehr schnell. Nur ihre Potenziale sind in ihrer Kindheit nie richtig gefördert worden. Bevor Lydia in die Arche kam, saß sie zu Hause fast nur vor dem Fernseher. Im Alter von vier Jahren konnte sie kaum sprechen. Ohne unseren Nachhilfeunterricht in der Arche hätte sie ihren Schulabschluss nie geschafft.

„Wofür braucht die so einen Abschlusslappen, die soll sich einen reichen Mann suchen, solange sie noch hübsch ist", sagte uns ihre Mutter vor einiger Zeit. Aber Lydia ist anders. Sie will raus aus dieser prekären Umgebung. Am liebsten würde sie sogar ihre Geschwister mitnehmen. „Meiner Mutter wäre das sogar lieb", verriet sie uns.

Eines Tages klopfte das Mädchen ganz mutig an die Bürotür eines unserer Pädagogen. Sie vertraute sich ihm an und sagte: „Holt mich da raus, ich kann nicht mehr." Allerdings war es für Lydia nicht so einfach, einen Ausbildungsplatz zu finden, der ihr auch Spaß macht. Am liebsten würde sie Visagistin werden, weil sie dort hofft, möglichst viele Stars zu treffen. Aber um das zu schaffen, muss sie vorher eine Ausbildung als Friseurin abschließen. Nur darauf hat sie keine Lust.

Als Arche helfen wir Lydia gerade dabei, eine eigene Wohnung zu finden. So hart sich das auch anhört, sie muss weg von ihrer Familie. Die räumliche Trennung wird ihr sehr schwerfallen, denn sie liebt vor allem ihre Geschwister. Lydia muss auch raus aus dem Kiez, ihrem Stadtteil, denn der tägliche Umgang mit ihrer Familie würde sie immer wieder zurückwerfen.

Als eines Tages das Telefon im Arche-Büro klingelte, gab es eine tolle Überraschung für Lydia. Eine Firma bot Lydia einen Ausbildungsplatz an, ein spezielles Projekt für Jugendliche aus schwierigen sozialen Verhältnissen. Es wäre bereits das dritte Mal, dass diese Firma einen Arche-Jugendlichen einstellen würde. Die jungen Leute werden dort pädagogisch betreut und während der gesamten Ausbildungszeit begleitet. Die Firma hat bisher mit diesem Projekt sehr positive Erfahrungen gesammelt. Nach heutigem Stand werden zwei Jugendliche aus der Arche die Ausbildung erfolgreich abschließen und wahrscheinlich sogar übernommen. Das zeigt auch, dass es sich lohnt, für Kinder zu kämpfen. Und dass Lydia überhaupt eine Chance auf einen Ausbildungsplatz hat, ist dem oben genannten Schulterschluss zu verdanken. Ohne dieses Engagement würde Lydia bildlich gesprochen in der Gosse landen.

Damit Lydia der Umzug in ihre neue Umgebung leichter fällt, helfen wir auch noch einmal ihrer Mutter. Zwei Arche-Mitarbeiter werden zusammen mit Lydias Mutter die heruntergekommene Wohnung renovieren und sie auch bei der weiteren Erziehung ihrer Kinder unterstützen. Weiter wollen wir die Mutter bitten, ihre Kinder täglich in die Arche zu schicken. Das würde ihrer Entwicklung guttun.

Lydia konnte jetzt mit unserer Hilfe auch eine kleine Einzimmerwohnung finden. Sie kann schon in wenigen Wochen einziehen.

NACHHALTIGKEIT DURCH PRIVATWIRTSCHAFTLICHE SOZIALUNTERNEHMEN

Lydias Beispiel zeigt, dass freiwilliges Engagement mehr als notwendig ist. Ohne diese Hilfe hätte sich Lydia in der Armuts- und Bildungsfalle verfangen. Jetzt hat sie eine Chance, diesen hoffnungslosen prekären Kreislauf zu verlassen. Die Reißleine zog sie selber und fand zum richtigen Zeitpunkt einen Ansprechpartner und praktische Hilfe. Gerade noch rechtzeitig. Lassen wir allerdings die Kinder im Lebensabschnitt bis zu ihrer Lebensbefähigung allein, ist es sehr schwer, ihre wirklichen Potenziale zutage zu fördern. Manchmal sogar fast unmöglich. Wenn wir richtig „Erfolg" haben wollen, müssen wir die Kinder vom Kleinkindalter bis in die Berufswelt hinein unterstützen und befähigen. Das entspricht einer ökonomischen und sozialen Nachhaltigkeit! Wenn wir in dieser Zeit die Kinder auch im Umgang mit der Natur und den Ressourcen befähigen, erreichen wir sogar ganzheitliche Nachhaltigkeit. Dann haben wir den ersten Schritt zu einer Nachhaltigkeitsgesellschaft unternommen.

Benutzen wir Nachhaltigkeit allerdings nur als Worthülse, wie sie bislang in der Politik gebraucht wird, lassen wir unsere Kinder, gerade die Kinder aus den Archen, allein.

Wir haben mittlerweile 15 Archen in Deutschland mit den verschiedensten Angeboten, vom Kleinkinderprogramm über Sport bis hin zur Akademie. Uns scheint, das ist bei Weitem noch nicht genug. Aufgrund der wachsenden Anzahl der Kinder und ihrer Bedürfnisse fehlen neben Geld vor allem Sozialunternehmen, die privatwirtschaftlich organisiert den Kindern solche Rahmenbedingungen bieten können.

Selbst Muhammad Yunus, der Initiator der Mikrokredite und Friedensnobelpreisträger, proklamiert, Sozialunternehmen einzuführen, damit diese den Kapitalismus (im Sinne einer Gesellschaftsordnung) vervollständigen. Dieser Ansatz des Social Business bezieht sich vor allem auf Kontexte, in denen Menschen um ihr tägliches Überleben kämpfen müssen. In Deutschland wie auch in ganz Europa könnte man mit einem solchen Sozialsystem viele Kinder unterstützen. Auch wir haben mittlerweile einen Großteil an Kindern, die ums Überleben kämpfen – auf anderem Niveau. Sie sind konfrontiert mit Liebesentzug, der Apathie der Eltern, mangelnder Versorgung und Perspektivlosigkeit. Sie kämpfen nicht nur um Geld, sondern vor allem um Sinn, Integration, Chancengleichheit und Zukunft.

Vom Social Business wird auch das Intensivieren des individuellen, gemeinschaftlichen und gesellschaftlichen Fortschritts erwartet. Doch was soll nun dieses „Modell" leisten?

Einerseits sollen die Bürger die Wirtschaftstradition Unternehmen mit der sozialen Verantwortung verknüpfen, und zwar derart, dass soziale Verantwortung durch soziale Unternehmen wahrgenommen und umgesetzt wird. Jede soziale Einrichtung wird so zu einem Privatunternehmen. Es ist wichtig, dies privatwirtschaftlich zu organisieren, weil so viel besser gewährleistet wird, dass Effizienz und Möglichkeiten situationsbedingt angepasst werden können, sodass sozial benachteiligte Kinder professionell und nach betriebswirtschaftlichen Grundsätzen unterstützt werden können. Dies benötigt eine spezielle Finanzierung, da ansonsten die Kinder die Institution gar nicht aufsuchen können, da sie und ihre Eltern sich den Besuch trotz staatlicher Unterstützung nicht leisten können. Diese Sozialunternehmen sollten noch eine weitere Anforderung erfüllen, und zwar Kinder durchgehend vom Kleinkindalter an zum Leben zu befähigen. Vorstellbar wäre hier auch die Unterbringung und Betreuung älterer Menschen in der gleichen Institution, im Sinne eines Mehrgenerationenprojekts. Die ältere Generation könnte so an die junge Generation ihre Erfahrungen und Fähigkeiten vererben. Dadurch sind die älteren Leute selbst noch gefordert. Sie haben das Gefühl, gebraucht zu werden und können den Kindern auch etwas vermitteln.

Das ehrenamtliche Engagement wäre ebenfalls ein wichtiger Teil, nicht nur um möglichst viel Unterstützung zu den Kindern zu bringen, sondern auch im Sinne der Vererbung, wie wir bereits in den Kapiteln zuvor beschrieben haben. Somit würde das freiwillige Engagement nicht mehr als Kompensation und Notnagel für staatliches Versagen missbraucht, wie es heutzutage teilweise geschieht, sondern wäre Bestandteil einer funktionierenden und gesunden Gesellschaft.

Andererseits, das muss man beachten, könnte ein solches Sozialunternehmen auch in die Insolvenz geraten. Was würde dann mit den „Kunden" passieren?

Wenn Sozialunternehmen von Wirtschaftsunternehmen finanziert würden, würde sich deren unternehmerisches Risiko auch auf die von ihnen finanzierten Sozialunternehmen vererben. Dies muss heute schon von privat organisierten Sozialunternehmen geleistet und getragen werden, indem sie wie ein Unternehmen sparsam wirtschaften und Strategien entwickeln, um mit dem finanziellen Risiko umzugehen. Die Sozialunternehmen dürften keinen Gewinn machen, aber sicherlich Rücklagen bilden für finanzielle Ausfälle. Shareholder oder Kooperativmitglieder dürften ähnlich wie in der Arche nur Ehrenamtliche sein. Nur so würden alle Mittel und Fähigkeiten den Kindern zugutekommen. Sinnvoll wäre sicherlich auch, mit dem Staat präventive Strategien zu entwickeln für Notzeiten, z. B. im Sinne von Überbrückungskrediten. Wenn unser Staat Banken mit Geld retten kann, kann er sicherlich auch soziale Organisationen übergangsweise unterstützen.

Selbstverständlich würde es zu einem Wettbewerb unter den auf dem Markt teilnehmenden Sozialunternehmen kommen. Eine Herausforderung wäre, die Nachfrage mit professionell arbeitenden Sozialunternehmen abzudecken. Die andere, dass sich Sozialunternehmen überflüssig machen, wenn sie erfolgreich sind. Wir könnten uns aber vorstellen, dass diese gut organisierten Sozialunternehmen auch für Kinder, die nicht aus dem bildungsfernen Umfeld kommen, als Angebot bestehen könnten.

Vielleicht wäre es da ganz interessant, Kinder, die heute einen Kitaplatz benötigen, in derselben Institution zu befähigen. Vermutlich würden sich Unternehmen daran beteiligen, um nicht selber für die Mitarbeiter eine Kita organisieren zu müssen.

SORGEN SOZIALUNTERNEHMEN BALD FÜR DEN PUBLIC SERVICE?

Ob Sozialunternehmen tatsächlich eher dazu geeignet wären, den Public Service zu erbringen, als staatliche und steuerlich subventionierte Einrichtungen, die ihr Budget aus Steuermitteln erhalten, ist die Frage.

Gehen wir einmal davon aus, der Staat beschränkt sich auf das Errichten und Pflegen von geeigneten Rahmenbedingungen für die Wirtschaft und den Public Service, dann bräuchte es eine Organisation des Public Service in Form privater Initiativen, Kooperationen oder dergleichen. Auch hier müsste dann ein objektiver Ausgleich zwischen den unterschiedlichen Einrichtungen initiiert werden. Eine Kita im Münsterland muss mit der gleichen Kraft, Kapazität und Energie ihre „Kunden" betreuen und fördern können wie eine im Ballungszentrum München. Genau dieses Synchronisieren und Koordinieren sollte Kernaufgabe des Staates sein.

Vor allem für unsere Kinder wären Sozialunternehmen der Ansatz für eine denkbare Entwicklung. Denn wenn die richtigen Voraussetzungen für diese Sozialunternehmen geschaffen werden, kann ein Kind ohne Hürden eine solche Einrichtung besuchen. Leider haben wir in Deutschland immer noch die Situation, dass Eltern sowie alleinerziehende Mütter oder Väter für einen Platz ihres Kindes in einer Betreuungseinrichtung kämpfen müssen – gerade in Ballungszentren. Oder aber sie können den Platz nicht finanzieren. In der Regel will der Mensch bzw. die Familie aus eigener Kraft seine Bedürfnisse befriedigen und auch bezahlen können. Es hat etwas mit Würde und dem Status, Vollmitglied einer Gesellschaft zu sein, zu tun. Aus heutiger Sicht ist so etwas vielleicht schwer vorstellbar, wie das Ganze vonstattengehen soll. Aber genau das ermöglicht die Arche seit 1995 Tausenden von Kindern.

> Eine Kita im Münsterland muss mit der gleichen Kraft, Kapazität und Energie ihre „Kunden" betreuen und fördern können wie eine im Ballungszentrum München.

...

Letztlich erfüllen Sozialunternehmen zum einen die Aufgabe, wie schon beschrieben, Kinder aus sogenannten benachteiligten Lebenszusammenhängen eine Grundversorgung und Betreuung zu gewährleisten. Außer Acht gelassen darf dabei nicht der Fokus, alle Kinder zu integrieren. Von ihm hängt ab, wie sich die Gesellschaft von morgen entwickelt. Darüber hinaus müssten Unternehmen, die freiwillig in soziale Unternehmen investieren, in dem Maße, wie sie sich engagieren, gefördert werden. Diese Förderung müsste neu organisiert werden im Sinne von Gutes geben und nehmen.

STAATSMITTEL FREISETZEN FÜR DIE KINDERLOBBY

Neueste Ökonomiestudien belegen, dass die Investition in Kinder einen „Return on Investment" (ROI), eine Kapital- bzw. Anlagerendite, des Fünf- bis Siebenfachen hat. Weitaus mehr als die meisten Anlageformen und Investitionen erbringen. Zusätzlich ist zu berücksichtigen, dass die Beträge in Form von *nicht* zu bezahlenden Sozialbeiträgen, welche sonst an 20-jährige Arbeitslose bezahlt werden müssten, noch gar nicht eingerechnet sind. Ebenso Folgekosten wie Gesundheitskosten oder weitere Sozialkosten.

Wenn wir also das freiwillige Engagement der Wirtschaft nehmen und das, was der Staat schon jetzt in Soziales steckt, dann sollte man doch eigentlich annehmen, dass genug Geld vorhanden ist, oder? – Die Frage ist nur, wo fließt es hin, wo fließt es ab und wo verdampft es? Oder welche Interessen bzw. Lobbys schöpfen vom Staatsbudget in vorderster Reihe?

Wenn man bessere Rahmenbedingungen für Kinder schaffen will, fallen einem sehr schnell viele Einsparmöglichkeiten des Staates ein, um diese zu finanzieren. Weniger Beamte, weniger Militär, weniger Subventionen und weniger zum Scheitern verurteilte Bauvorhaben. Die Umsetzung möglicher Sparziele scheitert jedoch oft an den mächtigen Interessengruppen, da die Politik diese nicht verkrämen will. Beamte zum Beispiel sind eine wichtige Wählergruppe, da kommen sinkende Einstiegsbesoldungen oder Abstriche bei der Beihilfe natürlich nicht so gut an. Politiker könnten auch an ihren eigenen Diäten und Mitarbeitern sparen. Die Frage bleibt, warum sie nicht vor der eigenen Tür kehren wollen. Und auch die Zahl der Abgeordneten im Bundestag steigt stetig. Mehr Abgeordnete bedeuten aber auch mehr Mitarbeiter, mehr Büros, mehr Möbel, kurz: mehr Kosten.

Ein schlanker Staat jedoch, bezogen auf Prozesse und Abläufe, arbeitet effizienter und kann so Geld einsparen, das uns an anderen Enden, nämlich den Rahmenbedingungen für unsere Kinder, fehlt.

Weitere Einsparpotenziale sehen nicht nur pazifistische Steuerzahler beim Militär. Durch die Bundeswehrreform wurden einige Einsparungen schon auf den Weg gebracht, allerdings hebeln überdimensionierte Projekte wie die Drohne „Euro-Hawk" oder das Kampfflugzeug „Eurofighter" diese Einsparungen wieder aus den Angeln. 14,7 Milliarden Euro waren für 180 Kampfflugzeuge vorgesehen. Das Bundesministerium für Verteidigung rechnet nun aber schon bis 2018 mit Kosten von 16,8 Milliarden Euro – für nur 143 Flugzeuge. Solche Summen sind für uns, vor allem für Kinder, kaum vorstellbare Dimensionen. Aber solche Kostenexplosionen sind nicht allein auf das Verteidigungsministerium beschränkt. Sie kommen auch bei Bau- oder Kaufvorhaben durch den Bund oder die Länder in letzter Zeit immer häufiger vor. Es reicht, hier die Elbphilharmonie in Hamburg, den neuen Bahnhof „Stuttgart 21" oder den Hauptstadtflughafen BER zu nennen. Das sind alles Kosten, die durchaus hätten vermieden werden können. Natürlich sind Unternehmen daran auch nicht ganz unbeteiligt. Daher sollte sich strukturell etwas an den Prozessen und Abläufen ändern, sodass viel zu niedrig angesetzte Kosten und für den Bürger nicht einsehbare Verfahren gar nicht erst möglich sind. Dann lassen sich in Zukunft auch Ausgaben verhindern, für die tatsächlich kein Geld da ist. So bauen wir weniger Schulden auf, die später dann unsere Kinder und Enkel zurückbezahlen müssen.

> Ein schlanker Staat arbeitet effizienter und kann so Geld einsparen, das uns an anderen Enden, nämlich den Rahmenbedingungen für unsere Kinder, fehlt.

...

Würden wir alle Potenziale, die wir zum Sparen haben, auch wirklich nutzen, ist aber noch lange nicht gewährleistet, dass die Summe der Einsparungen tatsächlich auf unsere Kinder umverteilt würde oder in eine gute Infrastruktur für sie investiert würde. Leider haben unsere Kleinsten nicht die größte – um nicht zu sagen keine – Lobby, obwohl jeder sagt, sie sind unsere Zukunft.

Vielleicht können unsere Denkanstöße ein Umdenken initiieren. *Vielleicht* würde die Regierung auch eine Sofortmaßnahme umsetzen und beispielsweise einen Fonds für die Kinder einrichten. *Vielleicht* sind Kinder aber auch etwas so Umfassendes, etwas uns alle Betreffendes, dass sich tatsächlich *alle* Parteien auf einen solchen Fonds einigen könnten, der nicht nach einem Regierungswechsel gleich wieder gestrichen wird. *Vielleicht* können wir uns auch als Gesellschaft auf einen solchen Fonds einigen.

Jedenfalls müsste dann nicht wieder an den Kindern gespart werden, wenn wieder Finanzkrisen auftreten oder Banken gerettet werden müssen. Wir hätten dann eine Art Hilfsfonds, der sichert, dass es unseren Kindern in jedem Falle gut geht. Wenn man sich einmal vor Augen führt, dass wir eigentlich fast alle Kinder unserer Eltern sind und sehr viele auch selbst Eltern von Kindern, ist die Kinderlobby gar nicht so klein. Wir müssten nur endlich die Stimme erheben. *Vielleicht* wird dann das nächste Mal wirklich überlegt, ob man 180 Kampfflugzeuge kauft oder 180 Kitas eröffnet. *Vielleicht* …

KAPITEL 12

INVESTITION UND NACHHALTIGKEIT
DAS LIEBI-PRINZIP: „WIR LIEBEN SIE EINFACH" – WIE SICH LEBENSBEFÄHIGUNG IN KINDER INVESTIEREN LÄSST UND WARUM NACHHALTIGKEIT KEIN MODEWORT SEIN DARF

Immer wieder hören wir in der Arche seitens Journalisten, Spendern und Besuchern die Aufforderung: „Nennt mir doch einmal Kinder, die durch eure Arbeit einen erfolgreichen Weg gegangen sind!" Sie ist zunächst einmal berechtigt, nur was antwortet man in so einem Fall? Und was bedeutet eigentlich Erfolg? Was sind das für Kinder, die mit der Hilfe der Arche einen anderen, einen besseren Weg für ihre Zukunft finden sollen?

Fakt ist, Kinder brauchen Gemeinschaft und Austausch, um am gesellschaftlichen Leben teilzuhaben und sich selbst einzubringen. Genauso wie Möglichkeiten, ihre Fähigkeiten zu entdecken und zu entwickeln. Letztlich ist ihre Armut auch ein Ergebnis gesellschaftlicher Prozesse und politischer Entscheidungen, also der Rahmenbedingungen und Voraussetzungen. Sie ist für die Kinder, wenn nicht gegengesteuert wird, Standard und alles Schlechte einer am Geld orientierten und marktwirtschaftlich organisierten Gesellschaft wird an ihr sichtbar.

> Kinder brauchen Gemeinschaft und Austausch, um am gesellschaftlichen Leben teilzuhaben und sich selbst einzubringen.

Als Arche, wie auch andere Organisationen, fordern wir deshalb Voraussetzungen, dass Kinder unabhängig vom Einkommen sowie der Bildung und Herkunft ihrer Eltern am Prozess der Lebensbefähigung teilnehmen können. Dieses wohlergehende Aufwachsen ist uns in erster Linie bei „unseren" Arche-Kindern wichtig. Wenn uns also Journalisten und Freunde der Arche nach Erfolgen fragen, ist die erste Antwort relativ einfach. „Wir wollen, dass die Kinder, die in die Arche kommen, glücklich sind und vor allem dort wieder Kind sein dürfen. Sie sollen spielen, spielend lernen, Sport treiben und reden können." Dafür nehmen sich unsere Mitarbeiter Zeit. Sie reden ausführlich mit den Kindern und Jugendlichen und helfen ihnen, ihren Alltag zu bewältigen. Aber ganz zentral bekommen die Kinder vor allem eins geschenkt, was ihnen sonst in ihrer Umgebung oft fehlt: Liebe! Und wir versuchen die Kinder in ihren Familien zu begleiten, gehen mit zu Elternsprechtagen an die Schulen und unterstützen die Kinder und Jugendlichen selbst dann, wenn sie vor einem Richter stehen müssen, was immer sie auch getan haben. Älteren Jugendlichen helfen wir auch bei der Jobsuche und begleiten sie während der Ausbildung.

Wichtig ist vor allem, dass die Kinder möglichst früh zu uns kommen, denn die Kindheit entscheidet maßgeblich darüber, wie ein Mensch sich entwickelt. In diesem Zeitraum werden emotional wie psychisch Grundlagen für das spätere Leben gelegt. Aber auch körperlich ist die Entwicklung bedeutend: Im Gehirn bilden sich Millionen von Nervenverbindungen, die darauf warten, benutzt und gekräftigt zu werden: Der kindliche Forscherdrang entsteht. Durch Armut kann die Entwicklung all dessen gehemmt werden. Zwar nimmt der Staat viele Gelder in die Hand, um die Entwicklung der Kinder zu fördern, wie Kindergeld, Wohngeld, Unterhaltsvorschüsse oder Sozialgeld für Kinder. Doch die Kinderarmut steigt trotzdem.

> An erster Stelle ist es Aufgabe der Gesellschaft, die Kinderarmut zu bekämpfen. Dafür muss der Staat alle Voraussetzungen und Rahmenbedingungen ermöglichen, die es braucht, dass aus armen Kindern keine armen oder durch Armut erkrankte Erwachsene werden.

Als Arche können wir leider keine Garantiescheine für ein erfolgreiches Leben als Erwachsener ausstellen, aber wir setzen uns die Lebensbefähigung jedes einzelnen Kindes zum Ziel. Wir versuchen dafür auch die Eltern zu gewinnen und sie mit einzubeziehen. Aber an erster Stelle ist es Aufgabe der Gesellschaft, die Kinderarmut zu bekämpfen. Dafür muss der Staat alle Voraussetzungen und Rahmenbedingungen ermöglichen, die es braucht, dass aus armen Kindern keine armen oder durch Armut erkrankte Erwachsene werden. Der Blick in die Vergangenheit offenbart den Teufelskreis: Kinder aus sozial schwachen Familien bleiben oft lebenslang arm. Sie haben es ohne fremde Hilfe schwer, aus ihrem Milieu herauszukommen.

INVESTITION DURCH MENSCHEN

Letztlich merken wir, dass die bisherigen und gerade genannten staatlichen Maßnahmen den Familien, vor allem den Kindern, nicht die Hilfe bringen, die sie sollten. Viel mehr Effekt erwirken Menschen, die sich in unsere Kinder investieren, durch Nähe und Kontakt. Gelingt das und verändert sich etwas dadurch positiv, sprechen wir von einem Erfolg. Wenn beispielsweise eine Grundschullehrerin an einer Brennpunktschule eine Klasse mit nicht mehr als zehn Kindern unterrichten müsste, dann würden die Kinder mehr Zeit und Aufmerksamkeit bekommen. Oder wenn in einer Grundschulklasse mit 25 Kindern drei Lehrer oder zwei Lehrer und ein Sozialpädagoge eingesetzt wären, dann hätten diese Kinder eine Chance, ihre Leistungen zu steigern. Genauso wichtig wäre es, betroffenen Familien pädagogische Hilfe zukommen zu lassen. Wenn ein Familienhelfer sich beispielsweise nur um drei Familien mit insgesamt acht Kindern kümmern müsste, hätten diese Familien auch eine größere Chance, den Kreislauf der Armut zu verlassen.

All diese Dinge kosten aber Geld, und unser Staat ist anscheinend nicht bereit, seine Prioritäten in Richtung Kinder zu verschieben. Daher sind wir gezwungen, nach finanziellen Alternativen zu suchen.

Wenn man Armut als Ganzes betrachtet, muss erst einmal vernünftig bezahlte Arbeit her, um dieses Problem zu bekämpfen. Will man sie aber langfristig bekämpfen, braucht es gesunde Unternehmen, ein Mehr an Bildung und individueller Förderung von Kindern und Familien in prekären Verhältnissen. Wie eine solche Förderung aussehen kann, zeigt das Beispiel der 21-jährigen Nancy:

NANCY

Nancy kommt schon seit mehr als zehn Jahren in die Arche. Doppelt so lange lebt ihre Familie schon von Sozialleistungen. Nancy hat noch drei Geschwister, die alle wie sie eine Sonderschule besuchten. Keins der Kinder fand einen Ausbildungsplatz. Zurzeit leben sie alle von Hartz IV.

Nancy hat bereits drei Ausbildungsversuche abgebrochen. Mal passte ihr das frühe Aufstehen nicht, mal waren es die alten Leute, vor denen sie sich in einem Altersheim ekelte. Mit der Hilfe der Arche fand sie jetzt eine Ausbildungsstelle in einem Hotel. Der für sie zuständige Pädagoge der Arche sprach lange mit dem Hoteldirektor und warb dafür, sie einzustellen. Der Hoteldirektor willigte ein, unter der Bedingung, dass die Arche die Ausbildung von Nancy begleitet. Nun trifft man sich alle vier Wochen gemeinsam und spricht miteinander, tauscht sich aus. Nancy kann über ihre Probleme sprechen, und der Hoteldirektor kann das thematisieren, was sie gut oder nicht so gut macht. Ohne diese Hilfe würde das Mädchen ihre Ausbildung wieder vorzeitig abbrechen und mit an Sicherheit grenzender Wahrscheinlichkeit nicht schaffen. Der Pädagoge leistet heute die Arbeit, die Nancys Mutter eigentlich leisten müsste.

„Fälle" wie Nancy gibt es in der Arche viele. Inzwischen arbeiten bei uns auch schon Pädagogen, die früher selbst als Kinder bzw. Jugendliche in die Arche kamen. Stolz sind wir besonders auf einen Jugendlichen, der gerade erst durch die Hilfe unseres Nachhilfeunterrichts das Abitur geschafft hat. Es gibt sie also doch – die Fälle des „greifbaren" Erfolgs. Wir müssen nur das Nötige *tun* und das Möglichste *wollen*.

Nur, am wichtigsten ist uns die glückliche und unbeschwerte Zeit, die Kinder in den Archen verbringen dürfen. Darauf sind wir stolz, und wir versuchen so lange in Zusammenarbeit mit unseren Spendern und der Wirtschaft weiterzumachen, wie die Kinder in Deutschland uns brauchen. Wir wollen, dass wir eine Tages überflüssig sind – für die „heutigen" Kinder der Arche. Wir haben keine Angst uns überflüssig zu machen, es wäre der größte Erfolg der Arche, vor allem aber für die Kinder. Wir sind uns sicher: Die Arche würde nach diesem Erfolg ihren Weg in der freien Wirtschaft machen, um weiter Kinder und Jugendliche zu befähigen. Sie würde weiter Unternehmen und Kinder zusammenbinden, und zwar dann Kinder, die nicht aus bildungsfernen Familien kommen, die nicht mit Hartz IV leben, sondern Kinder, die einfach wegen des guten Angebots kommen, unser Konzept und unsere Leistung mögen. Wir wollen weiterdenken und hoffen, unser Staat tut es auch.

KINDER BILDEN ODER SICH ENTWICKELN LASSEN?

Hätte man meine (Martin Danz) Tochter Jeanny vor mehr als zehn Jahren gefragt, was sie sich als junge Mutter als Wichtigstes für die Zukunft ihrer zwei Kinder wünsche, hätte sie geantwortet: „Dass sie *gebildete* Menschen werden." Vielleicht kommt diese Antwort aus der Kultur, vielleicht aber auch aus der Familie.

Nun hat in den vergangenen zehn Jahren ein Paradigmenwechsel stattgefunden. Insofern würde meine Tochter heute die Frage anders beantworten. Und zwar in etwa so: „Wir möchten unseren Kindern eine glückliche Beziehung vorleben und eine Familie sein, in der sie sich zu lebensfrohen, *selbstständigen* Menschen entwickeln dürfen. Jedes Kind soll die ihm von Gott gegebene einzigartige Persönlichkeit mit den dazugehörigen Gaben und Talenten entdecken und entfalten dürfen."

Eltern heute, nicht nur wir, wollen ihre Kinder nicht mehr nur *bilden,* sondern vielmehr ihrer gesunden Entwicklung nicht durch überhöhte Bildungs- oder Leistungsansprüche oder eigene

Versagensängste im Wege stehen. Sie wollen sie vielmehr *bedingungslos lieben*, so annehmen wie sie individuell geschaffen sind, mit ihren Ecken und Kanten. Und vor allem gilt: Die Kinder sollen *sie selbst* sein und werden dürfen. Dabei soll ihnen alle Liebe und Unterstützung zukommen bzw. vererbt werden, die möglich ist.

Ein Anspruch, der gut, aber auch sehr herausfordernd ist. Das blieb uns in den letzten zwölf Jahren Erziehungsarbeit nicht verborgen. Aber es hat sich gelohnt, nicht erst jetzt, sondern auch der gemeinsame Weg mit den Kindern hat sich gelohnt.

Das Erstaunliche bei dem Ganzen ist *das Ergebnis*: selbstbewusste, selbstständige, lebensbejahende Kinder; Kinder, die Freunde haben und selbst Freund sind; Kinder, die unterschiedlichste Hobbys pflegen, die in einem Klub sind oder im Fußballverein mitspielen, die gerne lesen, singen oder faulenzen; die auch für das Gemeinwohl in der Schule sorgen und sich hoffentlich in Zukunft auch in der Gesellschaft einsetzen; Kinder, die häusliche Pflichten erlernen und für Teile Verantwortung übernommen haben. Kinder, die nebenbei gute Leistungen in der Schule gezeigt haben, die nun mittlerweile im Gymnasium sind und schon bald für die Eltern viel zu schnell im Beruf ihren Mann oder ihre Frau stehen. Kurz: „*gebildete*" Kinder.

Wie konnte das passieren, wo es doch gar nicht unser erstgesetztes Ziel war?

Ich glaube, dass eine Familie genau das erntet, was sie sät: Kinder, die lebensbefähigt sind. Genau das wollten wir – der Onkel, die Tante, die Großeltern – erreichen. Die Kinder sollten nicht nur Anhaltspunkte bekommen, um in einer kompliziert gewordenen Welt gerade so zu überleben, sondern wir alle wollten in und mit ihnen Voraussetzungen schaffen, dass sie ihr Leben kompetent selbst gestalten.

Dadurch sind sie unwillkürlich auch wertvoll für ihre Mitmenschen. Nur mit dem Wort **Bildung** oder **Gebildet**sein assoziiert man zunächst etwas wie: Schule, reines Kopfwissen, eher *ein*gebildet als *ge*bildet, Bildung auf Kosten von „lebenstüchtig" oder „Kopf statt Herz". Doch wenn Bildung als Vermittlung von **Lebenskompetenz** verstanden wird, wie sie in einer gesund aufgestellten Familie positiv gelebt und erlebt wird, dann ist diese Form der **Bildung Lebensbefähigung** – mit „Herz, Kopf und Hand".

Genau diese Art von Bildung und Befähigung will die Arche den Kindern jeden Tag vorleben: Wir lieben sie einfach!

...

Bereits zu Beginn des Buchs hatten wir betont, dass Kinder unsere Zukunft *sind*. Oder die „Brücke zur Zukunft", wie ein altes persisches Sprichwort sagt. Im Grunde ist dies eine schöne Metapher, um ökonomische und soziale Nachhaltigkeit zu beschreiben. Der britische Premierminister Sir Winston Churchill (1874–1965) hat diese Nachhaltigkeit der Kinder schon damals wegweisend für die heutige Zeit beschrieben: „Die Gesellschaft kann ihre Kraft und ihr Geld nicht besser anlegen, als sie in Kinder zu stecken." Die neuesten Ökonomiestudien belegen, wie im vorigen Kapitel beschrieben, was Churchill bereits damals erahnte: Das Investieren in Kinder hat eine fünf- bis siebenfache Anlagerendite.

Im Grunde ist das nichts Neues. Schon die Indianer wussten, dass sie ihre Kinder befähigen müssen. Nur so waren sie in jungen Jahren inmitten der Wildnis überlebensfähig. Ebenso wichtig war es für die Gemeinschaft des Stammes, dass die Kinder zu Mitgliedern ihrer Gesellschaft wurden. Sie sollten ihren Platz im Gefüge des Stammes finden, einnehmen und erkämpfen. All das geschah in tiefer Verbundenheit zur Natur, die den Kindern gelehrt wurde, denn von ihr war jeder Einzelne wie der gesamte Stamm existenziell abhängig. – Wir nennen heute all das Nachhaltigkeit.

Wir wissen, dass Nachhaltigkeit etwas mit Ökologie zu tun hat. Manchen ist auch bewusst, dass genauso Ökonomie und Soziales noch eine Rolle spielen. Nur befinden wir uns vom nachhaltigen Denken, Leben und Wirtschaften heute weiter weg als unsere Vorfahren. Vielleicht mag es daran liegen, dass unser Leben nicht mehr so direkt von den Einflüssen und Umständen betroffen ist, oder wir es zumindest nicht so wahrnehmen. Dies scheint ein ganz wichtiger Aspekt zu sein. Sind wir wirklich weniger davon betroffen? Wir haben Wirtschaftskrisen, Naturkatastrophen, Arbeitslosigkeit, Armut, Abzockerei und vieles mehr – eigentlich dürfte das nicht sein.

NACHHALTIGKEIT ALS DENKWEISE

Wir scheinen also die Weisheiten der alten Perser und Indianer vergessen zu haben. Nachhaltigkeit ist nicht nur ein Verständnis, sie bedeutet viel mehr. Sie ist eine Brücke, die der Vererbung an unsere Kinder dient, mit der wir Lebensfähigkeit, Natur, Ökonomie und Soziales (NAWISO) an unsere Kinder weitergeben. Wenn wir also eine durch Fracking ausgebeutete Natur an unsere Kinder vererben, eine Wirtschaft, die nur auf Profit basiert, und ihnen soziale Probleme wie Armut hinterlassen, werden alle nachhaltigen Unternehmungen zur Farce.

Nachhaltigkeit ist kein Modewort. Wenn wir sie wirklich leben wollen, genügen keine Definitionen. Es braucht Denk- und Handlungsweisen, die zu leben und den Kindern vorzuleben sind. Dadurch erst werden sie echt und greifbar an die Kinder vererbt. Und letztlich werden die Kinder dadurch für ihr Leben befähigt. Andernfalls bleibt die gelebte Nachhaltigkeit nur eine Worthülse oder ein Anspruchsdenken. Und wer heute noch meint, das betreffe ihn nicht, der verkennt die Realitäten. Wir sind alle Väter, Mütter, Mitarbeiter, Vereinsmitglieder usw. und müssten jeden Tag die Bedeutungsschwere und Wichtigkeit wahrnehmen, was Nachhaltigkeit für uns und unsere Kinder bedeutet. Warum aber kommen wir nicht über den Anspruch hinaus?

> Politik zu machen, bedeutet heute und in Zukunft nicht mehr ein Verwalten, sondern zunehmend konkrete Möglichkeiten und Perspektiven für die Gesellschaft zu gestalten.

Gerade da, im Leiten und Moderieren der Gesellschaft von der Wachstums- zur Nachhaltigkeitsgesellschaft, liegt die Aufgabe der Politik. Nur, sie verharrt in Positionen, Worthülsen und Ansprüchen. Das genügt heute nicht mehr. Politik zu machen, bedeutet heute und in Zukunft nicht mehr ein Verwalten, sondern zunehmend konkrete Möglichkeiten und Perspektiven für die Gesellschaft zu gestalten. Ähnlich wie in Unternehmen sind Führungskräfte gefragt, die innovatorisch sind.

Investitionen und Nachhaltigkeit sollten sich wechselseitig bedingen. Ökonomie ist hier gefragt, genauso wie die Politik. Man darf sich nicht nur kurzfristig auf den Gewinn eines Quartals oder einer Legislaturperiode konzentrieren. Investment muss Nachhaltigkeit beinhalten.

Wenn aber Unternehmen am Quartalsgewinn oder am Jahresresultat gemessen werden bzw. die Politik an dem, was die Interessengruppe gewonnen oder verloren hat, werden wir bekommen, was wir säen. Nämlich das, was wir ohnehin schon kennen und nichts Neues. Würden wir uns hingegen ganzheitliche, nachhaltige und zukunftsorientierte Ziele setzen und daran gemessen werden, würden wir uns als Gesellschaft anders verhalten.

LIEBI-INVESTMENT

Für uns in der Arche gibt es daher einen Unterschied zwischen Spendern und Investoren. Das beinhaltet keine Wertigkeit, wir sind für beides genauso dankbar, nur zeigt es eine unterschiedliche Form auf, sich mit den Kindern in der Arche zu verbinden. Zu spenden ist, unabhängig von der Höhe des Betrages oder der Sache, ein einmaliges, wiederholtes oder regelmäßiges Geben aus einer gewissen Distanz heraus, namentlich oder anonym. Ein Investieren ist jedoch das Einbringen von Fähigkeiten, Geld und/oder Naturalien über einen längeren Zeitraum mit einem bestimmten Ziel. Beides ist willkommen und hilft. Beim Investieren ist jedoch stärker die Motivation der Nachhaltigkeit enthalten.

Wir nennen das Life-Empowerment-Investment, also Lebensbefähigungsinvestition. Abgekürzt: „LieBI" – eine Investition in die Lebensbefähigung der Kinder. (Sinnigerweise bedeutet „LieBI" im schweizerdeutschen Dialekt Berndeutsch „Liebe".) Die Investition bedeutet, dass der Investor in die Rahmenbedingungen von Kindern investiert. Diese Rahmenbedingungen spielen, wie wir gesehen haben, eine zentrale Rolle, um Kinder zu befähigen. Als Einrichtung entscheidet die Arche aufgrund der Bedürfnisse gemeinsam mit dem Bedürftigen, in welche Rahmenbedingungen investiert werden sollte. Daraus ergeben sich meist unterschiedliche Optionen, die Zielsetzungen abdecken. Zum Beispiel kann in eine bestimmte Thematik investiert werden, wie Nachhilfe, ein Camp, Sportunterricht oder Musikunterricht. Dem Investor ist es so möglich, verschiedene Optionen, beispielsweise Ziele des Investments, die Dauer oder auch die Intensität der Partnerschaft zu wählen.

Jedes LieBI-Investment ist insofern eine Partnerschaft, die der Investor mit den Kindern über die Arche eingeht. Ein Teil dieser Partnerschaft beinhaltet, eine Beziehung zum Kind zu bauen, die einer vorher abgestimmten Zielrichtung und Wirkung folgt. Es ist wichtig, dass in diesem Kreislauf das Kind einer Person oder einem Unternehmen zugeordnet ist. Dabei entsteht eine wirkungsvolle Beziehung. Das bedeutet, dass eine Art Lebenszyklus geschlossen wird: Kommend vom Bedürfnis des Kindes, baut die Arche Rahmenbedingungen für das Kind auf. Der Investor entscheidet dann, was und wie lange er unterstützen will. Das schenkt dem Investor eine Beziehung zu dem Kind und zu dem, was durch seine Mittel bewirkt wird. Insofern bekommt die „Investoren-Patenschaft", also die LieBI, nun ein Gesicht.

> Jedes LieBI-Investment ist insofern eine Partnerschaft, die der Investor mit den Kindern über die Arche eingeht. Ein Teil dieser Partnerschaft beinhaltet, eine Beziehung zum Kind zu bauen.

Es darf aber nicht sein, dass der eine nur gibt oder immer mehr gibt und der andere nur empfängt! Das Ganze muss auf Augenhöhe stattfinden. Oder sinngemäß, wie es Antoine de Saint-Exupéry in „Die Stadt in der Wüste" formulierte: „Je mehr du gibst, umso mehr wächst du. Es muss jedoch ein Mensch da sein, der auch empfangen kann. Es ist kein Geben, wenn der Mensch dabei verliert."

Heute geben wir alle sehr viel. Wir erleben aber, dass wir dabei alle verlieren! Kinder, Unternehmer und die Gesellschaft! Es geht um mehr als um einen Interessenausgleich. Oder anders formuliert um die Lebensbefähigung unseres Landes. Es geht um unser aller Leben.

UNTERNEHMEN HELFEN DER ARCHE

Die Hilfe vonseiten der Unternehmen oder anderer Organisationen für die Arche gestaltet sich vielseitig. Manche spenden Geld oder wollen ein ganz konkretes Projekt unterstützen, sei es durch Geld oder „Manpower", andere wiederum helfen durch Sachspenden oder Dienstleistungen. Wir möchten an dieser Stelle einmal beispielhaft anführen, wie sich Unternehmen oder Personen in LieBI einbringen. Dazu öffnen wir den heutigen Garten der Kinder und zeigen, was LieBI in der Arche für die Kinder bewirkt.

Eines der Unternehmen, das die Arche in Berlin seit vielen Jahren unterstützt, ist der Recycling- und Umweltdienstleister und Rohstoffversorger Alba Group. Mit den beiden Marken Alba und Interseroh und mit ungefähr 200 Tochter- und Beteiligungsunternehmen ist der Konzern in Deutschland und Europa sowie in Asien und den USA aktiv. Knapp 9000 Mitarbeiter erwirtschaften im Jahr ein Umsatzvolumen von fast drei Milliarden Euro. Damit ist die Alba Group weltweit eine der führenden Firmen ihrer Branche. Die beiden Vorstände Axel und Erich Schweitzer unterstützen die Arche nicht nur durch Geld. Ein Beispiel: Auf dem Gelände der Arche in Berlin-Hellersdorf stand eine baufällige Turnhalle, deren Dach undicht war. Die Arche selbst hatte kein Geld, um das Gebäude zu sanieren. Sport spielt allerdings in der Arbeit mit Kindern und Jugendlichen eine besondere Rolle. Gerade Kinder aus bildungsfernen Familien haben oft einen ausgeprägten Bewegungsdrang. Dazu ernähren sie sich, bedingt durch ihre Eltern, oft falsch und bewegen sich zu Hause nur sehr selten. Die Folge: Übergewicht und damit verbundene Krankheiten.

In der Turnhalle wollten wir Elternsport anbieten, sodass die Eltern sich gemeinsam mit einem Sportpädagogen richtig bewegen können und Tipps erhalten für eine richtige Ernährung. Auch mit den Kindern wollten wir hier vor allem im Winter Sport treiben.

Dr. Axel Schweitzer stellte einen Kontakt zur Stiftung der Bild-Zeitung her und „Bild hilft" übernahm die Kosten für die Renovierung der Sporthalle. Und sogar einige der Redakteure von Bild. de halfen dabei mit.

Der von der Alba-Group gesponserte Basketball-Bundesligist Alba Berlin unterstützt uns, indem er einen Sportlehrer für die Arbeit in der Arche bereitstellt. Bei ihm haben die Kinder Gelegenheit, unter Anleitung Basketball zu spielen. Auch statten hin und wieder ein paar der Profis uns einen Besuch ab und motivieren die Kinder, sich zu bewegen und aktiv Sport zu treiben. Seit diesem Jahr wird die Halle von Eltern und Kindern genutzt.

...

Ebenfalls ein jahrelanger Unterstützer der Arche in Düsseldorf ist die Bank HSBC Trinkaus. Jedes Jahr überreicht sie einen Scheck in Höhe von rund 100.000 Euro. Damit können wir einen Teil des Unterhalts der Düsseldorfer Einrichtung bezahlen. In die Einrichtung kommen täglich zwischen 50 und 80 Kinder, doch die finanzielle Unterstützung ist nur ein Teil der Hilfe, die uns die Bank zukommen lässt. Auch kommen immer wieder Mitarbeiter der Bank in die Arche, um uns mit bei Kinderfesten, Sommerfesten oder auch bei der Weihnachtsfeier mit ihrer Tatkraft zu unterstützen. Wann immer wir personelle Hilfe brauchen, hat die Bank ein offenes Ohr für uns. Zusätzlich bietet sich uns die Gelegenheit, durch Vorträge die Arbeit der Arche bei Kunden der Bank vorzustellen. In diesem

Jahr wurden wir sogar erstmals eingeladen, auf einer Vorstandssitzung von HSBC Trinkaus zu sprechen, um die Manager der Bank für das Thema Kinderarmut zu sensibilisieren. So etwas ist nicht selbstverständlich. Zudem bietet die Bank uns an, auch ihre Kompetenz in Sachen Finanzfragen zu nutzen, etwa wenn Arche-Eltern Fragen zum Umgang mit Geld haben. Zwischen der Bank und uns existiert ein sehr freundlicher und zudem professioneller Kontakt auf Augenhöhe.

...

Ein weiterer Helfer im Bunde der Arche ist die Wacker Chemie AG mit Hauptsitz in München. Sie ist ein weltweit operierender Chemie-Konzern, der 1914 gegründet wurde. Der langjährige Vorstandsvorsitzende und jetzige Vorsitzende des Aufsichtsrats, Dr. Peter Alexander Wacker, ist ein großer und langjähriger Unterstützer der Arche. Seit nunmehr sieben Jahren spendet er der Arche München jährlich 100.000 Euro. Mit diesem Geld konnten wir den Jugendbereich aufbauen.

Peter Alexander Wacker lässt es sich nicht nehmen, jedes Jahr zusammen mit dem Vorstandsvorsitzenden der Wacker Chemie AG, Dr. Rudolf Staudigl, in die Arche zu kommen und den Scheck persönlich zu überreichen. Doch der Kontakt zwischen dem Unternehmen und der Arche ist noch intensiver. Unsere Kinder und Jugendlichen besuchen die Firmenzentrale und können sich dort einen Einblick in die Arbeit verschaffen. Bei besonderem Interesse bietet Wacker den Jugendlichen auch Praktikumsstellen an, bis hin zu einem Ausbildungsplatz. Für uns als Arche ist das sehr wichtig. Wenn unsere Spender, Freunde und Unterstützer die Situation in den Familien unserer Kinder verstehen lernen, sind sie auch für unser Thema sensibilisiert. Nur durch die Beziehungsarbeit mit den Kindern und unseren Freunden werden wir in Deutschland in der Lage sein, die Situation vieler junger Menschen entscheidend zu verbessern.

Die Firma Krüger hat für die Arche in Köln etwas ganz Besonderes geleistet. Krüger ist ein deutscher Lebensmittelhersteller mit Sitz in Bergisch Gladbach. Das Unternehmen ist europaweiter Marktführer bei Instantprodukten wie löslichen Kaffee-, Kakao- oder Teespezialitäten. Das Unternehmen hat rund 4.700 Mitarbeiter. Ohne Krüger würde es die Arche in Köln vielleicht gar nicht geben. Denn um das Haus zu eröffnen, hatten sich erstmalig in Deutschland ein Unternehmen und eine soziale Einrichtung zusammengetan. Das kam so: Auf einem der Krüger-Produkte hatte das Unternehmen mit dem Gesicht eines Arche-Kindes geworben. Von dem Erlös durch den Verkauf ging ein Teil an die Arche. Mit diesem Geld konnte man in einem Kölner Brennpunkt ein Gebäude sanieren und im Sinne der Arche umbauen. Seitdem existiert eine intensive Freundschaft zwischen der Arche und der Firma. Ihr Gründer Willibert Krüger eröffnete im September 2011 das Haus und fördert es bis heute. Mitarbeiter des Unternehmens sind an wichtigen Tagen der Arche, wie zum Beispiel bei Sommerfesten oder auch zu Weihnachten, ehrenamtlich aktiv. Sie helfen mit, wo immer Hilfe gebraucht wird. Rund 80 Kinder besuchen täglich das Haus.

...

Eine sehr intensive Freundschaft verbindet die Arche auch mit der McDonald's Kinderhilfe. Vor rund fünf Jahren lud die Stiftung die Arche nach München ein, um einander kennenzulernen. Seitdem hilft sie der Arche, wo immer sie kann. Die „Münchner" bauten das Gebäude der Arche in Potsdam. Die laufenden Kosten wurden und werden von Günther Jauch finanziert. Eine große finanzielle Spritze gab es auch für das Gebäude der Arche in Meißen.

Neben solchen für die Arche lebensnotwendigen Hilfen gibt es natürlich auch Sachleistungen von unzähligen Firmen. Bäcker bringen Brötchen und Brot vorbei, das wir an die Familien verteilen. Ähnliches passiert mit weiteren Lebensmitteln, aber auch mit Kleidung, Schuhen, Geschirr, Möbeln und vielen anderen Dingen.

Rechtsanwälte bieten kostenlos ihre Beratungstätigkeiten an. Oft sind es gerade diese und viele andere kleine Hilfen, die ganz viel bewirken, vor allem im Alltag der Kinder und ihrer Eltern. Wenn plötzlich der Winter einbricht und eine Mutter kein Geld hat, um ihren Kindern neue Winterschuhe zu kaufen oder eine warme Jacke, dann sind die Kleiderspenden der Arche oft die letzte Möglichkeit, damit Kinder nicht frieren müssen. Oder eine Mutter hat Schwierigkeiten mit Anträgen von Behörden, oder sie hat Schulden und weiß nicht mehr weiter, dann sind die kostenlosen Beratungen durch Rechtsanwälte ein niederschwelliges Angebot, vor denen die Mutter auch keine Angst haben oder sich schämen muss.

> Es gibt viele Möglichkeiten, um die Arche und damit Kinder und ihre Eltern zu unterstützen. Jede Hilfe wird gebraucht.

Es gibt viele Möglichkeiten, um die Arche und damit Kinder und ihre Eltern zu unterstützen. Dabei steht der Umfang der Hilfe nicht so sehr im Vordergrund. Jede Hilfe wird gebraucht. Enge Kontakte zu Unternehmen können eine besonders nachhaltige Unterstützung der Kinder darstellen und bewirken. So können wir Kinder auf einen guten Weg schicken und ihnen helfen, ihr Leben eigenständig zu leben.

WIN-WIN-WIN-SITUATION

Die verschiedenen Formen der Partnerschaft drücken aus, dass darin auch immer Formen gefunden werden müssen, die beiden Seiten dienen. Sie haben den Kindern zu dienen, indem sie ihnen gute Rahmenbedingungen ermöglichen, und letztlich auch den Unternehmen. Sie sollten übereinstimmen mit den Zielen des jeweiligen Unternehmens und innerhalb der betrieblichen Abläufe auch gelebt und gestaltet werden können, z. B. in der Hinsicht, dass die Belegschaft oder ein Teil davon sich einen Tag lang in der Einrichtung einbringt. Nur wenn die Partnerschaft allen drei Seiten dient, entsteht die Win-win-win-Situation, von der alle drei profitieren – Kinder, die Einrichtung und das Unternehmen. Man könnte es auch so formulieren, das erste Win steht für Wertschätzung, das zweite für Wertschöpfung und das dritte für Werte stiften. Nur wenn eine solche Win-win-win-Situation gegeben ist, kann eine solch intensive und auf Gegenseitigkeit beruhende „Patenschaft" auch auf Dauer gelebt werden. Das ist Corporate Social Responsibility in Reinform. Gekünstelte, aufgesetzte oder gar theoretische Verbindungen werden nicht funktionieren und folglich auch nicht nachhaltig sein.

LieBI ist letztlich ein Kapital, das den reicher macht, der es ausgibt!

KAPITEL 13

ANGEFACHT STATT AUSGETRÄUMT
WELCHE KONKRETEN MASSNAHMEN UNSERER EMPÖRUNG ENDLICH FOLGEN MÜSSEN

In Deutschland – wir können es nicht oft genug betonen – gibt es immer mehr arme Kinder. In einem Land, dessen Einwohner zusammen zehn Billionen Euro besitzen und dessen Bruttoinlandsprodukt fast doppelt so hoch ist wie das von ganz Afrika. Wir sprechen aber auch von einem Land, in dem jeden Tag ehrenamtliche Helfer Butterbrote schmieren für arme Kinder, denen sonst der Magen knurrt.

Sie haben kein eigenes Bett, bekommen nie Taschengeld, gehen ohne Pausenbrot in die Schule. Wenn uns in den Archen arme Kinder etwas erzählen, dann berichten sie von einem harten Alltag voller Verzicht und Erniedrigungen. Nicht nur materiell. Weder gehen sie ins Kino oder Hallenbad noch haben sie Spielzeug. Sie leiden unter Mobbing, weil sie keine schicken Klamotten tragen, nie in den Urlaub fahren, nie am Wochenende mit den Eltern einen Ausflug machen oder ihr Vater abgehauen ist.

Das Phänomen Kinderarmut ist seit vielen Jahren bekannt. Trotzdem bekommt Deutschland es nicht in den Griff – oder will es nicht.

Als Arche kritisieren wir wieder und wieder, dass die Schere zwischen Arm und Reich immer weiter auseinandergeht. Die Konjunktur brummt, aber die Zahl der armen Kinder nimmt weiter zu. Grundschüler kommen mit löchrigen Hosen und knurrenden Mägen in die Schule. Ein Frühstück ist für diese Kinder mittlerweile ein außergewöhnliches Ereignis. Lehrer berichten, dass in vielen Familien Bildung kein Wert mehr ist. Durch hohen Fernseh- und Computerkonsum verfällt die Fähigkeit, sich sprachlich vernünftig auszudrücken. Und das nicht nur bei Migrationskindern.

Auch interessieren sich die Eltern nicht mehr für die schulischen Probleme ihrer Kinder. Eltern, deren Kinder in der Schule nicht mitkommen, gehen so gut wie nie zu Elternabenden, denn sie wollen sich von den Pädagogen keine Vorhaltungen machen lassen. Dem Kinderreport zufolge verlässt jedes vierte Kind die Schule ohne ein Mindestmaß an Qualifikation für das Berufsleben.

> Vielen Kindern aus sozial benachteiligten Familien ist ihre soziale Lage durchaus bewusst. Armut bedeutet schließlich auch Frustration und damit das Gefühl, zum abgehängten Teil der Gesellschaft zu gehören.

Vielen Kindern aus sozial benachteiligten Familien ist ihre soziale Lage durchaus bewusst. Armut bedeutet schließlich auch Frustration und damit das Gefühl, zum abgehängten Teil der Gesellschaft zu gehören.

Geld ist nötig, aber es ist nicht genügend vorhanden! Es ist nötig, weil es in Kinderaugen vor allem versorgt. 46 Prozent derjenigen Kinder, deren Eltern monatlich mehr als 3000 Euro netto verdienen, bezeichnen sich in Deutschland als glückliche Erdbewohner. Bei den Kindern aus Familien mit einem Einkommen von unter 1500 Euro waren es dagegen lediglich 24 Prozent. Das ergab eine Studie des ZDF aus dem Jahr 2009[58].

Auch das Ergebnis einer Langzeitstudie der Arbeiterwohlfahrt (AWO) und des Instituts für Sozialarbeit und Sozialpädagogik (ISS)[59] ist erschreckend. 900 Kinder wurden dazu vom Vorschulalter an über einen Zeitraum von 15 Jahren von der Forscherin Gerda Holz und ihrem Team zum Thema Armut befragt. Die Studie fand heraus, dass die entscheidenden Faktoren, die über das Aufwachsen eines Kindes – also die Lebensbefähigung – bestimmen, das Einkommen und der Bildungshintergrund der Eltern sind sowie die Familienform, in der das Kind aufwächst. Armut

---

58 Bucher, Anton A.: Wie glücklich sind Deutschlands Kinder? Eine glückspsychologische Studie im Auftrag des ZDF – http://www.ssoar.info/ssoar/bitstream/handle/document/33461/ssoar-disk-2009-bucher-Wie_glucklich_sind_Deutschlands_Kinder.pdf?sequence=1; S. 250.
59 AWO.de: „Präsentation der AWO – Langzeitstudie zur Kinderarmut", 26. September 2012 – http://www.awo-informationsservice.org/index.php?id=496&tx_ttnews%5Btt_news%5D=4011&cHash=b776ca83dde14902de525b84f8b22ce6

sei, so folgerte Gerda Holz, der größte Risikofaktor für die Entwicklung von Kindern und Jugendlichen. Werde hier nicht gegengesteuert, entwickelten sich arme und wohlhabende Kinder immer weiter auseinander.

Armut führt also zu mehr Belastung und schlechteren Chancen und diese Erfahrungen machen wir auch in der Arche. Angesichts der Zahl von 2,5 Millionen Kindern, die in Deutschland unter Armut leiden, ist Kinderarmut eine der bedrohlichsten und riskantesten Situationen unserer Zeit für Deutschland.

Was also können Staat, Politik, Unternehmen und wir als Bürger endlich ändern und gegen Kinderarmut unternehmen?

SICH EINBRINGEN!

„Erfolg hat drei Buchstaben: TUN", sagte bereits Johann Wolfgang Goethe. Etwas zu tun, steht also an erster Stelle. Und genau das macht den Erfolg der insgesamt mittlerweile 15 Archen aus. Wir wollen uns damit jetzt nicht auf die eigene Schulter klopfen, sondern unser Traum ist es, andere zu inspirieren im Sinne der Verantwortung für Kinder. Wir reden hier auch für eine Vielzahl anderer sozialer Unternehmen, welche Kinder jeden Tag unterstützen. Manche ermöglichen Pausenbrote, Nachhilfe oder ein tägliches Mittagessen. Mit einigen arbeiten wir auch sehr eng zusammen. Uns ist es wichtig aufgrund unserer Erfahrungen in der Arche, dass angesichts der Zahl von 2,5 Millionen armen Kindern die Notwendigkeit erkannt wird, neue Wege und Möglichkeiten zu beschreiten, etwas zu tun. Unternehmen nennen dies Corporate Social Responsibility und der Einzelne, der sich engagieren möchte, Ehrenamt, Spende oder Investition. Wichtig ist, sich an einer der Stellen, die wir versucht haben, in diesem Buch zu beschreiben, einzubringen.

Nur die Dinge anzuprangern, mit ihnen zu hadern, darüber zu lamentieren oder apathisch im Zustand „Ausgeträumt!" zu verharren, darf nicht unsere letztliche Reaktion sein.

Wir müssen handeln. Jetzt!

Uns beteiligen, wo auch immer! Und Verantwortung übernehmen. Darum fordern wir Sie als Leser auf, sich einzubringen – als Unternehmen, Abteilung, Privatperson, Freundeskreis, Verein, Ehrenamtlicher ...

Bringen Sie sich mit Ihren Möglichkeiten in den LieBI-Kreislauf ein! Direkt und nah bei den Kindern, zusammen mit einem Sozialunternehmen, welches die Leistungen zusammenbindet, fokussiert und verstärkt, um gemeinsam Erfolg bei den Kindern zu bewirken.

...

Natürlich ließe sich auch versuchen, Verantwortung auf politischer Ebene geltend zu machen. Man könnte hingehen und versuchen, mittels einer neuen Partei etwas zu bewirken, doch ganzheitliche Lösungen werden bislang durch das parteipolitische Verhalten nicht geschaffen. Ansätze splitten sich durch unterschiedliche Interessenslagen auf. Insofern wird nur für Teilbereiche Verantwortung übernommen oder Teilbereiche werden je nach amtierender Regierung durch parteigefärbte Reformen umgestaltet.

Verantwortung zu übernehmen heißt nach unserem Verständnis, sie direkt bei den Kindern einzusetzen, sie zu befähigen, Teil des LieBI-Kreislaufes zu werden.

Doch Verantwortung heißt auch in der Funktion als Bürger, ein Handeln bei der Politik einzufordern, und zwar die Sichtweisen zu verändern. Damit ganzheitliche Lösungen für die Kinder als nachhaltiges Ziel geschaffen werden können, muss sich das Parteidenken bzw. Parteiensystem verändern. Der Staat hat sich so aufzustellen, dass er diese ganzheitlichen Lösungen verwirklichen und umsetzen kann, sodass die Politik den Garten der Kinder ermöglicht, bereichert, schützt und maßgeblich entwickelt. Sie darf nicht mehr länger bei einem Verwalten des Zustandes bis zur nächsten Wahl stehen bleiben. Die Frage also ist: Nehmen wir diesen Platz ein, Verantwortung zu übernehmen? Erheben wir unsere Stimme für die Kinder? Und sind wir nicht als Vater, Mutter, Großvater, Großmutter, Bruder, Schwester und vor allem als Bürger und Unternehmen gemeinsam die größte Lobby, die Kinder je haben könnten? Wir haben endlich mehr Feuer, mehr Aktivität und Bewegung gegen die Missstände in unserem Land zu entzünden. Dieses Feuer darf nicht nur lodern, sondern muss vor Engagement strotzen und Dynamik brennen. Die Devise lautet also: Angefacht statt ausgeträumt!

WAS ZU TUN IST

– **Deutschland braucht mehr Qualität in den Rahmenbedingungen, wie Kinder aufwachsen.**
Nicht nur auf einzelne Teilbereiche reduziert, sondern das ganze Leben betreffend. Dafür wird ein Qualitätsstandard benötigt, der ein ganzheitliches Bild der Situation und der Entwicklung widerspiegelt. Nur, wie es bisher geschieht, durch einzelne Statistiken und einzelne Ausschnitte, ist das große Bild der Kindersituation nicht nachvollziehbar und wird eher verharmlost. Aus unserer Sicht liegt darin die Ursache, warum die Situation weder erkennbar noch sichtbar ist, sodass weder dringlich noch beherzt gehandelt wird. Erfolg muss allerdings messbar sein. Insofern muss der Staat uns seine Erfolge, die Entwicklung und die Tendenzen verständlicher, einfacher und klarer darstellen. Vor allem aber aus ganzheitlicher Sicht.

> Wir haben endlich mehr Feuer, mehr Aktivität und Bewegung gegen die Missstände in unserem Land zu entzünden.

– **Deutschland braucht zukünftig eine qualifizierte Kinderpolitik.**
Erwachsene müssen mehr aus Kindersicht an die heutigen Probleme herangehen. Wir haben rund 2,5 Millionen „vergessene"

Kinder in Deutschland, die von Armut betroffen sind, etwa die Hälfte von ihnen verhungert am ausgestreckten Arm. Kinder, die im Kontext völlig überforderter und oftmals alleingelassener Mütter und Väter aufwachsen. Diese wie alle Kinder in Deutschland brauchen soziale Rahmenbedingungen von Staat und Politik. Es gilt daher, Denk-, Wahrnehmungs- und Handlungsmuster für Kinder in der Politik zu installieren. Dabei darf es nicht zu Pauschalbeurteilungen kommen, sondern es muss auch Platz sein für Ausnahmen und individuelle Bedürfnisse von Kindern, Müttern und Vätern.

– Deutschland braucht einen „gelebten" Kinderschutz.
Neben den 2,5 Millionen „vergessenen" Kindern ist fast jeder fünfte Erwerbstätige im Niedriglohnsektor beschäftigt! Somit gilt ein Drittel der Bürger als gefährdet in Armut abzusteigen oder ist bereits davon betroffen. Diese Menschen haben wiederum Kinder, die sie jedoch angesichts der niedrigen Einkünfte nicht richtig fördern können. Gerade diese Kinder haben den Kinderschutz am nötigsten. Sie brauchen einen „gelebten" Kinderschutz, nicht nur Buchstaben auf dem Papier. Politik und Staat haben endlich konkrete Schritte zu gehen, denn am Ende reicht jegliches Bemühen nicht aus, um eine Lebensbefähigung der Kinder aus eigenen Mitteln zu erreichen.

Das sind nur drei von vielen konkreten Dingen, die uns auf der Zunge und auf dem Herzen liegen, wenn wir die Situation unserer Kinder in der Arche und anderer Kinder in ähnlichen, wenn nicht noch schlechteren, Verhältnissen sehen. Die Liste der Erkenntnisse ließe sich anhand unserer Ausführungen in diesem Buch noch weiterführen.

In Diskussionen, Vorträgen, Managementworkshops und an den Reaktionen der Besucher in der Arche erleben wir, dass sich Menschen nach dem Erkennen der Situation empören. Sie sind betroffen und wollen sich einbringen. Genau das wollen wir erreichen: Empörung, aus der Taten folgen. Diese Menschen verstehen, dass der Staat nicht sozial ist, nicht für unsere Kinder in der Arche und dass es den Kindern wie eine Lüge vorkommt, wenn dieser Staat als sozial bezeichnet wird. Letzten Endes hoffen die Kinder darauf, dass wenigstens die Gesellschaft sozial ist.

> Ist es richtig, dass Not leidende Kinder nur auf ein freiwilliges Engagement vertrauen müssen?

Und Gott sei Dank beweisen das freie Engagement der Menschen und Unternehmen ihnen, dass es möglich ist, die Kinder in den Archen ganzheitlich und nach individuellen Bedürfnissen zu unterstützen. Doch ist es richtig, dass Not leidende Kinder nur auf ein freiwilliges Engagement vertrauen müssen?

Sicher ist, dass die verheerende Situation armer Kinder in Deutschland nicht mehr einfach nur nüchtern beurteilt und relativiert werden kann und darf. Sie fährt einem angesichts der Namen Jessica, Chantal, Kieron, Lea-Sophie durch Mark und Bein und mitten ins Herz!

Mir (Martin Danz) fällt dazu eine Aussage von Marie Freifrau Ebner von Eschenbach (1830–1916) ein, die sinngemäß wie folgt lautet: In früheren Zeiten konnte einer ruhig seine eigenen Kinder vor Augen haben und sich erfreuen, ohne sich darum zu kümmern, dass es so viele Kinder gibt, denen es unsäglich schlecht geht. Das geht jetzt nicht mehr, außer bei den geistig völlig Blinden. Allen Übrigen wird es die Freude an den eigenen Kindern verderben!

Genau deshalb braucht es nach der Empörung konkrete Maßnahmen, und zwar sofort. Und wir glauben, dass im Hier und Heute nur auf das freiwillige Engagement gebaut werden kann, bis der Staat in der Lage ist, den Garten der Kinder zu ermöglichen und ihn auch zu pflegen. Die vergangenen sieben Jahre, seit dem Erscheinen unseres Buches „Deutschlands vergessene Kinder", haben es uns brutal gezeigt: Die Politik kam nach der Veröffentlichung zu netten Besuchen, zu einem warmen Händedruck, und wir dürfen uns jetzt auf Festen der Politik darstellen, aber konkrete Maßnahmen blieben nur nette Versprechen. Wirkliche Taten auf politischer Ebene fehlten. Nicht einmal einen Ansatz gab es, in die Richtung zu gehen oder die Strukturen zu ändern. Wir dürfen und können im Namen der Kinder nicht mehr darauf vertrauen, sondern müssen handeln!

DREI SOFORTMASSNAHMEN

Freiwilliges Engagement reicht allerdings leider nicht aus, um Rahmenbedingungen zu schaffen. Schon gar nicht, wenn sie perspektivisch nachhaltig angelegt werden sollen. Daher müssen wir uns bemühen, die Denke, Strukturen und Taten von der Politik und dem Staat einzufordern! Nicht durch das Fordern von mehr Geld, denn damit würden wir nach dem alten Muster verfahren und ähnliche Ergebnisse wie bisher erzielen. Vielmehr haben wir als Gesellschaft von der Politik und vom Staat einzufordern, dass sich der Staat richtig und zukunftsorientiert organisiert sowie die Gelder gezielt, effizient und richtig einsetzt. Direkt bei den Kindern, im Garten und auf der Straße dorthin.

Drei Maßnahmen halten wir daher für sinnvoll:

MASSNAHME 1: „EINE STIMME FÜR DIE KINDER"

Kinder sollen eine Stimme bekommen. Als Gesellschaft haben wir diese für die Kinder einzufordern – ein auf politischer Ebene gestaltetes Kinderstimmrecht, im Sinne eines Familienwahlrechts, sodass Kinder bei der Wahl durch ihre Eltern ebenfalls eine Stimme abgeben können.

Diesbezüglich sollte auch ein wirksames politisches Forum eingesetzt werden, das zur Aufgabe hat, die Belange der Kinder wahrzunehmen und zu stärken. Politiker und Parteien haben diese dann, samt Vorschlägen und Forderungen durch die Kinder, ins Zentrum ihrer Parteiprogramme zu stellen.

Um Kindern untereinander wie auch im Austausch mit Erziehern, Pädagogen, Investoren, Unternehmern etc. eine gemeinsame Stimme zu geben, bietet sich die Gründung einer Plattform in einem sozialen Netzwerk an. Dieses Medium erreicht viele junge Menschen und kann so Diskussionen entfalten, Abstimmungen herbeiführen etc. Gleichzeitig fungiert die Plattform als Gradmesser für die Gesamtsituation.

Dass die Stimme der Kinder auch mehr gesellschaftliche Aufmerksamkeit bekommt, ist Aufgabe der Medien. Sie haben die Themen der Kinder in die breite Öffentlichkeit zu bringen, mediale Foren und Plattformen zu bilden, die es gleichzeitig einem breiteren gesellschaftlichen Publikum ermöglichen, sich einzubinden.

Die Stimme der Kinder ist wichtig, um Bewegung in die Politik, in die Gesellschaft und die Unternehmen zu bringen. Sie darf keine Eintagsfliege sein. Auch reicht es nicht, mit ihr nur kurzweilige Aufmerksamkeit zu erzielen, z. B. wenn über ein Themenfeld in einem Fernsehbeitrag berichtet wird. Die Stimme der Kinder wie auch der Fokus auf die Kinder müssen sich etablieren. Beides muss in unserer Politik, Kultur und Gesellschaft eine ständige Präsenz haben.

MASSNAHME 2: „EINFÜHRUNG EINES LIEBI-KINDER-TRUSTS"

Um die Rahmenbedingungen der Kinder und ihre Lebensbefähigung zu stärken, sollten Gelder für diesen bestimmten Zweck abgesondert werden in Form eines LieBI-Trusts. Vom Bundeshaushalt müssten jetzt sofort 0,9 Prozent in diesen Trust gehen, um Kinder zu unterstützen. Der Kindertrust ist von der Politik auszuformulieren. Seine Kernfunktion stellt sich folgendermaßen dar: Jedes Kind besitzt bis zum 21. Lebensjahr einen eigenen Trust, der nur vom Kind oder von der Mutter bzw. dem Vater bezogen werden kann. Er dient zweckgebunden der Lebensbefähigung des Kindes.

Als Folgemaßnahme schließt sich die Vergabe von LieBI-Mikrokrediten an, die Banken und der Sozialstaat ermöglichen, damit die jungen Erwachsenen selbstbestimmt ihre Zukunft gestalten können.

Der LieBI-Kinder-Trust und die Idee der LieBI–Mikrokredite helfen Menschen, vom Empfänger zum Gestalter der eigenen Zukunft zu werden. Auf der anderen Seite wird der Geber zu einem wirklichen Unterstützer. Beides schafft Bedingungen eines Systems und einer Kultur, die für eine ökonomische und nachhaltige Gesellschaft notwendig sind.

MASSNAHME 3: „STÄRKUNG DES LIEBI-KREISLAUFS"

Bislang setzen wir viel Geld für die Suche nach und den Einsatz von Fachkräften aus dem Ausland ein. Währenddessen verlieren wir Kinder aus prekären Verhältnissen, indem wir sie nicht befähigen und zu Facharbeitern ausbilden. Wenn wir aber nur 10 Prozent dieser Kinder befähigen, einen entsprechenden Beruf oder Pflegeberuf zu ergreifen, könnten wir den Fachkräftemangel in Deutschland decken.

Um das zu erreichen, braucht es eine Initiative, die den LieBI-Kreislauf fördert. Unternehmen und Privatpersonen gilt es dafür mit Sozialunternehmen zu verbinden, um Kinder mit LieBI zu unterstützen. Weitere Voraussetzungen, die dafür geschaffen werden müssen, sind:

- Ämter bringen sich aktiv und positiv in den Kreislauf ein.

- Schulen arbeiten mit Sozialunternehmen eng zusammen, um Kindern größtmögliche und individuelle Unterstützung zukommen zu lassen. Als Unternehmen suchen sich dann Schulen und Sozialunternehmen den jeweilig passenden Partner in der eigenen Region.

- Ältere Menschen bringen sich mit ihrer Lebens- wie Berufserfahrung ein, Kinder in den Sozialunternehmen zu befähigen.
- Mittels einer Initiative werden diese „Paten" rekrutiert, die Freude daran haben, sich als „Fachkraft" einzubringen.

Diesen Kreislauf miteinander zu verbinden, ist gelebte soziale Verantwortung. Mit ihrer Wirkung kommt sie auch einer gerechten Gesellschaft nach, weil die Basis die Fairness aller Kreislaufteilnehmer ist.

Deutschlands Kinder brauchen diese Lösungen jetzt, heute und nicht erst bei der nächsten Wahl. Sie sind aus unserer Sicht inhaltlich machbar und würden unkompliziert die Unterstützung wie auch Aufmerksamkeit, die Kinder brauchen, direkt zu ihnen bringen.

Allerdings dürfen wir weder die Politik noch den Staat aus der Verantwortung lassen, selbst wenn Menschen aus der Mitte der Gesellschaft das Heft in die Hand nehmen. Dazu muss man aber nochmals klar die Ursache des Übels und der Situation darstellen.

EINE AUFFORDERUNG AN DIE POLITIK

Ursächlich resultiert das Chaos des Sozialsystems aus Interessenlagen und Ideologien. Dadurch ist die Politik ziellos geworden für das große Ganze. Es geht oft nur um die Interessen einzelner Lobbys und die Ideologien der regierenden Parteien, nicht mehr um das Wohl des Volkes und das Gestalten von langfristigen Lösungen für die Zukunft. Wir brauchen daher ein neues System, das ganzheitlichen Lösungen und widerspruchsfreien Zielen dient.

Politik und Staat dürfen daher keine stückwerkhafte Symptombekämpfung mehr betreiben, wenn die Probleme ursächlich gelöst werden sollen.

Der Fokus muss auf die Zukunft und auf die Kinder gesetzt werden. Das bedeutet, dass anstelle von Budgets und Statistiken Perspektiven entwickelt werden müssen, die zum Resultat

Lebensbefähigung führen. In der Konsequenz bedeutet das, die Grabenkämpfe der Interessen und Ideologien zu stoppen, d. h.:
– Die Politik muss ihre Zielkonflikte auflösen.
– Die Politik und der Staat müssen Wege zum Umgang mit ganzheitlichen Lösungen entwickeln.
– Die Politik, die Wissenschaft und die Wirtschaft müssen vor allem gemeinsam gesellschaftliche Lösungen entwickeln. Die Politik als Gesamtes ist dabei in der Moderationspflicht!

Die Frage, die wir als Kinder- und Jugendwerk immer wieder gestellt kriegen, und auf die wir bisher keine Antwort hatten, ist: Warum investieren wir unser Geld nicht in die Kinder, die wir haben, die heute leben und die ohne unsere Hilfe scheitern werden?

> Wir müssen lernen, die Fragen gemeinsam zu stellen, zu denken und zu beantworten und auch zu kultivieren.

Heute haben wir eine Antwort darauf: Weil die Politik die Frage parteiübergreifend beantworten muss und es nicht kann!

Wir würden aber zu kurz greifen, wenn wir nur die Politik in die Verantwortungen nehmen würden.

Wir müssen lernen, die Fragen gemeinsam zu stellen, zu denken und zu beantworten und auch zu kultivieren. Das sind die Herausforderungen unserer heutigen, aber noch viel mehr unserer zukünftigen Welt, die sich uns in Zeiten des Wandels stellen.

GEMEINSAM VOM TEIL DES PROBLEMS ZUM TEIL DER LÖSUNG

Im Englischen gibt es den schönen Begriff „food for thought". Er bedeutet, Gedanken Nahrung zu geben. Etwas, das wir mit diesem Buch beabsichtigen. Mehr noch: Dass die Gedanken des Empörens über die Situation der 2,5 Millionen in Armut lebenden Kinder in Taten umschlagen. Die Kinder haben endlich zu sehen, dass gehandelt wird.

Auf den zurückliegenden Seiten haben wir eine ganze Reihe Anstöße gegeben, eben „Futter zum Nachdenken". Zusammenfassen lassen sich diese Gedanken in folgender Quintessenz:

Es ist eine Realität unserer Zeit, dass der Staat Dinge tut, die er nicht tun sollte, und die Wirtschaft nicht das unternimmt, was sie eigentlich unternehmen sollte. Außerdem ignorieren Ökonomen den gegenwärtigen Zustand, Politiker nennen die Dinge nicht beim Namen, und die Bürger warten darauf, dass sich etwas bewegt im Staat.

Was genau wollen wir damit sagen?

- Der deutsche Staat hat hinsichtlich seiner Sozialstaatlichkeit einen falschen Fokus und ist weder gut noch zukunftsträchtig organisiert. Seine Hebelwirkung, die an den entscheidenden Stellen Kraft entfalten sollte, ist mangelhaft.

- Die Wirtschaft verhält sich passiv. Sie erwartet eine Reaktion seitens der Politik und vergisst darüber, ihrer Verantwortung nachzukommen, selber genügend gesunde Unternehmer, Unternehmen und Mitarbeiter zu befähigen.

- Die Ökonomen haben aus den letzten Wirtschaftskrisen weder etwas gelernt noch gemeinsame Schlüsse gezogen. Es wird weiter gleichen Grundmustern gefolgt, die zu den gleichen Resultaten führen.

- Die Politiker betreiben weiter im Rahmen ihrer Parteiprogramme Politik und konzentrieren sich nicht auf parteiübergreifende Lösungsansätze. Sie folgen den gleichen Entscheidungsmustern wie eh und je angesichts einer immer komplexer und dynamischer werdenden Welt.

- Die meisten Büger warten auf jemanden, der das Problem löst. Sie verharren beim Anprangern und bringen sich nicht selbst aktiv in diesen Veränderungsprozess ein.

Wie wir es im Buch versucht haben darzustellen, zeigt unsere Quintessenz den Mangel am Zusammenspiel und des ursächlichen Verstehens der Situation auf, genauso wie die fehlende Fähigkeit, die Zukunft gemeinsam zu gestalten. Auch verdeutlicht sie, dass erste Anstrengungen im Ansatz des guten Willens stecken bleiben, da sich die Aspekte auf den jeweiligen Seiten nicht oder zu wenig miteinander integrieren lassen. Auf der einen Seite führt das zu Frust und auf der anderen zu einem langen Abwarten. Wir glauben daher nicht, dass eine Initiation, die von oben erfolgt, sprich von Institutionen oder vom Staat, erfolgreich sein kann. Komplexität funktioniert so nicht. Sie baut sich „bottom up" auf, also von unten nach oben, und nicht „top down", von oben nach unten.

> „Probleme kann man niemals mit derselben Denkweise lösen, durch die sie entstanden sind."

In der Analyse für das Buch haben wir versucht, aus der Sicht der Kinder, bezogen auf die Gestaltung der Zukunft und den Wandel, ursächliche Problemherde herauszuarbeiten. Daraus sind neue Denkanstöße entstanden, die wir nach dem Ausgeträumt-Zustand anfachen wollen. Getreu den Worten Albert Einsteins: „Probleme kann man niemals mit derselben Denkweise lösen, durch die sie entstanden sind." Die Denkanstöße sollen uns daher inspirieren – in der Familie wie in Unternehmen und erst recht in unserer Gesellschaft, sodass eine Initiation bei uns in eben diesen Bereichen beginnt (bottom up). Sie soll anfachen, in Bewegung zu kommen, neue Sichtweisen zu eröffnen. Doch unsere Denkanstöße sind als Ganzes zu betrachten, sie sind nicht trennbar.

Spielen Sie es daher einmal mit den Mitmenschen in Ihrem Umfeld durch, was geschehen würde, wenn die Denkanstöße in Ihrem Unternehmen, Ihrer Kommune oder auch einfach Ihrem Zuhause Wirklichkeit würden. Schließlich haben sich einige der präsentierten Denkanstöße bereits in der Praxis unserer Archen bewährt. Wir sind daher sicher, dass sie auch für die Gesellschaft gelten und wir durch sie unseren Kindern einen Weg bereiten können. Machen Sie also mit! Bringen Sie sich ein! Wir alle stehen in der Verantwortung, den Kindern, die denken, sie haben ausgeträumt, sie haben keine Perspektive, keine größeren Chancen als Hartz IV, zu zeigen, dass mehr möglich ist, als sie selbst ahnen.

> Wir alle stehen in der Verantwortung, den Kindern, die denken, sie haben ausgeträumt, sie haben keine Perspektive, keine größeren Chancen als Hartz IV, zu zeigen, dass mehr möglich ist, als sie selbst ahnen.

Wir haben diese Kinder neu anzufachen, indem wir uns selber anfachen und uns zur Aufgabe machen, sie zum und ins Leben zu befähigen. Als Gesellschaft sind wir zwar heute noch Teil des Problems der Situation, wie sie sich jetzt darstellt, aber wir dürfen morgen in unserer Rolle und Funktion Teil der Lösung werden. Und dafür brauchen wir neue Ansätze.

In der Arche und vielen anderen Organisationen wirken Hunderte von Menschen mit, die bereit sind, sich für die Lebensbefähigung der Kinder wie auch den Garten der Kinder einzusetzen. Der Garten ist keine Utopie, sondern schon in vielem Realität. Nur leider ist er als NAWISO-Verständnis von Gesellschaft und Staat nicht im System integriert und auch nicht kultiviert. Solange wir noch nicht ganzheitlich und nachhaltig sind und Kinder nicht befähigen können, bleibt das Einfordern von Werten nur eine

Worthülse, die für die Kinder der Arche sogar sarkastisch klingt. Aber es gibt unglaublich viele Menschen, die in der Arche ihre Ideen und ihr Engagement leben. Und wenn wir in die Zukunft schauen, dann ist uns um unser Land nicht bange bei so viel Herz, Hingabe und Engagement jedes Einzelnen. Trotzdem: Den Garten der Kinder zu eröffnen, wäre ein Traum. Bleibt es dabei? Es hängt mit von Ihnen ab. Bringen Sie sich ein!

EPILOG

PAPA BERND HAT EINEN TRAUM ...

In meinem Büro war es relativ ruhig an diesem Morgen. Auf dem Schreibtisch sammelten sich zwar einige Unterschriftsmappen mit Rechnungen und Praktikantenverträgen, aber die gewohnten Anrufe blieben bis zum Vormittag aus. So konnte ich mich einmal auch den Dingen widmen, die sonst viel zu kurz kommen, wie z. B. Gespräche mit Mitarbeitern und das Recherchieren neuer Spiele für unsere Feriencamps.

Die Ruhe hielt nicht lange an. Eine unserer Einrichtungsleiterinnen rief mich auf meinem Handy an. Kurzfristig benötigte sie eine Entscheidung von mir, allerdings in einer Angelegenheit, die mich im Nachhinein eher ärgerte.

Sie erzählte mir von einer jungen Mutter mit drei Kindern, die in der letzten Zeit häufig beim Schwarzfahren erwischt wurde. Sie wollte das wenige Geld, das sie als Transferleistungen erhielt, nicht für die Fahrkarten ausgeben und hoffte, nicht erwischt zu werden. Als sie das erste Mal auf frischer Tat ertappt wurde, reagierte sie nicht erschrocken. Sie tat einfach so, als hätte sie nichts daraus gelernt. Aus dem einen Mal wurden zwei weitere und dann an die zehn oder 20 erwischte Schwarzfahrten, was bei dem Unternehmen des öffentlichen Personennahverkehrs nicht gut ankam.

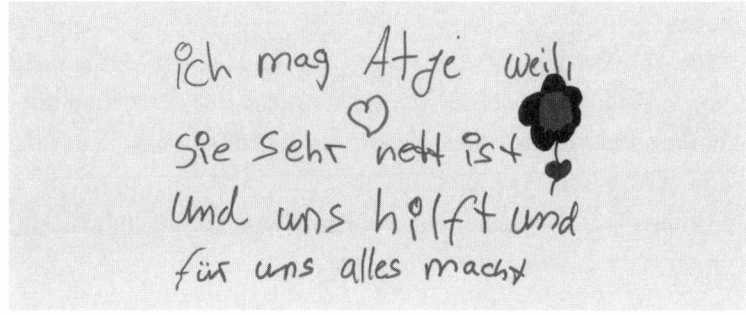

Die Mutter ignorierte die Rechnungen, Briefe und Mahnbescheide und hoffte im Stillen, dass einfach Gras über diese Angelegenheit wachsen würde – doch falsch gedacht. Sie übersah absichtlich die ersten Briefe der Staatsanwaltschaft, aber nichtsdestotrotz hatte die junge Frau irgendwann für ihre Delikte zu zahlen. Insgesamt hatte sie weit über 1.000 Euro an Bußgeldern wegen Schwarzfahrerei angehäuft, die sie nun mit Hartz IV abzustottern hatte. Scheinbar hatte sie angesichts einer drohenden harten Strafe gelernt und zahlte ihre vereinbarten Raten anfangs regelmäßig, doch irgendwann stellte sie die Zahlungen ein, bis die Behörden einen Entschluss fassten: Die restlichen noch ausstehenden 450 Euro müsse sie innerhalb von 30 Tagen bezahlen, andernfalls drohten ihr 30 Tage Gefängnis.

Mit diesem Druck im Nacken ging die Frau zum Jugendamt in Berlin und bat um Hilfe. Die zuständige Sachbearbeiterin konnte sich in die Situation der jungen Mutter zwar gut hineinversetzen, hatte aber auch keine Lösung. So rief die Mitarbeiterin des Jugendamtes in der Arche an, schilderte uns die Situation und bat gleichzeitig um Unterstützung. Sie wusste, dass angesichts 30 Tagen Gefängnis die Kinder, die noch nicht älter als neun Jahre alt waren, in Obhut genommen werden müssten. Sie wusste auch, dass die Kinder so etwas nur schwer verkraften und verstehen könnten und sah sich selbst in einer ohnmächtigen Situation.

Nachdem mir unsere Arche-Mitarbeiterin die Situation geschildert hatte, versuchte ich mich in die Lage der Mutter zu versetzen. Unterbrochen wurde ich dann von der Frage: „Bernd, was können wir tun?"

Die Antwort darauf fiel mir angesichts der Lage der Mutter nicht schwer: „Wir geben der jungen Frau ein zinsloses Darlehen über 450 Euro über die Sachbearbeiterin im Jugendamt aus, damit die Familie zusammenbleiben kann."

Unsere Mitarbeiterin, die Sachbearbeiterin im Jugendamt und vor allem die Mutter waren glücklich.

Ich dachte noch eine Weile über den Sachverhalt nach, und je mehr ich das tat, desto wütender wurde ich. Denn mir wurde auf einmal klar, dass die geplante Inobhutnahme der drei Kinder dem Staat ja richtig viel Geld gekostet hätte, nämlich für 30 Tage rund 10.500 Euro. Geld, das jetzt das Amt nicht ausgeben musste, weil eine soziale Einrichtung mit Herz und Sachverstand eingesprungen war.

> Ich finde die tolle Gut weil man kann hir mit den Mitarbeiter reden kann in alen Lagen.

Bitte verstehen Sie mich nicht falsch. Bei dieser Entscheidung ging es nicht darum, dass die Mutter ihre Strafe nicht verdient hätte, hierfür gibt es andere (bessere) rechtliche Möglichkeiten, auch zum Schutz der Familie. Vielmehr geht es darum, dass die ganze Situation nicht ganzheitlich gesehen wurde. An die Kinder zu denken, hatte niemand als Priorität auf dem Schirm und man war bereit, 10.500 Euro aus den sozialen Kassen auszugeben, um drei Kinder angesichts einer Bringschuld von 450 Euro „aufzubewahren". Geld, das zum Fenster rausgeballert wird und anderen benachteiligten Kindern nicht zugutekommt. Auszurechnen, wie vielen Kindern wir ein Mittagessen mit diesem Geld hätten geben können, habe ich mir erspart.

Mir kam einen Moment lang Chantal wieder in den Sinn, das Mädchen, das in ihrer Pflegefamilie an einer Methadonvergiftung gestorben ist. Hätte man damals den Hilferuf des Mädchens an ihren Vater: „Bitte hole mich aus dieser Familie" ernst genommen und innerhalb von zwei Tagen ein persönliches Gespräch mit dem Kind geführt, hätte man sicher etwas ändern können. Und sofort fielen mir ein paar Parallelen zwischen den beiden Ereignissen auf:

> ich maache in der
> arsch hausaufgaben weil
> ich das nicht aleine
> schafen wirde.

- Ämter sind oft überfordert mit dem einzelnen Schicksal.
- Bürokratie hindert das genaue Hinsehen auf das oder die einzelnen Kinder.
- Vertrauenspersonen, Beziehungspartner und Freunde sind das, was unsere Kinder heute brauchen, nicht ein System, das vollgestopft ist mit Paragrafen, Regeln und Verordnungen.
- Es muss sich etwas ändern in unserem Sozialstaat, der eigentlich gut ist, aber viel besser sein könnte.

Wenn ich träumen könnte und nicht ständig durch die Probleme, die unsere Familien und vor allem die Kinder, die durch das soziale Netz rutschen, haben, wach gehalten würde, **dann ...**

... träume ich davon, dass sich unser Land ein reiches Land nennen kann, weil es auch ein kinderfreundliches ist. Solange aber Kinder noch ein unkalkulierbares Armutsrisiko sind, werden wir ein im Kern armes Land für unsere Kinder sein.

... träume ich davon, dass sich in jeder Schulklasse zwei Lehrer um die individuellen Stärken und Schwächen der Kinder kümmern.

... träume ich davon, dass es in Schulen ein kostenloses Mittagessenangebot gibt, sodass jedes Kind, ob arm oder reich, grundversorgt ist. Dies führt dann nicht zu Ausgrenzung und jedes Kind würde gleich behandelt.

... **träume ich davon**, dass Vertrauenslehrer oder „Beziehungspartner" der Kinder auch ihre Familien zu Hause besuchen, um sich mit der Situation vor Ort vertraut zu machen. Dadurch wächst das Verständnis für das Kind und sein Verhalten in der Schule.

... **träume ich davon**, dass Schulen nicht nur als Orte des Lernens gesehen werden, sondern als Orte, an denen auch Freude, Leid, Hoffnung und Vertrauen gelebt werden. Aus diesem Grund müssen Schulen mit kompetenten Menschen ausgestattet werden und nicht nur mit Material!

... **träume ich davon**, dass Kinderrechte im Grundgesetz verankert sind, um zu zeigen, dass in unserem Land Kinder wertgeschätzt werden. Ich würde dann eine einheitliche, parteiübergreifende Kinderkommission gründen, in der Fachleute über das Wohl der Kinder in Deutschland sprechen, abstimmen und entscheiden und nicht Kinder zum Wahlprogramm einzelner Parteien instrumentalisiert werden.

... **träume ich davon**, dass Bildung nicht abhängig vom Einkommen der Eltern ist. Schulformen und deren Pädagogik müssten neu überdacht und dann entsprechend verändert werden.

... **träume ich davon**, flächendeckend Sportvereine in die Ganztagsschulen zu integrieren, um Kinder zu fördern, die sich ein Trikot oder die Teilnahme an einem Wettkampf nicht leisten können.

Wen ich Bernd wehre würde ich die Arche verendern und die ideen von Kinder.

… **träume ich davon**, dass sich unser Land richtig auf eine Generation einstellt, die im Zeitalter von Computern und Autos, die praktisch selber fahren, aufwächst. Unser Bildungssystem muss sich an den Kindern orientieren und nicht am Lehrplan, den ausschließlich Erwachsene erstellt haben.

… **träume ich davon**, dass Kinder kostenlose Nahverkehrstickets erhalten und unentgeltlich Zugang zu Kultur haben.

… **träume ich davon**, eine Gesellschaft zu sehen, die wieder ihre Kernsäule, nämlich die Familie mit ihren Menschen, sieht und fördert.

… **träume ich davon**, dass Politiker auch die Kinder im Blick haben, die sich zwar nicht arm fühlen, aber dennoch kein Geld für Ferien und Kinobesuche haben.

… **träume ich davon**, dass Kinder individuell durch Menschen und Geld gefördert werden können, auch wenn sie bisher weder durch Geld noch Liebe gefördert werden.

… **träume ich davon**, dass sich Jugendeinrichtungen einer freiwilligen Kontrolle unterziehen, damit durch den Staat nict diejenigen Einrichtungen gefördert werden, die während des Kinder- und Jugendnachmittags zwar drei angestellte Pädagogen beschäftigen, jedoch nur vier Besucher haben.

… **träume ich davon**, dass Staat und Politik aufwachen und erkennen, wie wichtig die Beziehungsarbeit ist. So wie wir sie mit jedem einzelnen Kind in der Arche leben. Und davon, dass soziale Unternehmen zum Teil des sozialen Staates werden, um zu beweisen, wie wertvoll ihnen auch diese Kinder sind. Und hier geht es mir nicht um die Institution Arche, sondern um Menschen, die nicht ihren Job als Pädagogen erfüllen, sondern mit ihrem Herzen, ihrer Freude und Liebe in Kinder investieren. Wer mit Menschen arbeitet, hat eine Verantwortung wie ein Chirurg, der alles tun muss, um das Leben eines Menschen zu erhalten.

… **träume ich davon**, dass unsere Kinder in Deutschland glücklich sind und nicht – je nach Armut oder Reichtum – erleben müssen, dass sie nicht die gleichen Startchancen wie die anderen haben.

ÜBER DIE AUTOREN

Bernd Siggelkow ist gelernter Kaufmann. Nachdem er einige Zeit als Vertriebsbeauftrager im Außendienst tätig war, hat er eine theologische Ausbildung bei der Heilsarmee absolviert und einige Jahre als Jugendpastor gearbeitet. Im Jahr 1995 gründete er in Berlin-Hellersdorf das christliche Kinder- und Jugendwerk Arche e. V. Seitdem entstanden bis Mitte 2013 in Deutschland 14 weitere Einrichtungen.
Bernd Siggelkow ist verheiratet und Vater von sechs Kindern. Er erhielt für seine Arbeit den „Verdienstorden des Landes Berlin" und Die Arche selbst wurde mit der Carl-von-Ossietzky-Medaille durch die Internationale Liga für Menschenrechte gewürdigt.

Martin P. Danz ist Unternehmer, Unternehmens- und Managementberater, Dozent für Unternehmensentwicklung und Vorsitzender im Beirat der Arche. Er ist verheiratet und Vater von drei Kindern. Unternehmensberatung und -entwicklung sind für ihn seit über 30 Jahren nicht nur Beruf, sondern Berufung. Er ist Begründer Theorie von der e:DNA „DNA der Unternehmung und Bioness" – der effektiven Organisation zum wertstiftenden Wirtschaften. Auch das Engagement für soziale Institutionen gehört zu seinem Verständnis von Unternehmertum dazu.

Wir danken dem Koautor und den wissenschaftlichen Mitarbeitern für die Mitarbeit und Unterstützung zum Gelingen dieses Buches.

Koautor:
Wolfgang Büscher ist Journalist, Autor und Medienberater. Seit 2002 ist er Pressesprecher der Arche und schrieb gemeinsam mit Bernd Siggelkow bereits mehrere Bestseller über die Armut und Verwahrlosung von Kindern in Deutschland.

Wissenschaftliche Mitarbeiter:
Lisa Maas studiert Zukunftsforschung an der FU Berlin, nachdem sie ihren Bachelor in Politikwissenschaften und Skandinavistik absolviert hat. Ihre Schwerpunktthemen sind Bildungs- und Familienpolitik sowie Nachhaltigkeit und Zukunft in der Politik.

Thomas Herzig arbeitet an der Berner Fachhochschule u. a. im Entwicklungsteam zum e- und blended-learning, welches die innovative Verknüpfung virtueller Plattformen mit ganzheitlicher und tranzdisziplinärer Befähigung sich zur Aufgabe gemacht hat. Darüber hinaus forscht er über ganzheitliche und nachhaltige Sozio-Ökonomie.

Inspiration.
Das adeo Magazin.

- Gespräche mit Autoren und Künstlern
- Leseproben aus neuen Büchern
- Erscheint zweimal im Jahr und ist kostenlos erhältlich

adeo – ein Programm, das zum Durchatmen einlädt, zum Innehalten, zum Nachdenken und zum Genießen. Echtes. Authentisches. All das finden Sie im adeo Magazin.

Es erscheint zweimal im Jahr, ist kostenfrei und liefert Ihnen eine Fülle von Inspiration in Form von Hintergrundberichten, Autoren- und Künstlergesprächen oder Buchauszügen.

Fragen Sie Ihren Buchhändler danach, oder fordern Sie das Magazin einfach gratis an:
www.adeo-verlag.de/magazin

Verlagsgruppe Random House FSC® N001967
Das für dieses Buch verwendete FSC® zertifzierte Papier
EOS lieferte Salzer, St. Pölten.

© 2013 by adeo Verlag
in der Gerth Medien GmbH, Asslar,
Verlagsgruppe Random House GmbH, München

1. Auflage 2013
Bestell-Nr. 814 201
ISBN 978-3-942208-01-7

Alle im Buch enthaltenen Links zu Internetseiten wurden
zuletzt am 30. September 2013 abgerufen.

Illustrationen: Günter Fageth

Umschlaggestaltung: Gute Botschafter GmbH, Haltern am See
Satz: Greiner & Reichel GmbH, Köln
Druck: GGP Media GmbH, Pößneck
Printed in Germany